U0570180

全本全注全译丛书

中华
经典
名著

任继昉　刘江涛◎译注

释名

中华书局

图书在版编目（CIP）数据

释名/任继昉,刘江涛译注. —北京:中华书局,2021.4
(2025.1重印)
（中华经典名著全本全注全译丛书）
ISBN 978-7-101-15128-2

Ⅰ.释… Ⅱ.①任…②刘… Ⅲ.①训诂②《释名》-译文
③《释名》-注释 Ⅳ.H131.3

中国版本图书馆 CIP 数据核字(2021)第 049950 号

书　　名	释　名	
译 注 者	任继昉　刘江涛	
丛 书 名	中华经典名著全本全注全译丛书	
责任编辑	舒　琴	
装帧设计	毛　淳	
责任印制	陈丽娜	
出版发行	中华书局	
	（北京市丰台区太平桥西里 38 号　100073）	
	http://www.zhbc.com.cn	
	E-mail:zhbc@zhbc.com.cn	
印　　刷	北京中科印刷有限公司	
版　　次	2021 年 4 月第 1 版	
	2025 年 1 月第 4 次印刷	
规　　格	开本/880×1230 毫米　1/32	
	印张 20⅛　字数 430 千字	
印　　数	17001-20000 册	
国际书号	ISBN 978-7-101-15128-2	
定　　价	52.00 元	

目录

前言

　　汉代是我国传统语言文字学兴起的重要时代，其间产生了《尔雅》《方言》《说文解字》《释名》四部解释字词的专书（《尔雅》初稿未必写于汉代，但经多次加工，定稿于西汉）。这四部书各主其旨，堪称汉语言文字学的"四大名著"。其中，《尔雅》历史地位最高，位居儒学十三经之一；《方言》《说文解字》也备受推崇；唯独《释名》，世人褒贬不一，重视未足。

　　我们今天所能见到的《释名》，为汉末刘熙所撰，共八卷二十七篇，是传世的第一部专门解释事物命名缘由的语言文字学著作。这本书主要用当时音同或音近的词，解释各类事物之所以叫这个名称的道理，比如天为什么叫"天"，头为什么叫"头"，走为什么叫"走"，父亲为什么叫"父"，衣服为什么叫"衣"，饼为什么叫"饼"，门为什么叫"门"……举凡天文地理、身体发肤、亲疏长幼、言语行动、衣食住行、典籍器物、生老病死等等，包罗万象，琳琅满目，充满了对世间万物名称来由的好奇，发出了一个个对汉语语源（词源）的历史追问。

一、《释名》的作者

　　刘熙，或称刘熹，字成国，约生于汉桓帝延熹三年（160）左右，卒于献帝建安（196—219）末，北海（今山东昌乐）人。历史文献中关于他的记载极少，其主要事迹零星见于晋陈寿《三国志》中对许慈、程秉、薛综等人的传记。据说，刘熙擅长经学，精通《周易》《尚书》《周礼》《仪礼》《礼记》《毛诗》《论语》等儒学经典，曾避乱交州（今两广到越南一带），建安年间入蜀地（今四川）讲学授徒，吴蜀名士许慈、程秉、薛综等都曾跟从他受学。三国时期的名士韦昭见到刘熙的《释名》，说这部书确有很多精妙之处，但因物名繁多，难以详细考究，所以有得亦有失。可见，刘熙确是当时的博学名儒，所著《释名》也有一定影响力。

　　刘熙的主要著作除《释名》外，另有《谥法注》三卷、《孟子注》七卷及《三礼图》等，皆亡佚。清马国翰《玉函山房辑佚书》辑有《孟子注》一卷。另外需要指出的是，南朝宋范晔《后汉书·刘珍传》记载："刘珍字秋孙，一名宝……又撰《释名》三十篇，以辩万物之称号云。"刘珍所撰《释名》三十篇，是现已佚失的另一部书。

二、《释名》的思想

　　刘熙《释名·序》说："夫名之于实，各有义类，百姓日称而不知其所以之意，故撰天地、阴阳、四时、邦国、都鄙、车服、丧纪，下及民庶应用之器，论叙指归，谓之《释名》，凡二十七篇。"这里的"名"，是指万事万物的名称，就像人有名字一样，"名"不只是名词，实际上也包括了动词、形容词等抽象词语。刘熙说，人们每天都称呼、使用"名"，却不知道为什么叫那个名，他认为这就是"义类"，即事物的比义推类、名称的词源义类别。于是他写了这部书，逐一解释日常生活中各个"名"的由来，这也是书名"释名"的本意。

　　依据"事类"划分，刘熙选取了关于"天地、阴阳、四时、邦国、都鄙、车服、丧纪，下及民庶应用之器"八大类词语作为解释对象，按意义类别分为二十七篇。在各篇之内，意义相似、相关或相反的词条往往前后相邻形成小类，很像现代语言学所说的"语义场"。如《释天》，先释天上日月星光、阴阳寒暑，再释四季岁时、五行、地支、天干等历法，接着是霜雪雷电、虹霓雾霾、朔望昏晨等天气、天文现象,最后是天灾鬼疫等异象。这样,大类之下又有小类,层次分明,次序井然。

这样的篇目设计和按意义层层分类的方法,并非刘熙首创,明显带有借鉴《尔雅》的痕迹,但又没有完全沿袭《尔雅》。首先,《尔雅》有的篇目在《释名》中没有,有的篇目被合并改名,《释名》又新立了道、州国、形体、姿容、长幼、饮食、采帛、首饰、衣服、床帐、书契、典艺、兵、车、船、疾病、丧制等篇目,总体上看,《释名》的篇目划分更细,更贴近实际生活。其次,两书所收词语大不相同:《尔雅》收词偏于经书,《释名》收词则偏于实际。再次,《释名》的系统性更强,八个大类、二十七篇的内容紧紧围绕"人及人的生活"展开,依序排列,词语的归类也较《尔雅》更严谨、合理。

通过对《释名》的序文和各篇内容的整理、解读,以及与《尔雅》的对比,我们可以总结得出该书及其作者的主要思想。

(一)关注人的生活实际,由此出发研究语言

汉代语言文字学著作盛出,多是为注解传世经典而作的。而通观《释名》全书,其收词取材雅俗并收、贴近生活,既涵盖了"或典礼所制"的天文、地理、文艺、军事等领域,也涉及了"或出自民庶"的寻常百姓衣食住行、言语动作、生老病死等内容。书中甚至还记录了当时中东部地区的一些方言,这显然不单为了训读经典文献的需要,更是出于对当时生活语言实际情况的关切。

(二)认为词语是约定俗成的,不能轻易改变

刘熙认为,一个词语出现后,无论它是"典礼所制"还是"出自民庶",即便时光变迁,也是循循相因的。所谓"典礼所制",就是官方规定的制度礼仪,也就是"约定",即规范化;所谓"出自民庶",就是来自庶民百姓口口相传,也就是"俗成"。他还说,词语之所以要约定俗成、不易其旧,是为了"崇易简,省事功",也就是推崇平易简约,节省做事的功夫。这些都表明他已经认识到语言运用的经济性原则。

（三）具备了朴素的语源学思想和方法

刘熙提出"夫名之于实，各有义类"，大量运用声训（音训）方法追溯名源，表明他已经认识到词语的来源是有理据可寻的，从而具备了朴素的"因声求源"的语源学思想，摸索出了探索词源的方法，也就是用另一个当时音同或音近的词来解释词语。如："春，蠢也，蠢动而生也。""身，伸也，可屈伸也。""亭，停也，亦人所停集也。"因声求源虽然会有随意牵合的弊端，但它却是追寻语源的有效手段。

至于他所说的"义类"，我们认为就是名称的词源义类别。比如《释山》："山顶曰'冢'。冢，肿也。"《释形体》："踵，钟也。钟，聚也，上体之所钟聚也。"《释疾病》："肿，钟也，寒热气所钟聚也。"如此前后统一的解释，说明刘熙已察觉到"冢""踵""钟""肿"共有的核心意义是"聚集"，这四个名称围绕这个核心意义构成一类，这就是他说的"义类"。刘熙《释名》的"义类"观念与其按"事类"分篇的做法正好形成一经一纬，编织成统筹该书的撰写体系。

（四）认为词语的来源可以不是唯一的

刘熙认为，一个词语或因方言音殊、或因多词音近而可以求得不同的来源，所以《释名》中有少数一词多源的例子，如《释亲属》："叔，少也，幼者称也。叔亦俶也，见嫂俶然却退也。"这是给"叔"按两个音近词找了两个来源。这样做，就避免了观点的绝对化，提供了探索另一种可能性的空间。在全书中，像这样一词多源的例子只占极小的部分，该书对所收词语的溯源绝大多数是一词一源的。

（五）对若干词语的编排和解释体现了认知的实际

当时社会上流行的一些思想也直接影响了刘熙对名源的判断。比如"厉（疠）""疫"等词条收入《释天》而非《释疾病》，并解释为"中人如磨厉伤物也"，"言有鬼行疫也"，说明当时人们认为疾疫是气、鬼作用的结果，而气又和天有关。

以上是对《释名》思想的总结。其思想先进的一面占绝对主要的地位,是刘熙在词语研究领域的重要开拓和实践,对于后世有很大的启发;至于其不够科学的一面,则是少量的、次要的。因此,后人不宜以偏概全,攻其一点而不及其余。

三、《释名》的价值

古人早就认识到《释名》的多重价值,古籍中虽然关于刘熙的生平事迹、《释名》的成书经过记载极少,但引用《释名》内容者不胜枚举。古代注解传世经典文献的名家名著(如郦道元《水经注》、司马贞《史记索隐》、孔颖达《毛诗正义》、李善《文选注》等)和重要的汉语字词音义专书(《玉篇》《一切经音义》《经典释文》《说文系传》《广韵》《韵补》等)都多次引用《释名》来阐释词义,甚至像《艺文类聚》《初学记》《北堂书钞》《太平御览》这样的官修类书也都频繁征引《释名》条目。

《释名》的历史价值首先体现在汉语语言学方面,历代学者也主要从该领域进行研读。又因《释名》选词取材贴近生活,相当于一部记录汉代生活日常的小型百科全书,也是天文、地理、历史、伦理、饮食、建筑、工艺、军事、文学、音乐、中医等诸多学术领域的研究资料。

(一)《释名》的语言学价值

《释名》是传世的第一部探求汉语语源的专著,书中记录的词语之间的语音关联是研究汉语音韵学、了解汉代语音的信息宝库;记录的词语之间的意义关联,是研究训诂学、释读古代文献的重要依据;推求出的词源是研究汉语语源的珍贵参考资料。虽然其推求的结果不能说全部可信,但其因声求源的方法是大致可行的,所载的音义资料也是准确可靠的。

《释名》本身的语言也是值得研究的对象。汉末正处于上古汉语向中古汉语发展的转折期,《释名》文本用语既承继上古汉语的特点,又体现了向中古汉语发展的一些趋势,比如复音词的孳生和发展,词语义项的演变等。

（二）《释名》的多领域价值

本书首篇《释天》记录了当时人们所感知的天体、天文现象，还有关于五行、干支、阴阳、气的解释，对研究我国古代天文、历法、哲学及三者之间的关系都具有参考价值。如《史记·天官书》："昭明星，大而白，无角，乍上乍下。"唐司马贞索隐："《释名》为笔星，气有一枝，末锐似笔"，就是引用《释名》为汉代的天文文献做注解的。

其后的《释地》《释山》《释水》《释丘》介绍了土地、山丘、水体之名和特征，《释道》记录了各类道路，《释州国》解释了州国、郡县等行政区划的得名。这些材料可为研究我国古代的农田治理、地理认知、行政区划等情况提供信息。如地理名著《水经注》中，郦道元注"河水出其东北陬"引"《释名》曰：'渎，独也。各独出其所而入海'"，就是引用了《释名》对"渎"的解释。

《释形体》解释了身体各部位及其功能，《释姿容》解释了人体诸动作，体现了古人对人体部位及功用的系统认知，渗透着古人对自我生命的体认，闪烁着传统中医的思想光芒。

《释长幼》解释了人的男女老少之别，《释亲属》解释了血缘、姻亲关系之名，体现了古代社会的家庭伦理之序。

《释饮食》解释了饮食类动词，记录了诸多食物之名及制作方法；《释采帛》记录了与布帛相关的颜色词，以及各类布帛的特点及生产工艺；《释首饰》记录了各类常用首饰；《释衣服》记录了服装部位、类别之名，辨析了诸多鞋履之名；《释宫室》区分了各种房屋类别、构件及功能，以及一些建筑材料和技艺；《释床帐》解释了坐卧工具……《释名》的这些文字记录了汉代人的饮食起居细节，侧面展示出生动丰富的生活百态，是研究古代饮食、烹饪、服饰、建筑、家具的宝贵资料。宋代建筑工程学家李诫著有《营造法式》，大量引用《释名·释宫室》内容研究建筑，如《卷一·宫》："《释名》：'宫，穹也。屋见于垣上，穹隆然也。'"《卷二·井》："《释名》：'井，清也，泉之清洁者也。'"

《释书契》解释了书写工具、应用文书之名及用途;《释典艺》解释了多类文献,阐述了多部儒学经典的得名之由,如《易》《书》《诗》等,更涉及了文体分类知识。这些资料均具有古典文献学、文体学方面的价值。

《释用器》介绍了农业生产工具之名及其功用,如"斧""斩"等,从词源的角度对它们进行了严格区分;《释乐器》介绍了众多乐器之名及其功用,甚至包含了一些乐器的演奏技法;《释兵》介绍了军事用具的类别、结构和作用;《释车》细致解析了车的类别、用途和构件;《释船》介绍了船的部件和类别。这些文字为我们记录了一千八百年前的人们从事农业生产、音乐娱乐、军事攻伐、交通出行等活动的细节信息,对于研究我国古代的农业、军事、音乐、水陆交通的发展很有帮助。当代史学专家杨英杰先生著《战车与车战》(东北师大出版社1986年版),书中随处可见征引《释名·释车》的文字,足见其对《释名》的重视。

《释疾病》记录了常见疾病的名称及其症状,体现了我国古代的医学水平,对于研究中医疾病的分类、疗法和中医发展史具有参考价值。现代名医余岩(云岫)先生著有《释名病疏》,收入其《古代疾病名候疏义》卷六(人民卫生出版社1953年版)。他通过疏解《释名·释疾病》,用现代医学知识辨析了诸多中医疾病之名,解决了许多疑难问题。

末篇《释丧制》则是对人的生命终点的深度关怀,记录了不同等级人物的死亡之称,介绍了多样的丧葬物品和复杂的丧礼制度,可用于研究古代礼制、丧葬文化。

四、《释名》的流传

《释名》的成书过程,史料匮乏,无从考证。我们只能通过版本的比较,探讨其版本源流。

传世《释名》的最早版本,今天所知为明嘉靖年间翻宋本,通称"翻宋本",一般指国家图书馆所藏的明嘉靖三年(1524)储良材、程鸿刻本。我们查阅了国内一些大图书馆收藏的各种版本的《释名》,却意外地发现，所谓"翻宋本"，实际存在着明嘉靖三年和嘉靖四年连续两次翻刻的版本。

嘉靖三年翻刻本为半叶十行，嘉靖四年翻刻本为半叶九行，两者都是每行二十字。前者的字形不够规范、工整、美观，如"湮"旁的"氵"似"讠"，"人"似"入"等；而后者的字形就较为规范、工整、美观。内容上，前者《释天》有"雾""蒙"两个词条，后者无。正文中也零星可见个别文字差异。这两个本子是同源不同刻的前后两次翻刻本，只是由于时间、形制、内容极为接近，以至于常被混为一谈。

嘉靖三年、四年的两次翻刻本形成了两个版本流向。与前者为同一流向的版本主要有：明万历中吴琯刻《古今逸史》本，清乾隆五十四年（1789）毕沅《释名疏证》（宋体字本，署名"毕沅"，一说实为江声代笔），清道光吴志忠璜川书塾刻本，等等。与后者为同一流向的版本主要有：明嘉靖中毕效钦校刻《五雅》本、明嘉靖四十二年（1563）范惟一玉雪堂刻本、清乾隆五十五年（1790）《释名疏证》（篆字本），等等。

五、本书凡例

（一）关于底本。本书以国家图书馆藏明嘉靖三年储良材、程鸿刊翻宋本《释名》为底本（注释中的"原书""原作"等语，即指该本而言），参照能够找到的其他诸多版本，以及大量论及《释名》文字的资料，核实对比，确定是否改动《释名》原文，如有改动，则在注释中说明其改动依据。对于证据不足或原文可此可彼的，则不轻易改动，尽量保持原貌。

底本可以确定为讹字、脱字、衍字、倒字的，在原文中径改，不使用增"[ ]"删"（ ）"符号。必要的在注释中说明。

（二）关于条目。《释名》原书并无编号，条目或分或合。为便于阅读及检索，我们根据原书内容，多分少合，并逐条加以编号。编号中的篇数与条目数以"."隔开。如"1.1"表示第一篇《释天》的第一个条目"天"。

（三）关于字形。本书为简体字本，遇到原文中有必要保留繁体字形的地方，则以简体字形后面括注繁体字形的形式处理，如：

8.63　腹，复（複）也，富也。肠胃之属以自裹盛，复（復）于外复（複）之，其中多品，似富者也。

11.49　天子之妃曰"后"。后，后（後）也，言在后（後），不敢以"副"言也。

原书中的异体字，一般也替换为正体字。

（四）关于注音。一般只注较生僻的字或多音字。有些字的注音与今天的常见读音不同，是因为与其在该条中的意义相对应的那个读音，只要在《汉语大字典》《汉语大词典》等工具书中能查到，则予以保留。如8.37条的注释：

②空（kǒng）：穴，洞。

（五）关于注释。侧重于阐释疑难字词、指明引文出处、交代校改依据等。注释中的书名一般用全称，如王先谦《释名疏证补》。《释名疏证》因作者有争议，则简称"疏证本"。其他无特殊书名可称者，则简称"校"，如"吴志忠校"。注释中的"下同"一般限于本条之内。

（六）关于翻译。译文以直译为主、意译为辅，反复推敲文意，以求怡然理顺，尽量接近《释名》作者的原意。

本书稿虽由《释名汇校》（齐鲁书社2006年版）及其他在撰书稿脱胎而来，译注者倾力《释名》研究数十载，然"校书如扫落叶，旋扫旋生"，译书"一名之立，旬月踟蹰"，千虑一失在所难免，愿与读者诸君切磋琢磨，使之臻于完善，欢迎方家不吝赐教（renjifang@163.com），不胜感荷。

任继昉　刘江涛
2021年2月

释名序

序,也称"叙",有时也称作"序言""序文""题记""弁言""前言"。南朝梁刘勰《文心雕龙·诠赋》:"序以建言,首引情本。"序一般用来陈述作品的主旨、著作的经过等,如汉司马迁《太史公自序》。汉以前,序在书末,直到《说文解字叙》,仍然放在全书的最后。而将序列于书首的,《释名》即使不是最早的一本,也应该是最早的著作之一。

《释名序》原文不分段。为了明晰,根据内容分为三段。第一段概述名称的产生与流传过程,第二段说明编撰《释名》的原因和目的,第三段则表示欢迎"智者"查缺补漏,以类相求,举一反三。

熙以为:自古造化①,制器立象②。有物以来,迄于近代③,或典礼所制④,或出自民庶⑤,名号雅俗,各方多殊⑥。圣人于时就而弗改⑦,以成其器,著于既往⑧;哲夫巧士以为之名,故兴于其用而不易其旧⑨,所以崇易简、省事功也⑩。

【注释】

①造化:自然界的创造者,又指创造化育。

②立象：以类设立名称。

③迄（qì）于：至于，到于。

④典礼：制度礼仪。

⑤民庶（shù）：庶民，百姓。

⑥多：原作"名"，据吴志忠本校改。

⑦于时：其时，当时。

⑧著（zhuó）：贴近，接近。

⑨兴（xìng）：譬喻，比喻。

⑩事功：做事的功夫。

【译文】

我认为：从古以来的创造化育者，在制造器物时都按照类别设立名称。万物产生以来，直到较近的时代，有的属于制度礼仪规定，有的出自庶民百姓，名称的文雅或粗俗，各个地方多有不同。品德和智慧最高的人当时顺应而不改变，因而成就了那些器物，以贴近以往的实际；足智多谋和擅长技艺的人从而为它们制定名称，即使类推比喻使用也不改换旧名，是为了推崇平易简约、节省做事的功夫。

夫名之于实，各有义类①，百姓日称而不知其所以之意②。故撰天地、阴阳、四时、邦国、都鄙、车服、丧纪③，下及民庶应用之器，论叙指归，谓之《释名》，凡二十七篇④。

【注释】

①义类：事物的比义推类，即名称的词源义类别。

②以：依凭，根据。意：意义，道理。

③阴阳：指日月、昼夜、寒暑、雷电、雨雪等自然事物和现象。都（dū）鄙：京城和边邑。

④凡二十七篇：篆字疏证本曰："此非其原书篇数也。据韦昭之辞、

唐宋人书所引,则《释名》实有《释爵位》篇。今二十七篇具在,而无《爵位》之目,则明明有亡篇,不止二十七矣。兹云'二十七篇'者,乃后人据其见存之篇数以改之,其原叙必不云尔也。"凡,总计,总共。

【译文】

那些事物的名称对于实际事物,各有它们的词源之义的类别,老百姓每天称呼它们却不知为什么要这样叫的道理。为此我编撰了有关天地、日月昼夜寒暑雷电雨雪、四季、国家、京城和边邑、车舆服饰、丧事,以及百姓适应需要以供使用的器物等名称解释的书,叫作《释名》,共有二十七篇。

　　至于事类未能究备①,凡所不载,亦欲智者以类求之。博物君子②,其于答难解惑③,王父幼孙④,朝夕侍问⑤,以塞"可谓"之士⑥,聊可省诸⑦?

【注释】

①究备:穷尽,完备。

②博物:通晓众物。君子:泛指才德出众的人。

③其:通"期"。期望,要求。一说通"基"。谋虑。答难(nàn):答辩疑难问题。难,疑问,疑难。

④王父:祖父。泛指老者。幼孙:泛指小孩。

⑤朝夕:时时,经常。侍:通"待"。等候,等待。

⑥塞(sè):答,回报。可:通"何"。士:通"事"。事务,事情。此指提问之事。

⑦聊:姑且,勉强。省(xǐng):明白,醒悟。此指使人明白。诸:代词"之"和疑问语气词"乎"的合音。

【译文】

对于事物的类别及同类事物其实没能推究完备,凡是本书没有记载的,希望有智慧的先生们能够根据义类和事类推求。通晓众多事物的才德出众之人,期望能够答辩疑问解除困惑,老人和小孩,时常等着提出问题,用这本书来应付这些询问"为什么是这样"的事情,勉强能让他们明白吧?

释名卷第一

释天第一

【题解】

天，既指日月星辰所罗列的空间即天空，又指日月星辰运行、四时寒暑交替、万物受其覆育的自然之体。《庄子·大宗师》："知天之所为，知人之所为者，至矣。"成玄英疏："天者，自然之谓……天之所为者，谓三景晦明、四时生杀、风云舒卷、雷雨寒温也。"

在古代文化中，神圣的天承载了一代又一代的人对已知世界的深刻认知和对未知世界的无穷追问，被赋予了丰富的哲学内涵、神秘色彩，宇宙、天象、天气、节令、四时、历法、灾异无不以天为核心。天的变化与人们的生产、生活息息相关，从帝王到平民无不时时关注天的各种征兆。本篇解释涉及诸多与"天"相关的内容，包括日月星辰、昼夜寒暑、雷电雨雪等自然事物以及灾异变化等现象、天干地支等历法的得名之由。

1.1 天，豫、司、兖、冀以舌腹言之[①]，天，显也，在上高显也。青徐以舌头言之[②]，天，坦也[③]，坦然高而远也。春曰苍天，阳气始发，色苍苍也。夏曰昊天[④]，其气布散，皓皓也。秋曰旻天[⑤]，旻，闵也，物就枯落，可闵伤也。冬曰上天，其气上腾，与地绝也。故《月令》曰[⑥]："天气上腾，地气

下降。"《易》谓之"乾"⑦，乾，健也，健行不息也。又谓之
"玄"⑧，玄，悬也，如悬物在上也。

【注释】

①豫：即豫州。约当今淮河以北、伏牛山以东豫东、皖北地区。
司：即司州。辖区在今陕西中部、山西西南部及河南西部。兖
(yǎn)：即兖州。约当今山东西南部及河南东部地区。冀：即冀
州。在今河北中南部、山东西部和河南北部。按，此段豫、司、兖、
冀、青、徐各州，俱为汉武帝所置十三刺史部之一。言：发音。

②青徐：青州和徐州的并称。青，即青州。在今山东。徐，即徐州。
大致在今淮北一带。

③坦：原作"垣"，据疏证本改。疏证本曰："坦，今本讹作'垣'，《玉
篇》《尔雅》释文、《庄子》释文、《初学记》《太平御览》《尔雅》疏
皆引作'坦'，据改。"

④昊(hào)天：苍天，辽阔广大的天空。特指夏天。

⑤旻(mín)天：茫茫上天。特指秋天。

⑥《月令》：《礼记》中的一篇。礼家抄合《吕氏春秋》十二月纪之首
章而成。所记为农历十二个月的时令、行政及相关事物。

⑦《易》谓之"乾"：《周易·说卦》："乾，天也。"《易》，指《周易》。
古代卜筮之书，后成为儒家基本经典之一。谓，称呼，叫作。乾，
《周易》卦名。象征天。

⑧又谓之"玄"：《周易·坤》："天玄而地黄。"孔颖达疏："天色玄，地
色黄。"

【译文】

天，豫州、司州、兖州、冀州的人用舌头中部发音，天，犹如说"显"，
高大显敞。青州和徐州的人用舌头前端发音，天，犹如说"坦"，坦然广
远。春季的天叫作"苍天"，温暖之气开始生发，色彩深青。夏季的天叫

作"昊天",炎热之气分布散播,皓皓盛大。秋季的天叫作"旻天",旻,得名于"闵",植物凋落,能让人怜惜哀痛。冬季的天叫作"上天",寒冷之气上升,与大地隔绝。所以《礼记·月令》说:"天气上腾,地气下降。"《周易》把天叫作"乾",乾,得名于"健",天强健地运行而不停息。又叫作"玄",玄,得名于"悬",好像物体悬挂在上空。

1.2　日,实也①,光明盛实也②。

【注释】

①实:充实,充满。《说文解字·日部》:"日,实也。太阳之精不亏。"

②光明:光亮,明亮。盛:旺盛。实:充足。

【译文】

日,得名于"实",光亮旺盛充足。

1.3　月,缺也,满则缺也。

【译文】

月,得名于"缺",圆满以后就逐渐缺损。

1.4　光,晃也①,晃晃然也②。亦言广也,所照广远也。

【注释】

①晃(huǎng):明,明亮。

②晃晃:明亮貌。

【译文】

光,得名于"晃",明晃晃的样子。又说的是"广",照耀的地方广阔辽远。

1.5　景①,境也②,明所照处有境限也③。

【注释】

①景:亮光,日光。

②境:疆界。

③境限:界限。

【译文】

景,得名于"境",亮光照耀的地方有界限。

1.6　晷①,规也,如规画也②。

【注释】

①晷(guǐ):日影,日光。后指日晷,测度日影以确定时刻的仪器。或指晷仪立表的投影。日晷计时的原理是这样的:在太阳照射下,晷针早晨的影子最长,在西方,随着时间的推移,影子逐渐变短,过了中午又变长,并且一直向东移动。晷针移动着的影子好像是现代钟表的指针,晷面则是钟表的表面,以此来显示时刻。日晷晷针的移动,就像用圆规作画一样。

②规:圆规,画圆形的工具。

【译文】

晷,得名于"规",犹如用圆规画的一样。

1.7　曜①,耀也,光明照耀也。

【注释】

①曜(yào):日、月及水、木、金、火、土五星均称"曜"。

【译文】

曜,得名于"耀",光明照耀。

1.8　星,散也①,列位布散也②。

【注释】

①散(sàn):分散,由聚集而分离。

②列位:位置。列,行列,位次。位,位置,方位。布散:离散。

【译文】

星,得名于"散",位置离散。

1.9　宿①,宿也②,星各止宿其处也。

【注释】

①宿(xiù):星宿,我国古代指某些星的集合体。《淮南子·天文训》:"五星、八风、二十八宿。"高诱注:"二十八宿,东方:角、亢、氐、房、心、尾、箕,北方:斗、牛、女、虚、危、室、壁,西方:奎、娄、胃、昴、毕、觜、参,南方:井、鬼、柳、星、张、翼、轸也。"

②宿(sù):处于。谓日月运行在空中所处的位置。

【译文】

宿,得名于"宿",星宿各自住宿在自己的地方。

1.10　气①,馚也②,馚然有声而无形也③。

【注释】

①气:云气。指云雾,雾气。

②馚(xì):通"忾"。叹息。

【译文】

气,得名于"饩",像感慨叹息一样有声音却没有固定的形体。

1.11　风,兖、豫、司、冀横口合唇言之①,风,泛也,其气博泛而动物也。青徐言"风",蹴口开唇推气言之②,风,放也,气放散也。

【注释】

①横口:开口。指发音时嘴角展开。合唇:闭口。指发音时两唇间缝隙很小。

②蹴(cù)口:合口。蹴,通"蹙"。合拢。

【译文】

风,兖州、豫州、司州、冀州的人展开嘴角、微合嘴唇发音,风,犹如说"泛",发出的气流宽泛能使微小的物体移动。青州和徐州的人说"风",合拢嘴角、微开嘴唇发音,风,犹如说"放",发出的气流向外放散。

1.12　阴①,阴也②,气在内奥荫也③。

【注释】

①阴:阴天,天阴。天空中十分之八以上的部分被中低云量占住。

②阴:通"荫(yìn)"。隐藏。

③奥:深。

【译文】

阴,得名于"阴",水气在里面深深地隐藏着。

1.13　阳①,扬也②,气在外发扬也③。

【注释】

①阳:晴天。

②扬:显扬,传播。

③发扬:散播。

【译文】

阳,得名于"扬",水气在外面散播。

1.14　寒①,捍也②,捍格也③。

【注释】

①寒:冷。也指寒冷的季节。

②捍:坚实貌。

③捍格:坚固。

【译文】

寒,得名于"捍",因为寒冷而冰冻坚实。

1.15　暑①,煮也,热如煮物也。

【注释】

①暑:炎热。也指炎热的夏季。

【译文】

暑,得名于"煮",炎热得如同烹煮食物。

1.16　热,爇也①,如火所烧爇也。

【注释】

①爇(ruò):烧,焚烧。

【译文】

热,得名于"蒸",如同被大火焚烧的感觉。

1.17 雨,羽也,如鸟羽[①],动则散也[②]。

【注释】

①鸟羽:这里特指鹬(yù)鸟的羽毛。古代求雨时头戴、身披、手执
  鸟羽。

②动则散:水鸟常常扇动翅膀,抖落身上水珠,如同下雨。

【译文】

雨,得名于"羽",如同鸟的羽毛,抖动水珠就像雨点散落。

1.18 春,蠢也[①],蠢动而生也[②]。

【注释】

①蠢:虫类蠕动。

②蠢动而生也:"蠢"字原无,据许克勤、胡玉缙校补。周祖谟《〈释
  名〉校笺》:"《玉烛宝典》一引作'蠢动而生也'。……吴本作'物
  蠢动而生',义较完备。"译文从之。

【译文】

春,得名于"蠢",生物像虫子蠢蠢蠕动那样萌生。

1.19 夏,假也[①],宽假万物[②],使生长也。

【注释】

①假(jiǎ):宽容,宽饶。

②宽假:宽容,宽纵。

【译文】

夏,得名于"假",宽纵一切生物,让它们成长壮大。

1.20　秋,緧也①,緧迫品物②,使时成也③。

【注释】

①緧:通"道(qiú)"。迫,迫近。

②品物:犹"万物"。此指生物。

③时:及时。

【译文】

秋,得名于"緧",迫使一切生物,让它们及时成熟。

1.21　冬,终也,物终藏也①。

【注释】

①终藏:原作"终成"。王念孙校:"'终成'者为'终藏',此'成'字盖因上节'成'字而误。《乡饮酒义》云:'冬之为言中也,中者,藏也。'《尚书大传》云:'冬者,中也;中也者,万物方藏于中也。'《汉书·律历志》云:'冬,终也,物终藏,乃可称。'"据改。

【译文】

冬,得名于"终",物类最终收藏起来。

1.22　四时①,四方各一时也②。时,期也③,物之生死各应节期而止也④。

【注释】

①四时:即春、夏、秋、冬四季。

②四方各一时也：古人将四季与四方相对应：东方春，南方夏，西方秋，北方冬。也，底本原无，据吴志忠本增。

③期：时期，日期。

④应（yìng）：符合，顺应。节期：节令，节日。古以立春、立夏、立秋、立冬及春分、秋分、夏至、冬至为八节；后分一年为二十四节。止：至，到。

【译文】

四时，东、南、西、北四方各有一时。时，得名于"期"，物类的生与死各自应时而至。

1.23　年，进也①，进而前也。

【注释】

①进：前进，行进。

【译文】

年，得名于"进"，行进而上前。

1.24　岁，越也，越故限也。唐虞曰"载"①，载生物也②；殷曰"祀"③，祀，巳也④，新气升、故气已也⑤。

【注释】

①唐虞：唐尧与虞舜的并称。也指尧与舜的时代。载（zǎi）：年，岁。

②载（zài）：生长。

③殷：朝代名。商王盘庚从奄（今山东曲阜）迁都殷（今河南安阳小屯村），后世因称。祀：原指遍祀先祖、先妣所用的时间，引申指岁、年。

④巳（yǐ）：《小学汇函》本作"已"，下同。"巳""已"为古今字。《说

文解字·巳部》:"巳,巳也。四月,阳气巳出,阴气巳藏,万物见,成文章,故巳为蛇。象形。"段玉裁注:"辰巳之'巳'既久用为巳然、巳止之'巳',故即以巳然之'巳'释之。……汉人'巳午'与'巳然'无二音,其义则异而同也。"

⑤升:张步瀛校作"生"。丁山说:"升,《御览·十七》引作'生'。"巳:停止。

【译文】

岁,得名于"越",逾越旧的界限。唐尧、虞舜时代称为"载",生长万物的意思;殷商时代称为"祀",祀,得名于"巳",新的气候升起、旧的气候停止。

1.25　五行者①,五气也②,于其方各施行也③。

【注释】

①五行:我国古代称构成各种物质的五种元素。《孔子家语·五帝》:"天有五行,水、火、金、木、土,分时化育,以成万物。"

②五气:五行之气,五方之气。

③于其方各施行也:古人将五行与五方相对应:东方木,西方金,南方火,北方水,中央土。

【译文】

五行,是五方之气,在与其相应的东、西、南、北、中五个方位各自施行。

1.26　金①,禁也,其气刚严,能禁制物也②。

【注释】

①金:五行之一。五行学说谓西方、秋天为金。

②能禁制物也:原作"能禁制也",据疏证本等增一"物"字。疏证
　本曰:"今本作'其气刚严,能禁制也',据《太平御览》引改。"周
　祖谟说:"毕本据《御览》引改为'气刚毅,能禁制物也',义较完
　备。"

【译文】

金,得名于"禁",它的气质刚强严峻,能够控制约束别的物类。

1.27　木①,冒也②,华叶自覆冒也③。

【注释】

①木:五行之一。五行学说谓东方、春天为木。

②冒:覆盖,笼罩。

③华(huā)叶:花与叶。华,花。

【译文】

木,得名于"冒",花与叶能够把自身覆盖。

1.28　水①,准也,准平物也②。

【注释】

①水:五行之一。五行学说谓北方、冬天为水。

②准平:均等,均衡。准平,或称"准",是古代测量水平、平面的仪
　器,故有"均等""均衡"义。此指"衡量"之义。

【译文】

水,得名于"准",衡量其他物类。

1.29　火①,化也,消化物也。亦言毁也,物入中皆毁
坏也。

【注释】

①火：五行之一。五行学说谓南方、夏天为火。

【译文】

火，得名于"化"，能够熔化其他物类。又说是"毁"，其他物类进入火里都毁坏了。

1.30   土①，吐也②，能吐生万物也。

【注释】

①土：五行之一。五行学说谓中央为土。

②吐：长出，生出。

【译文】

土，得名于"吐"，能够吐生一切植物。

1.31   子①，孳也②，阳气始萌，孳生于下也。于《易》为"坎"③。坎，险也。

【注释】

①子：十二地支的第一位。可与天干相配，用以纪年。古人把黄道附近一周天的十二等分由东向西配以子、丑、寅等十二地支，叫"十二辰"。太岁由东向西运行，运行到某处，这一年就叫"太岁在某"，由此顺推。也可用以纪月。农历以通常冬至所在的十一月配子，称为建子之月，十二月为建丑之月，正月为建寅之月，余类推。

②孳：滋生，繁殖。

③坎：《周易》卦名。八卦之一。象征险难，代表水，为北方之卦。《周易·坎》："象曰：'习坎，重险也。'"

【译文】

子,得名于"孳",温暖之气开始萌发,万物在下面繁殖滋长。子在《周易》里属于"坎卦"。坎,得名于"险"。

1.32　丑^①,纽也,寒气自屈纽也。于《易》为"艮"^②。艮,限也,时未可听物生^③,限止之也。

【注释】

①丑:十二地支的第二位。用以纪月,即农历十二月。

②艮(gèn):《周易》卦名。八卦之一,也为六十四卦之一。《周易·说卦》:"艮,止也。"高亨《周易大传今注》:"艮为山,山是静止不动之物,故艮为止。"

③听:听凭,任凭。

【译文】

丑,得名于"纽",寒冷之气自动纽结。丑在《周易》里属于"艮卦"。艮,得名于"限",时机还不能听任万物生长,对它们有所限制阻止。

1.33　寅^①,演也^②,演生物也。

【注释】

①寅:十二地支的第三位。用以纪月,即农历正月。

②演:蔓延。

【译文】

寅,得名于"演",繁衍生长万物。

1.34　卯^①,冒也,载冒土而出也^②。于《易》为"震"^③。二月之时,雷始震也。

【注释】

①卯：十二地支的第四位。用以纪月，即农历二月。

②载（zài）：开始。

③震：《周易》卦名。八卦之一，象征雷。《周易·震》："象曰：洊雷，震。"孔颖达疏："洊者，重也，因仍也。雷相因仍，乃为威震也。"

【译文】

卯，得名于"冒"，开始冒出土壤萌发。卯在《周易》里属于"震卦"。二月的时候，雷开始震响。

1.35　辰①，伸也，物皆伸舒而出也②。

【注释】

①辰（chén）：十二地支的第五位。用以纪月，即农历三月。

②伸舒：伸展，舒展。

【译文】

辰，得名于"伸"，生物都伸展而出了。

1.36　巳①，已也②，阳气毕布已也③。于《易》为"巽"④。巽，散也，物皆生布散也。

【注释】

①巳（sì）：十二地支的第六位。用以纪月，即农历四月。

②已：完毕，完成。

③毕：统统，全部。布：遍布，散播。

④巽（xùn）：《周易》卦名。八卦之一，象征风。《周易·巽》："象曰：'随风，巽。'"

【译文】

巳,得名于"已",温暖之气已全部散布完毕。巳在《周易》里属于"巽卦"。巽,得名于"散",生物都蓬勃生长并分布散播。

1.37 午①,仵也②,阴气从下上,与阳相仵逆也。于《易》为"离"③。离,丽也④,物皆附丽阳气以茂也。

【注释】

①午:十二地支的第七位。用以纪月,即农历五月。

②仵(wǔ):迕逆,违背。

③离:《周易》卦名。八卦之一,象征火。《周易·离》:"象曰:'离,丽也。日月丽乎天,百谷草木丽乎土。'"

④丽:附着。

【译文】

午,得名于"仵",寒冷之气从下面上升,与温暖之气对抗。午在《周易》里属于"离卦"。离,得名于"丽",生物都依靠温暖之气而生长茂盛。

1.38 未①,昧也②,日中则昃③,向幽昧也④。

【注释】

①未:十二地支的第八位。用以纪月,即农历六月;纪时辰则相当于午后十三时至十五时。

②昧(mèi):暗,昏暗。

③日中:正午。昃(zè):日西斜,即太阳偏西。

④向:趋向。幽昧:昏暗不明。

【译文】

未,得名于"昧",太阳正中就偏西,趋于昏暗不明。

1.39　申①,身也,物皆成其身体,各申束之②,使备成也。

【注释】

①申:十二地支的第九位。用以纪月,即农历七月。

②申束:约束。

【译文】

申,得名于"身",生物都长成了它们的体格,各自约束自己,使之齐备成就。

1.40　酉①,秀也②,秀者物皆成也。于《易》为"兑"③。兑,悦也,物得备足,皆喜悦也。

【注释】

①酉(yǒu):十二地支的第十位。用以纪月,即农历八月。

②秀:植物结实。

③兑(duì):《周易》卦名。八卦之一,象征泽。《周易·兑》:"彖曰:'兑,说也。刚中而柔外,说以利贞。'"说(yuè),同"悦"。

【译文】

酉,得名于"秀",植物结实就长成了。酉在《周易》里属于"兑卦"。兑,得名于"悦",生物生长齐备充足,都很快乐喜悦。

1.41　戌①,恤也②,物当收敛③,矜恤之也④。亦言脱也⑤,落也⑥。

【注释】

①戌(xū):十二地支的第十一位。用以纪月,即农历九月。

②恤（xù）：体恤，怜悯。

③收敛：收获农作物。

④矜（jīn）恤：怜悯体恤。矜，怜悯，同情。

⑤脱：脱落，掉下。

⑥落：凋落，衰败。

【译文】

戌，得名于"恤"，农作物该收割获取了，令人怜悯体恤。又说的是"脱"，农作物要凋零衰败了。

1.42　亥①，核也②，收藏百物，核取其好恶、真伪也③。亦言物成皆坚核也④。

【注释】

①亥：十二地支的第十二位。用以纪月，即农历十月。

②核：查对，审查。

③好恶（hǎo è）：好坏。真伪：真假。

④核：真实，坚实。

【译文】

亥，得名于"核"，收集保藏各种物类，考核选取它们的好与坏、真与假。又说的是生物长成都很坚实。

1.43　甲①，孚甲也②，万物解孚甲而生也。

【注释】

①甲：十天干的第一位。与地支相配，用以纪年、月、日。

②孚（fū）甲也：原作"孚也"，据段玉裁、疏证本等校补出"甲"字。

　　周祖谟说："毕本据段校本作'甲，孚甲也'。案《史记·律书》

云:'甲者,万物剖孚甲而出也。'"孚甲,植物籽实的外皮。孚,谷粒的皮壳。后作"稃"。

【译文】

甲,得名于孚甲之"甲",千千万万种生物破解皮壳后萌生。

1.44　乙^①,轧也^②,自抽轧而出也。

【注释】

①乙:十天干的第二位。与地支相配,用以纪年、月、日。

②轧(yà):挤压,压抑。

【译文】

乙,得名于"轧",物种自己艰难曲折地抽芽萌出。

1.45　丙^①,炳也^②,物生炳然,皆著见也^③。

【注释】

①丙:十天干的第三位。与地支相配,用以纪年、月、日。

②炳:明显,昭著,鲜明。

③著见(zhù xiàn):明白呈现,显现。见,同"现"。

【译文】

丙,得名于"炳",物种萌生粲然鲜明,都明明白白地显现出来。

1.46　丁^①,壮也,物体皆丁壮也。

【注释】

①丁:十天干的第四位。与地支相配,用以纪年、月、日。

【译文】

丁,得名于"壮",生物的形体都很强壮。

1.47　戊①,茂也,物皆茂盛也。

【注释】

①戊:十天干的第五位。与地支相配,用以纪年、月、日。

【译文】

戊,得名于"茂",物种的生长都很茂盛。

1.48　己①,纪也②,皆有定形,可纪识也。

【注释】

①己:十天干的第六位。与地支相配,用以纪年、月、日。

②纪:通"记"。记载,记录。

【译文】

己,得名于"纪",物种都具有固定的形状,可以记忆识别。

1.49　庚①,犹更也②。更③,坚强貌也。

【注释】

①庚:十天干的第七位。与地支相配,用以纪年、月、日。

②犹:好比,如同。

③更:原作"庚",据吴志忠校改。吴翊寅曰:"吴本作:'庚犹更,更,
　　坚强皃也。'案:此与'云'同例。《史记》:'大横庚庚。'徐锴曰:
　　'庚庚,坚强之皃。''庚''更'古通。"皃(mào),同"貌"。

【译文】

庚,得名于"更"。更,强固有力的样子。

1.50　辛[①],新也,物初新者皆收成也。

【注释】

①辛:十天干的第八位。与地支相配,用以纪年、月、日。

【译文】

辛,得名于"新",新生的物类都收敛成熟了。

1.51　壬[①],妊也[②],阴阳交,物怀妊也,至子而萌也[③]。

【注释】

①壬:十天干的第九位。与地支相配,用以纪年、月、日。

②妊(rèn):怀孕,身孕。

③子:指十一月。参看1.31条的注释。

【译文】

壬,得名于"妊",天地间化生万物的阴阳二气两相接触,物种怀孕,到十一月就萌生了。

1.52　癸[①],揆也[②],揆度而生[③],乃出之也。

【注释】

①癸(guǐ):十天干的第十位。与地支相配,用以纪年、月、日。

②揆(kuí):度量,揣度。

③揆度(duó):揣度,估量。

【译文】

葵,得名于"揆",物种揆度萌生,就冒出来了。

1.53　霜,丧也[1],其气惨毒,物皆丧也。

【注释】

[1]丧(sàng):灭亡,死亡。

【译文】

霜,得名于"丧",寒冷之气残忍狠毒,一些物种都死亡了。

1.54　露,虑也[1],覆虑物也[2]。

【注释】

[1]虑:结缀。

[2]覆虑:同"覆露"。荫庇,养育。

【译文】

露,得名于"虑",结缀在一起覆盖庇护生物。

1.55　雪,绥也[1],水下遇寒气而凝,绥绥然也[2]。

【注释】

[1]绥:通"妥"。下垂。

[2]绥绥:垂落貌。

【译文】

雪,得名于"绥",水汽降下遇到寒气而凝结,徐徐垂落的样子。

1.56　霰[1],星也,水雪相抟[2],如星而散也。

【注释】

①霰（xiàn）：雪珠。白色不透明的球形或圆锥形小冰粒。多在下雪前或下雪时降落。

②水：一说作"氷（冰）"。抟（tuán）：聚集。

【译文】

霰，得名于"星"，冰水与雪粒聚集，像星星众多而分散。

1.57　霡霂①，小雨也，言裁霡历沾渍②，如人沐头，惟及其上枝③，而根不濡也④。

【注释】

①霡霂（mài mù）：小雨。

②裁：通"才"。仅仅。霡历：犹"迷离"。模糊不明，难以分辨。

③枝：通"肢"。四肢。

④濡（rú）：浸湿。

【译文】

霡霂，就是小雨，说的是模糊不清、仅能沾湿，就像人洗头发，只能达到上身，而底下不湿。

1.58　云（雲）犹云云①，众盛意也②。又言运也，运行也。

【注释】

①云云：周旋回转貌，众貌，盛貌。

②众盛：谓人物众多，气势盛大。

【译文】

云（雲），就好像说"云云"，众多繁盛。又说的是"运"，运转行走。

1.59　雷，硠也①，如转物有所硠雷之声也。

【注释】

①硠（láng）：雷声，石相击声。原作"硠"，据卢文弨、疏证本、黄丕烈校改，下同。疏证本曰："硠，《太平御览》音'郎'。《说文》云：'硠，石声也。从石，良声。'"

【译文】

雷，得名于"硠"，就像转动物体发出的硠硠的声音。

1.60　电①，殄也②，乍见则殄灭也③。

【注释】

①电：闪电。

②殄（tiǎn）：灭绝，绝尽。

③乍见（xiàn）：突然而短暂地出现。殄灭：消灭，灭绝。

【译文】

电，得名于"殄"，突然一闪现就消失了。

1.61　震①，战也，所击辄破②，若攻战也。又曰"辟历"③。辟，析也④，所历皆破析也⑤。

【注释】

①震：雷，响雷。

②辄（zhé）：立即，就。

③辟历：即霹雳。辟，通"霹"。

④析：劈，剖。原作"折"，据疏证本、苏舆等校改。苏舆曰："《御览·天部十三》引正作'霹雳，析也'。"下同。

【译文】

震,得名于"战",击中的东西立即破裂,就像战斗一样。又叫作"辟历"。辟,来源于"析",所经过的东西都破裂分开了。

1.62　電,炮也[1],其所中物皆摧折[2],如人所盛炮也[3]。

【注释】

①炮:用来发射石弹的机械装置。

②中(zhòng):击中。摧折:毁坏,折断。

③炮:炮击。原作"咆",据上文校改。

【译文】

電,得名于"炮",它打中的物体都损坏折断,就像人大量抛掷石弹一般。

1.63　虹,攻也,纯阳攻阴气也。又曰"蝃蝀"[1],其见,每于日在西而见于东,啜饮东方之水气也[2];见于西方曰"升",朝日始升而出见也。又曰"美人",阴阳不和,婚姻错乱,淫风流行,男美于女[3],女美于男,恒相奔随之时[4],则此气盛,故以其盛时名之也[5]。

【注释】

①蝃蝀(dì dōng):虹的别名。

②啜(chuò):原作"掇",据疏证本、巾箱本等校改。啜,饮,吸。

③美:喜欢,爱慕。

④奔随:谓女子跟随男子私奔。奔,旧指女子私自与男子结合。

⑤名:指称,称名。

【译文】

虹,得名于"攻",纯一的阳气攻击阴冷之气。又叫"蝃蝀",它每次出现,当太阳在西方的时候而它出现在东方,吸饮东方水上的雾气;出现在西方的时候叫"升",是在朝阳开始升起时出现的。又叫"美人",夫妇不和睦,配偶杂乱无序,淫乱的风气盛行,男人喜欢女人,女性爱慕男性,常常互相跟随私奔的时候,这种阴阳之气兴盛,所以在它大盛的时候来为它命名。

1.64　霓①,啮也②,其体断绝,见于非时③,此灾气也,伤害于物,如有所食啮也。

【注释】

①霓(ní):副虹。大气中有时跟虹同时出现的一种光的现象,形成的原因和虹相同,只是光线在水珠中的反射比形成虹时多了一次,彩带排列的顺序和虹相反,红色在内,紫色在外。颜色比虹淡。

②啮(niè):咬,啃。又指侵蚀。

③非时:乱世。古人认为虹、霓是邪气,是乱世灾祸之兆。

【译文】

霓,得名于"啮",它的形体被隔断,出现在乱世,这是预示灾祸的阴邪气象,伤害生物,就像啃蚀咬啮的一样。

1.65　晕①,卷也,气在外卷结之也,日、月俱然。

【注释】

①晕(yùn):日月周围的光圈。

【译文】

晕,得名于"卷",云气在外边围裹卷绕,太阳、月亮都是这样。

1.66　阴而风曰"曀"①。曀,翳也②,言掩翳日光,使不明也。

【注释】

①风(fèng):刮风,吹。曀(yì):天阴而有风,天色阴暗。

②翳(yì):遮蔽,隐藏,隐没。

【译文】

天色阴沉又刮大风叫作"曀"。曀,得名于"翳",说的是遮蔽阳光,使得天色昏暗不明。

1.67　风而雨土曰"霾"①。霾,晦也②,言如物尘晦之色也③。

【注释】

①雨(yù):降雨。引申为像下雨一样降落。霾(mái):飞沙蔽天、日色无光貌。

②晦:昏暗。

③尘:污染,蒙尘。

【译文】

刮着大风又落沙土叫作"霾"。霾,得名于"晦",说的是像物体蒙尘晦暗的颜色。

1.68　珥①,气在日两旁之名也。珥,耳也,言似人耳之在面旁也。

【注释】

①珥(ěr):日、月两旁的光晕。

【译文】

珥，云气在太阳两旁的名称。珥，得名于"耳"，是说珥像人的耳朵在脸面两旁。

1.69　日月亏曰"食"[①]，稍稍侵亏[②]，如虫食草木叶也。

【注释】

①亏：欠缺，不足。

②稍稍：渐渐，逐渐。

【译文】

太阳、月亮亏缺叫作"食"，逐渐侵蚀亏缺，好像虫子蚕食草木叶子一样。

1.70　晦[①]，灰也，火死为灰，月光尽似之也。

【注释】

①晦：农历每月的最后一天。由于月之受光面不能反射光线于地球上，地球上看不到月光，夜晚昏暗，故名。

【译文】

晦，得名于"灰"，火灭后成灰，月亮的光芒穷尽后就像火灭成灰。

1.71　朔[①]，苏也[②]，月死复苏生也[③]。

【注释】

①朔（shuò）：月相（月球明亮部分的不同形状）名。旧历每月初一，月球运行到地球和太阳之间，与太阳同时出没，地球上看不到月光，这种月相叫"朔"。

②苏:复活,恢复。

③月死:月球运行于日、地中间时,其受光面不能反射光线于地球之
　上,月亮消失,有如死去。苏生:复活,苏醒。

【译文】

朔,得名于"苏",月亮死亡后又苏醒了。

1.72　弦①,月半之名也②。其形一旁曲、一旁直,若张
弓施弦也③。

【注释】

①弦:半圆形的月亮。农历每月初七、初八为"上弦",廿二、廿三为
　"下弦"。

②月半:月亮之半。指弦月,半圆之月。

③张:安上弓弦或拉紧弓弦。施:设置,安放。

【译文】

弦,是月亮只有半边时的名称。它的形状一边弯曲、一边较直,犹如
绷弓安弦。

1.73　望①,月满之名也。月大十六日、小十五日,日在
东、月在西,遥相望也。

【注释】

①望:月相名。旧历每月十五日(有时为十六日或十七日),地球上
　看见的月亮最圆满,这种月相叫"望"。

【译文】

望,是月亮圆满时的名称。大月十六日、小月十五日,太阳在东方、
月亮在西方,遥遥相望。

1.74 昏^①,损也,阳精损灭也^②。

【注释】

①昏:天刚黑的时候,傍晚。

②阳精:指太阳。

【译文】

昏,得名于"损",太阳消失了。

1.75 晨,伸也^①,旦而日光复伸见也。

【注释】

①伸:同"申"。明,明白。

【译文】

晨,得名于"伸",天亮后阳光又明亮地显现了。

1.76 祲^①,侵也,赤黑之气相侵也^②。

【注释】

①祲(jìn):日旁云气。古人认为此由阴阳二气相互作用而发生,能
预示吉凶。常指妖气、不祥之气。

②赤黑:暗红色,紫酱色。

【译文】

祲,得名于"侵",暗红色的云气侵犯了太阳。

1.77 氛^①,粉也,润气著草木^②,因寒冻凝,色白若粉
之形也。

【注释】

①氛:古代指预示吉凶的云气。泛指雾气,云气。

②润气:水汽。著(zhuó):依附,附着。

【译文】

氛,得名于"粉",水汽附着在草木上,因为遇冷而凝结,颜色惨白,犹如粉末的形状。

1.78　雾,冒也①,气蒙乱覆冒物也。

【注释】

①冒:覆盖,笼罩。

【译文】

雾,得名于"冒",水汽混乱无序地蒙蔽物体。

1.79　蒙①,日光不明,蒙蒙然也。

【注释】

①蒙:阴暗。

【译文】

蒙,太阳光线不明朗,模糊不清的样子。

1.80　彗星①,光梢似彗也②。

【注释】

①彗星:绕太阳运行的一种有独特外貌的星体。后曳长尾,呈云雾
　　状。俗称"扫帚星"。

②彗:扫帚。

【译文】

彗星，星光的尾梢像一把扫帚。

1.81　孛蒲没反星①，星旁气孛孛然也②。

【注释】

①孛（bèi）星：彗星的一类。蒲没反：古代反切注音法，简称"反"。即根据当时的语音，取"蒲"的声母、"没"的韵母和声调，互相拼合，为"孛"字注音。现代汉语"蒲没"反切的结果和"孛"的读音有些差异，是因为语音变化了。

②孛孛（bó）：犹"勃勃"。旺盛貌。

【译文】

孛星，星星旁边的云气蓬勃旺盛。

1.82　笔星①，星气有一枝，末锐似笔也。

【注释】

①笔星：彗星的一类，也称"昭明"。因其尾部锐尖如笔头，故称。

【译文】

笔星，云气状的星光有一枝干，末端尖锐像毛笔。

1.83　流星，星转行如流水也①。

【注释】

①转行（zhuǎn xíng）：转移运行。

【译文】

流星，星星转移运行好像流淌的水。

1.84　枉矢^①，齐鲁谓流星为"枉矢"^②，言其光行若射矢之所至也；亦言其气枉暴，有所灾害也。

【注释】

①枉矢：星名。行曲如蛇，流速如矢，故名。枉，弯曲，歪曲。

②齐鲁：春秋战国时期，以泰山为界分为齐国和鲁国。山北称为齐，山南则称为鲁。在今山东境内。流星：原作"光景"，据卢文弨、疏证本校改。疏证本曰："'光景'二字疑'流星'之讹。《史记·天官书》云：'枉矢类大流星，蛇行而苍黑，望之如有毛羽然。'据此，枉矢亦流星之类。'流'字脱'水'旁而为'充'，类'光'字；'景'与'星'皆从'日'，由是讹为'光景'与？"

【译文】

枉矢，古齐国、鲁国一带的地区把流星叫作"枉矢"，说它的光线路径好像发出的箭矢射到的地方；也是说它的属性邪曲残暴，会带来祸害。

1.85　厉^①，疾气也，中人如磨厉伤物也^②。

【注释】

①厉：病灾，瘟疫。后作"疠"。

②厉：同"砺"。磨砺。中（zhòng）：侵袭，伤害。

【译文】

厉，疾病之气，伤人就像在磨刀石上磋磨而伤害物体那样。

1.86　疫^①，役也，言有鬼行役也^②。

【注释】

①疫：瘟疫。流行性急性传染病的通称。古代以为发生瘟疫是疠鬼

在作祟,故指疠鬼。

②行役:泛称行旅,出行。此指出行作祟。役,原作"疫",据卢文弨、段玉裁等校改。周祖谟说:"案玄应书卷廿一引作:'疫,役也,言有鬼行役,役役不住也。'下'疫'字误,当作'役'。"

【译文】

疫,得名于"役",说的是有疠鬼出行作祟。

1.87 疦①,截也②,气伤人如有所断截也③。

【注释】

①疦(zhá):疫疠。又指夭折,短命早死。

②截:断,割断。

③所:原书无,据吴志忠本等校补。沈锡祚曰:"《韵补》卷五有'疦'字,引《释名》:'疦,截也,气伤人如有所截断也。'"

【译文】

疦,得名于"截",疫气伤害人好像有所截断。

1.88 灾①,裁也②,火所烧灭之余曰"裁"③,言其于物如是也。

【注释】

①灾:自然发生的火灾。泛指灾害、祸患。

②裁(zāi):同"灾"。危害,焚烧。

③余:之后,以后。

【译文】

灾,得名于"裁",火烧毁之后的状况叫"裁",是说它对于物体而言有如灾祸。

1.89　害^①,割也,如割削物也。

【注释】

①害:祸患,灾害。

【译文】

害,得名于"割",就像切割物体那样。

1.90　异者^①,异于常也^②。

【注释】

①异:怪异不祥之事,灾异。

②异:不相同。常:正常状态或秩序。

【译文】

灾异之异,就是与正常状态相比显得怪异。

1.91　眚^①,瘠也^②,如病者瘠瘦也。

【注释】

①眚(shěng):灾异,妖祥。原指眼睛生翳(yì,眼中遮蔽视线的膜)。引申为日月蚀、灾异。

②瘠(shěng):原作"瘠",据吴志忠、徐复校改。吴翊寅曰:"吴本'省'作'瘠'。案《一切经音义》引亦作'瘠',经典借'省'字。《周礼·大司马》:'冯弱犯寡则眚之。'郑注:'眚犹人省瘦也。'此即本郑为说。《说文》:'渻,减少也。'此正字,'瘠'后出字。"瘠,瘦。

【译文】

眚,得名于"瘠",好像病人身体消瘦那样。

1.92　慝①，态也②，有奸态也③。

【注释】

①慝（tè）：灾害，祸患。

②态：通"慝"。邪恶，欺诈。

③奸态：犹"奸慝"。奸恶的心术或行为。奸，同"姦（奸）"。奸邪，
　罪恶。

【译文】

慝，得名于"态"，有奸邪罪恶。

1.93　妖①，殀也②，殀害物也。

【注释】

①妖：指反常、怪异的事物。

②殀（yāo）：杀死。

【译文】

妖，得名于"殀"，杀害生物。

1.94　孽①，蘖也②，遇之如物见髡蘖也③。

【注释】

①孽（niè）：灾害，灾祸。

②孽：通"蘖（niè）"。树木砍去后重生的枝条。此指砍去枝条。下同。

③见：被，受到。髡（kūn）：整枝，剪去枝条。

【译文】

孽，得名于"蘖"，遇到它就好像植物遭到砍伐。

释地第二

【题解】

地,指地面,陆地。本篇解释了平原地区地形及泥土方面名词的得名之由,如田、土、壤、原、陆、隰等,但不包括山、水、丘、道等,后者另有各篇分释之。

2.1　地者,底也①,其体底下②,载万物也。亦言"谛"也③,五土所生④,莫不信谛也。《易》谓之"坤"⑤。坤,顺也,上顺乾也⑥。

【注释】

①底:最低下的地方。

②体:形体。底下:犹"低下"。

③谛(dì):确凿,确实。

④五土:指山林、川泽、丘陵、水边平地、低洼地这五种土地。

⑤《易》谓之"坤":《周易·说卦》:"坤也者,地也。……坤为地。"坤,地,大地。坤,《周易》卦名。象征地。

⑥乾:指天。

【译文】

地,得名于"底",它的形体低下,承受一切物类。又说的是"谛",山林、川泽、丘陵、水边平地、低洼地这五种土地生长出来的,无不真实可信。《周易》把地叫作"坤"。坤,得名于"顺",顺从于上面的天。

2.2　土,吐也^①,吐生万物也。

【注释】

①吐:长出,生出。

【译文】

土,得名于"吐",吐冒生长出所有植物。

2.3　已耕者曰"田"。田,填也,五稼填满其中也^①。

【注释】

①五稼:五谷。一般指稻、稷、黍、麦、豆,泛指所有的粮食作物。

【译文】

已经耕种的土地叫作"田"。田,得名于"填",五谷填满田地之中。

2.4　壤^①,瀼也^②,肥濡意也^③。

【注释】

①壤:松软的泥土,即已经耕作的土地。

②瀼:通"䖆(rǎng)"。肥。

③肥濡:肥沃滋润。

【译文】

壤,得名于"瀼",肥沃滋润的意思。

2.5　广平曰"原"。原,元也①,如元气广大也。

【注释】

①元:指元气。宇宙自然之气。

【译文】

宽阔平坦的地方叫作"原"。原,得名于"元",像宇宙自然的元气那样宽广阔大。

2.6　高平曰"陆"。陆,漉也①,水流漉而去也。

【注释】

①漉(lù):液体往下渗流。

【译文】

隆起而平坦的地方叫作"陆"。陆,得名于"漉",水渗流着离去。

2.7　下平曰"衍"①,言漫衍也。

【注释】

①衍:低下而平坦的土地。

【译文】

低下而平坦的土地叫作"衍",说的是它绵延伸展。

2.8　下湿曰"隰"①。隰,垫也②,垫湿意也。

【注释】

①隰(xí):低湿的地方。

②垫:原作"蛰",据王先慎校改,下同。徐复《释名音证》说:"王

先慎曰,'蛰'为'垫'字之误。《说文》:'垫,下也。从土,执声。'执、隰音近。古音湿、隰、垫皆在七部。"垫,陷没,下陷。

【译文】

低湿的土地叫作"隰"。隰,得名于"垫",低洼而潮湿的意思。

2.9　下而有水曰"泽"[①],言润泽也[②]。

【注释】

①泽:水汇聚处。

②润泽:湿润,不干枯。

【译文】

低下而又有水的地方叫作"泽",说的是湿润的意思。

2.10　地不生物曰"卤"[①]。卤,炉也,如炉火处也。

【注释】

①生物:此指生长农作物。卤:盐碱地。

【译文】

土地不生长农作物叫作"卤"。卤,得名于"炉",就像炉中之火燃烧的地方。

2.11　徐州贡土五色[①],有青、黄、赤、白、黑也。

【注释】

①徐州贡土五色:《尚书·禹贡》:"厥贡惟土五色。"是说徐州贡五色土。孔颖达疏:"贡土之意,王者封五色土以为社,若封建诸侯,则各割其方色土与之,使归国立社。"徐州,古九州之一。大致在

今淮北一带。

【译文】

徐州上贡五种颜色的土壤,有青、黄、红、白、黑。

2.12 土青曰"黎"①,似黎草色也②。

【注释】

①黎:青黑色。后作"黧"。

②黎草:即藜草。一年生草本植物,茎直立,嫩叶可吃。茎可以做拐
杖。也称灰藋(diào)、灰菜。黎,通"藜"。

【译文】

青黑色的土壤叫作"黎",好像藜草的颜色。

2.13 土黄而细密曰"埴"①。埴,腻也,黏胒如脂之腻也②。

【注释】

①埴(zhí):黏土。

②黏胒(nì):今写作"黏腻"。油腻,黏腻。胒,同"腻"。

【译文】

黄色而又精细密致的土壤叫作"埴"。埴,得名于"腻",黏糊得像
油脂一样黏腻。

2.14 土赤曰"鼠肝"①,似鼠肝色也。

【注释】

①鼠肝:质次的红色硬土。

【译文】

红色的土壤叫作"鼠肝",像老鼠的肝脏那种颜色。

2.15　土白曰"漂",漂轻飞散也①,

【注释】

①漂(piāo)轻:轻飘,不坚实。

【译文】

白色的土壤叫作"漂",轻飘飘地飞扬四散。

2.16　土黑曰"卢"①,卢然解散也。

【注释】

①卢:通"垆"。黑色或黄黑色坚硬而质粗不粘的土壤。

【译文】

黑色的土壤叫作"卢",粗疏地分解离散。

释山第三

【题解】

山，是地面上以石头为主体构成的隆起部分，区别于以土为主体构成的丘。本篇解释了与山有关的各种名词的得名之由，包括表示山体各个部位的名词，如陂、冈、涌、麓等；表示山体大小高低的名词，如嵩、岑、峤等；表示山上事物的名词，如石、林、森等。

3.1 山，产也，产生物也。土山曰"阜"①。阜，厚也，言高厚也。大阜曰"陵"②。陵，隆也，体高隆也。

【注释】

①阜（fù）：土山。

②陵：大土山。

【译文】

山，得名于"产"，出产生物。土山叫作"阜"。阜，得名于"厚"，是说它体高土厚。大的土山叫作"陵"。陵，得名于"隆"，体形高高隆起。

3.2 山顶曰"冢"①。冢，肿也，言肿起也。山旁曰"陂"②，言陂陁也③。

【注释】

①冢（zhǒng）：山顶。

②陂（bēi）：山坡。

③陂陁（pō tuó）：倾斜不平貌。

【译文】

山顶叫作"冢"。冢，得名于"肿"，是说它肿起来了。山的旁侧叫作"陂"，是说它陂陁不平。

3.3　山脊曰"冈"①。冈，亢也②，在上之言也。

【注释】

①山脊：山的高处像兽类脊骨似的隆起部分。

②亢（kàng）：高。

【译文】

山的脊梁叫作"冈"。冈，得名于"亢"，说的是它高高在上。

3.4　山旁陇间曰"涌"①。涌犹桶②，桶狭而长也。

【注释】

①陇（lǒng）：通"垄"。高丘。涌：指山谷。

②桶（yǒng）：本指古代量器名。方形的斛，受六斗。后指盛水或盛其他物品的容器，多为长圆形，读 tǒng。

【译文】

山丘旁边的山谷叫作"涌"。涌好像桶，桶狭窄而细长。

3.5　山大而高曰"嵩"①。嵩，竦也②，亦高称也。

【注释】

①嵩：山高。

②竦（sǒng）：高耸。

【译文】

山又大又高叫作"嵩"。嵩，得名于"竦"，也是高耸的称谓。

3.6　山小高曰"岑"①。岑，崭也②，崭然也。

【注释】

①岑（cén）：小而高的山。

②崭（zhǎn）：高峻，突出。

【译文】

山比较小叫作"岑"。岑，得名于"崭"，高峻的样子。

3.7　上锐而长曰"峤"①，形似桥也②。

【注释】

①峤（qiáo）：高而锐的山。

②桥：木名。引申指高。

【译文】

上边尖锐而高长叫作"峤"，形状像是桥树。

3.8　小山别大山曰"甗"①。甗，甑也②；甑一孔者，甗形孤出处似之也③。

【注释】

①甗（yǎn）：一种炊器。外形上大下小，分两层，上部是透底的甑，

可蒸;下部是鬲,可煮。

②甑(zèng):蒸食炊器。其底有孔,古用陶制,殷、周时代有以青铜
　　制者,后多用木制。

③孤:独特,特出。

【译文】

上大下小形状像甑的山叫作"甗"。甗,就是甑;甑是一个孔眼的,
甗的形状特别突出的地方像它。

3.9　山多小石曰"磝"①。磝,尧也②,每石尧尧独处而
出见也③。

【注释】

①磝(áo):山多小石貌。

②尧(yáo):高。

③出见(xiàn):出现。见,同"现"。

【译文】

山上有很多小石头叫作"磝"。磝,得名于"尧",每块石头都高高
地以独居状态出现。

3.10　山多大石曰"礜"①。礜,学也②,大石之形学学
然也③。

【注释】

①礜(què):多大石的山。

②学:通"峃(xué)"。山多大石的样子。

③然:原作"形",据疏证本、吴志忠本等校改。周祖谟说:"下'形'
　　字毕本据《初学记》《御览》引改作'然',是也。"

【译文】

山上有很多大石头叫作"礐"。礐,得名于"学",大块的石头坚硬嶙峋的样子。

3.11　山有草木曰"岵"①。岵,怙也②,人所怙,取以为事用也③。

【注释】

①岵(hù):多草木的山。

②怙(hù):依赖,凭恃。

③事用:使用,应用。

【译文】

山上生长有草木叫作"岵"。岵,得名于"怙",人所依恃,借以使用。

3.12　山无草木曰"屺"①。屺,圮也②,无所出生也。

【注释】

①屺(qǐ):不长草木的山。

②圮(pǐ):原作"圯(yí)",据段玉裁、疏证本、吴志忠校改。圮,毁坏,断绝。

【译文】

山上没有草木叫作"屺"。屺,得名于"圮",没有什么出产的东西。

3.13　山上有水曰"埒"①。埒,脱也②,脱而下流也③。

【注释】

①埒(liè):原作"埓",为"埒"之形误。下同。埒,山上水流。

②脱：脱落，掉下。

③下流：向下流动。

【译文】

山上有水流动叫作"埒"。埒，得名于"脱"，脱落而向下流动。

3.14　石载土曰"岨"①，岨胪然也②，土载石曰"崔嵬"③，因形名之也。

【注释】

①岨：同"砠（jū）"。戴土的石山。

②岨胪（lú）：错落貌。

③崔嵬（wéi）：本指有石的土山。后泛指高山。也形容高耸、高大貌。

【译文】

石头上面负载泥土叫作"岨"，土石错落的样子，泥土上面负载石头叫作"崔嵬"，是根据它们的形状命名的。

3.15　山东曰"朝阳"①，山西曰"夕阳"②，随日所照而名之也。

【注释】

①山东：山的东坡。朝（zhāo）阳：指山的东面。

②山西：山的西坡。夕阳：指山的西面。

【译文】

山的东面叫作"朝阳"，山的西面叫作"夕阳"，是依据阳光照射的地方命名的。

3.16　山下根之受溜处曰"𡶒"①。𡶒，吮也，吮得山之肥润也。

【注释】

①溜（liù）：向下流的水。甽（quǎn）：山谷。

【译文】

山脚下边承受流水的山谷叫作"甽"。甽，得名于"吮"，吮吸得到山体的肥润水土。

3.17　山中蘩木曰"林"①。林，森也②，森森然也。

【注释】

①蘩（cóng）：同"丛"。聚集，丛生。

②森：众多貌，众盛貌。

【译文】

山里丛生的树木叫作"林"。林，得名于"森"，树木繁密众多的样子。

3.18　山足曰"麓"①。麓，陆也②，言水流顺陆燥也③。

【注释】

①麓：山脚。

②陆：物体运行的轨道。

③燥：焦急，焦躁。

【译文】

山脚叫作"麓"。麓，得名于"陆"，说的是水流顺着通道快速急躁。

3.19　山体曰"石"①。石，格也②，坚捍格也。

【注释】

①山体：山的主体。体，事物的主要部分，主体。

②格：通"垎（hè）"。坚硬。

【译文】

山的构成主体叫作"石"。石，得名于"格"，石头坚硬牢固。

3.20　小石曰"砾"①。砾，料也②，小石相枝柱其间③，料料然出内气也④。

【注释】

①砾（lì）：小石，碎石。

②料：通"寥（liáo）"。空。

③枝柱：支撑。

④出内（nà）：出入。内，同"纳"。入，使进入。

【译文】

小块石头叫作"砾"。砾，得名于"料"，小石头与小石头之间互相支撑，中间有空隙出入空气。

释水第四

【题解】

水,指各种河流、水域。本篇解释了与水有关的诸多名词的得名之由,包括渎、江、淮等河流之名,滥泉、沃泉等泉名,澜、波等水中现象之名,以及洲、渚等水中陆地之名。

4.1　天下大水四^①,谓之"四渎"^②,江、河、淮、济是也。

【注释】

①大水:大海或大河。

②四渎(dú):长江、黄河、淮河、济水的合称。

【译文】

全国的大江大河有四条,叫作"四渎",长江、黄河、淮河、济水就是。

4.2　渎^①,独也,各独出其所而入海也^②。

【注释】

①渎:江河大川。

②所:处所,地方。

【译文】

渎,得名于"独",各自从发源地流入海洋。

4.3　江①,公也,小水流入其中②,公共也。

【注释】

①江:专指长江。后来"江"成为大江大河的通称,此水始称"长
　　江"。

②小水:小水流。

【译文】

江,得名于"公",小的江河流入长江,因此成为公用的水道。

4.4　淮①,围也,围绕扬州北界②,东至海也。

【注释】

①淮:即淮河。

②杨州:即扬州,或称"维扬"。汉武帝所置十三刺史部之一。东汉
　　时治所在历阳(今安徽和县),末年治所迁至寿春(今安徽寿县)、
　　合肥(今安徽合肥西北)。

【译文】

淮,得名于"围",围绕扬州北面,东流直到海洋。

4.5　河①,下也②,随地下处而通流也③。

【注释】

①河:专指黄河。后来"河"成为河流的通称,此水改称"大河""黄
　　河"。

②下:位置在低处。

③通流:指通行。

【译文】

河,得名于"下",随着地面低下处而流通。

4.6　济①,济也②,源出河北,济河而南也。

【注释】

①济(jǐ):古水名。《周礼·夏官·职方氏》《汉书·地理志》《说文解字》作"泲",他书作"济"。包括黄河南北两部分。河北部分发源于河南济源王屋山。

②济(jì):渡过。

【译文】

济,得名于"济",发源于黄河以北,渡过黄河向南流。

4.7　川①,穿也②,穿地而流也。

【注释】

①川:河流。

②穿:穿通,贯穿。

【译文】

川,得名于"穿",贯穿地面而流通。

4.8　山夹水曰"涧"①。涧,间也,言在两山之间也。

【注释】

①涧(jiàn):两山间的水沟。

【译文】

两山夹着一条水叫作"涧"。涧,得名于"间",说的是夹在两山之间。

4.9　水正出曰"滥泉"①。滥,衔也,如人口有所衔,口
闿则见也②。

【注释】

①正出:从主水口涌出。滥(jiàn)泉:涌出的水泉。

②闿(kǎi):开启。见(xiàn):同"现"。

【译文】

水从主水口涌出叫作"滥泉"。滥,得名于"衔",就像人嘴里有衔
的东西,嘴一张就出现了。

4.10　悬出曰"沃泉"①,水从上下,有所灌沃也②。

【注释】

①悬出:从悬崖上流出。沃泉:由上向下流的泉水。

②灌沃:浇灌,滋润。

【译文】

从悬崖上流出的水叫作"沃泉",水从上向下流,有所浇灌滋润。

4.11　侧出曰"氿泉"①。氿,轨也,流狭而长,如车轨也。

【注释】

①侧出:旁出。此指从山崖侧旁流出。氿(guǐ)泉:从山崖侧旁流
　出的泉水。氿,原作"汍",据段玉裁、邵晋涵校改。邵晋涵曰:
　"从《尔雅》改。"下同。氿,泉水从旁流出。

【译文】

从山崖侧旁流出的水叫作"氿泉"。氿，得名于"轨"，水流狭窄而细长，像行车的轨迹。

4.12　所出同、所归异曰"淝泉"，本同出时所浸润少，所归各枝散而多，似淝者也①。

【注释】

①淝（féi）：即淝河。也叫淝水。源出安徽合肥西北。分为二支：一支东南流，注入巢湖；一支西北流至寿县，又西北经八公山南入淮河。

【译文】

发源相同、归向不同的水叫作"淝泉"，源头共同流出的时候滋润的地方少，归向各自分散而变多，就像淝水分为二支那样。

4.13　水从河出曰"雍沛"①，言在河岸限内②，时见雍出③，则沛然也④。

【注释】

①河：此指黄河。出：决口而出。雍沛：冲决河岸而别自成流的水。

②岸限：犹"界限"。

③雍：通"壅"。聚积。

④沛然：充盛貌，盛大貌。

【译文】

洪水从黄河决口而出叫作"雍沛"，说的是在黄河堤岸以内，时而见到洪水积聚涌出，就沛然盛大了。

4.14　水上出曰"涌泉"①,濆泉并是也②。

【注释】

①涌泉:水向上喷出的泉。

②濆(pēn)泉:地下喷出的泉水。濆,原作"渍",据邵晋涵、吴志忠校改。徐复说:"'渍泉'当为'濆泉'之误,形相近也。考之各书,得确证二、旁证五,依次疏之。一、《公羊·昭五年传》:'叔弓帅师败莒师于濆泉。濆泉者何? 直泉也。直泉者何? 涌泉也。'《左氏》作'蚡泉',《穀梁》作'贲泉',皆音近通用。……"

【译文】

向上喷出的泉水叫作"涌泉",濆泉也是这样。

4.15　水泆出所为泽曰"掌"①,水停处如手掌中也。今兖州人谓泽曰"掌"也②。

【注释】

①泆:通"溢"。水满而泛滥。泽:聚水的洼地,沼泽。掌:水泽。

②兖(yǎn)州:汉武帝所置十三刺史部之一。约当今山东西南部及河南东部地区。

【译文】

水漫出聚集为湖泽叫作"掌",水停留的地方就像在手掌里一样。现在的兖州人就把湖泽叫作"掌"。

4.16　水决复入为"汜"①。汜,已也②,如出有所为,毕已而还入也。

【注释】

①决:冲破堤岸,堤岸溃破。汜(sì):从主河道分出又流回主河道的水。

②已:完毕,完成。

【译文】

洪水冲破堤岸后又流回主河道叫作"汜"。汜,得名于"已",像出去有所作为,完毕后又返回进入。

4.17　风吹水波成文曰"澜"①。澜,连也,波体转流,相连及也②。

【注释】

①成文:形成纹理。文,纹理,花纹。此指波纹。澜:大波浪。泛指波纹。

②连及:原作"及连",据沈锡祚、丁山等校改。周祖谟说:"《倭名抄》卷一引作'风吹水波成文曰涟,波体转相连及也。'《韵补·先韵》引亦作'相连及也',当据改。"

【译文】

风吹水波形成纹理叫作"澜"。澜,得名于"连",水波形体转移流动,相互牵连涉及。

4.18　水小波曰"沦"①。沦,伦也②,小文相次有伦理也。

【注释】

①沦(lún):水的小波纹。也指水起小波纹,或使起波纹。

②伦:条理,顺序。

【译文】

水的小波纹叫作"沦"。沦,得名于"伦",小的水波纹相继为次第而有条理。

4.19　水直波曰"泾"①。泾，俓也②，言如道俓也。

【注释】

①泾（jīng）：直流的水波。

②俓（jìng）：同"径"。小路。

【译文】

较直的水波纹叫作"泾"。泾，得名于"俓"，说的是犹如小径一样。

4.20　水草交曰"湄"①。湄，眉也，临水如眉临目也，水经川归之处也。

【注释】

①交：交际，两者相接触。湄（méi）：岸边，水和草相接的地方。

【译文】

水和岸边的草相接触的地方叫作"湄"。湄，得名于"眉"，草靠近水就像眉毛挨着眼睛一样，是水经过河流归向的地方。

4.21　海，晦也①，主承秽浊②，其水黑如晦也。

【注释】

①晦：昏暗，阴暗。

②主：主宰，主持，掌管。承：接受，承受。秽浊：污浊，肮脏。

【译文】

海，得名于"晦"，主管承受污浊肮脏的东西，它的水颜色蓝黑而阴暗。

4.22　水注谷曰"沟"[①],田间之水亦曰"沟"。沟,搆也[②],纵横相交搆也[③]。

【注释】

①注:流入,灌入。谷:山间的水流,又指山间流水的通道。

②搆(gòu):同"构"。交结,连接。

③纵横:纵向和横向。南北曰纵,东西曰横。交搆:同"交构"。交通,连接。

【译文】

水流入山谷叫作"沟",田地里的水也叫"沟"。沟,得名于"搆",横竖交叉互相连通。

4.23　注沟曰"浍"[①]。浍,会也,小沟之所聚会也。

【注释】

①浍(kuài):大沟。

【译文】

水流入的大沟叫作"浍"。浍,得名于"会",小水沟聚集会合的地方。

4.24　水中可居者曰"洲"[①]。洲,聚也,人及鸟物所聚息之处也。

【注释】

①居:停息,止息。洲:水中的陆地。

【译文】

水面上可以停留的地方叫作"洲"。洲,得名于"聚",人和鸟类等动物聚集休息的处所。

4.25　小洲曰"渚"①。渚,遮也②,体高能遮水,使从旁回也③。

【注释】

①渚(zhǔ):小洲,水中的小块陆地。

②遮:遏止,阻拦。

③回:指变换方向、位置等。

【译文】

水里的小块陆地叫作"渚"。渚,得名于"遮",陆地形体较高能够拦阻水流,使它从旁边变向拐弯。

4.26　小渚曰"沚"①。沚,止也②,小,可以止息其上也。

【注释】

①沚(zhǐ):小渚,水中的小块陆地。

②止:栖息。

【译文】

水里比渚更小的高地叫作"沚"。沚,得名于"止",体形更小,人和鸟类等动物可以在上面停留休息。

4.27　小沚曰"泜"①。泜,迟也②,能遏水使流迟也③。

【注释】

①泜:同"坻(chí)"。水中的小洲或高地。

②迟:缓慢。

③遏:抑制,阻止。

【译文】

水里比沚更小的高地叫作"泜"。泜，得名于"迟"，能够遏阻水流使流速迟缓。

4.28　人所为之曰"潏"①。潏，术也，堰使水郁术也②，鱼梁、水碓之谓也③。

【注释】

①所为：所作。潏（shù）：指水中的堤堰、鱼梁等土石工程。

②堰（yàn）：以土石筑堤横截水中以堵塞水流。郁术：迂回曲折貌。

③鱼梁：用编网、竹笱（gǒu，竹制的捕鱼器）等置于水门处以捕鱼的设施。水碓（duì）：利用水力舂米的器械。

【译文】

人工用土石筑堤横截水中以堵塞水流叫作"潏"。潏，得名于"术"，筑堤堰塞使水迂回曲折，说的是鱼梁、水碓之类。

4.29　海中可居者曰"岛"①。岛，到也，人所奔到也。亦言"鸟"也，物所赴如鸟之下也②。

【注释】

①岛：海洋及江、湖中被水环绕的陆地。

②赴：到，去，前往。

【译文】

海里能够停留的地方叫作"岛"。岛，得名于"到"，人能奔走到达的地方。也说的是"鸟"，生物前往好像鸟儿飞下。

释丘第五

【题解】

丘，指自然形成的土堆，小土山。《周礼·地官·大司徒》："以天下土地之图，周知九州之地域广轮之数，辨其山、林、川、泽、丘、陵、坟、衍、原、隰之名物。"郑玄注："土高曰丘。"本篇解释了各种土丘的得名之由。丘的得名，因层级、形体、位置等因素而各不相同。

5.1　丘一成曰"顿丘"①，一顿而成②，无上下大小之杀也③。

【注释】

①一成：一重，一层。顿丘：即"敦丘"。一层之丘。

②顿：通"敦（dùn）"。土堆，引申为堆土。后作"墩（dūn）"。

③杀（shài）：等差。

【译文】

土丘只有一层叫作"顿丘"，堆土一层就成了，没有上下大小的等差。

5.2　再成曰"陶丘"①，于高山上一重作之②，如陶灶然也③。

【注释】

①再：两次，第二次。陶丘：两重的山丘。

②上：增加，添补。重（chóng）：层。

③陶灶（zào）：烧制陶器的土窑。

【译文】

山丘有两层的叫作"陶丘"，在高山上增加一层土而形成，就像烧制陶器的土窑那样。

5.3　三成曰"昆仑丘"①，如昆仑之高而积重也②。

【注释】

①三成：三重，三层。昆仑丘：三重相迭的土山。

②昆仑：山脉名。在新疆、西藏、青海境内。势极高峻，多雪峰、冰川。古代神话传说，上有瑶池、阆苑、增城、县圃等仙境。积重（chóng）：积累多重。

【译文】

山丘有三层的叫作"昆仑丘"，就像昆仑山那样高峻而积累多重。

5.4　前高曰"髦丘"①，如马举头垂髦也②。

【注释】

①髦丘：即"旄（máo）丘"。前高后低的山丘。

②举头：抬头。髦：马颈上的长毛。

【译文】

前边高的山丘叫作"髦丘"，就像马抬头垂下颈上的长毛时那样前高后低。

5.5　中央下曰"宛丘"①,有丘宛宛如偃器也②。陉上有一泉水亦是也③。

【注释】

①中央:中间。下:低。宛丘:四方高中央低的丘。

②宛宛:盘屈凹陷的样子。偃器:周边高中间凹下可以盛装的器具。

③陉(xíng):原作"泾",据疏证本校改。疏证本曰:"'泾'当为'陉'字之误。《说文》云:'陉,山绝坎也。'或又疑为'丘'字。"陉,山脉中断的地方。

【译文】

中间凹下的山丘叫作"宛丘",有山丘盘旋屈曲宛如周边高中间凹可以用来盛装的器具。山丘中断的地方有一眼泉水的也是这样。

5.6　偏高曰"阿丘"①。阿②,荷也③,如人担荷物,一边偏高也。

【注释】

①阿(ē)丘:偏高的土山。

②阿:大而曲的丘陵。

③荷(hè):肩负,扛,担。

【译文】

一侧偏高的山丘叫作"阿丘"。阿,得名于"荷",就像人担荷物件,一边偏高那样。

5.7　亩丘①,丘体满一亩之地也②。

【注释】

①亩丘:一亩地大小的丘。

②亩:地积单位,市亩的通称。秦、汉时以五尺为步,二百四十步为亩。

【译文】

一亩地大小的山丘叫作"亩丘",是因为山丘的面积占满一亩地。

5.8　圜丘、方丘^①,就其方圜名之也^②。

【注释】

①圜(yuán)丘:古代帝王冬至祭天的地方。后来也用以祭天地。圜,同"圆"。方丘:古代帝王夏至祭地之坛。

②就:依从,按照。方圜:同"方圆"。方形与圆形。也泛指事物的形体、性状。

【译文】

圜丘、方丘,是按照山丘的方圆形状而命名的。

5.9　锐上曰"融丘"^①。融,明也,明,阳也^②,凡上锐皆高而近阳者也^③。

【注释】

①锐上:上部尖锐。融丘:尖顶的高丘。

②阳:用以指太阳。

③凡:凡是。

【译文】

上部尖锐的山丘叫作"融丘"。融,得名于"明",明,就是"阳",凡是上部尖锐的都高起而接近太阳。

5.10　如乘曰"乘丘"[①]。四马曰"乘",一基在后似车[②],四列在前似驾马车之形也。

【注释】

①乘(shèng):车子。春秋时多指兵车,包括一车四马。乘丘:形同马车的土丘。

②基:根基,主体。

【译文】

形同马车的山丘叫作"乘丘"。四匹马拉的车叫作"乘",山丘的一座主体在后像车,四条余脉在前像驾驶马车的形状。

5.11　如陼之与反者曰"陼丘"[①],形似水中之高地,隆高而广也。

【注释】

①陼(zhǔ):同"渚"。水中小块陆地。陼丘:形似洲渚的小土山。

【译文】

形似洲渚的山丘叫作"陼丘",形状像是水里的高地,高起而又广大。

5.12　水潦所止曰"泥丘"[①],其止污水留不去成泥也[②]。

【注释】

①水潦(lǎo):积在田地里或流于地面的水。止:停留,阻拦。泥丘:丘阜顶上积水泥泞处。

②去:离开。

【译文】

顶上积水的山丘叫作"泥丘",它阻拦污浊的水使之停留不离开而成为泥泞。

5.13　泽中有丘曰"都丘"①，言虫鸟往所都聚也②。

【注释】

①泽：水聚汇处。都丘：池泽中的小土山。

②虫鸟：指蛇和鸟。都（dū）聚：汇聚。

【译文】

沼泽里边的山丘叫作"都丘"，说的是蛇和鸟前往汇聚的地方。

5.14　当途曰"梧丘"①。梧②，忤也③，与人相当忤也。

【注释】

①当（dāng）途：当路，挡路。当，抵挡，阻拦。梧（wù）丘：当路的高丘。

②梧：抵触。

③忤（wǔ）：违逆，触犯。

【译文】

挡住道路的山丘叫作"梧丘"。梧，得名于"忤"，与人互相抵牾。

5.15　道出其右曰"画丘"①，人尚右②，凡有指画③，皆用右也④。

【注释】

①右：此指西边。面向南，则右为西。画丘：被道路环绕的山丘。

②尚：爱好。

③指画:指点,比划。

④右:右手。

【译文】

道路在其右边的山丘叫作"画丘",人们喜欢右边,凡是需要比划的,都习惯用右手。

5.16　道出其前曰"载丘"①,在前,故载也②。

【注释】

①前:此指南边。面向南,则前为南。载丘:即戴丘,道路北侧的山丘。

②载(dài):同"戴"。加在头上,用头顶着。

【译文】

道路出现在其南边的山丘叫作"载丘",因为在前边,所以说像用头顶着。

5.17　道出其后曰"昌丘"①。

【注释】

①后:此指北边。面向南,则后为北。昌丘:其后有路的小土丘。一说,指与道路正相对的小土山。

【译文】

道路出现在其北边的山丘叫作"昌丘"。

5.18　水出其前曰"址丘"①。址,基趾也②,言所出然。

【注释】

①前:此指南边。址(zhǐ)丘:即渻(shěng)丘。南面有水流过的

　　小土山。

　　②基址：地基，基础。

【译文】

　　水流出现在其南面的山丘叫作"址丘"。址，就是基址，说的是它得以出现的基础。

5.19　水出其后曰"阻丘"①，北水以为险也②。

【注释】

　　①后：此指北边。阻丘：北面有水阻隔的土丘。

　　②北：原作"此"，据吴志忠等校改。北，同"背"。背部对着，后面
　　　靠着。险：险阻，险隘。

【译文】

　　水流出现在其北边的山丘叫作"阻丘"，背靠水流当成险隘。

5.20　水出其右曰"沚丘"①。沚②，止也，西方义气有所制止也③。

【注释】

　　①右：此指西边。面向南，则右为西。沚丘：位于水流左方（东边）
　　　的土丘。

　　②沚（zhǐ）：小渚，水中小块陆地。

　　③义气：谓刚正之气。制止：阻止。

【译文】

　　水流出现在其西边的山丘叫作"沚丘"。沚，得名于"止"，西方的刚正之气阻止不义的事物。

5.21　水出其左曰"营丘"①。

【注释】

①左：此指东边。面向南，则左为东。营丘：位于水流右方（西边）的土丘。

【译文】

水流出现在其东边的山丘叫作"营丘"。

5.22　丘高曰"阳丘"①，体高近阳也。

【注释】

①阳丘：祭坛。在平坦的地上用土筑的高台。

【译文】

在平坦的地上用土筑的高台叫作"阳丘"，因为丘体很高接近太阳。

5.23　宗丘，邑中所宗也①。

【注释】

①邑（yì）：人民聚居之处。大曰都，小曰邑。泛指村落、城镇。宗：尊重。

【译文】

宗丘，是村镇里人们尊重的地方。

释道第六

【题解】

道，指道路。古代道路的名称较现在复杂，故名词较多，如"一达"至"九达"，皆各有专名。本篇一一解释这些道路名称各自的得名之由。

6.1　道一达曰"道路"①。道，蹈也②。

【注释】

①一达：道路直达一个方向，没有岔道。

②蹈：踩，踏。

【译文】

路直达一个方向的叫作"道路"。道，得名于"蹈"。

6.2　路，露也①，人所践蹈而露见也②。

【注释】

①露：显露，暴露。

②践蹈：踩踏。露见（xiàn）：显现，显露。

【译文】

路,得名于"露",因人们践踏而显露。

6.3　二达曰"岐旁"①。物两为"岐"②,在边曰"旁",此道并通出似之也。

【注释】

①二达:道路通往两个方向。岐旁:双岔路。

②岐:同"歧"。分叉,岔出。

【译文】

通往两个方向的道路叫作"岐旁"。物体分为两股叫作"岐",在一边叫作"旁",这样的路一并通达两出像它。

6.4　三达曰"剧旁"①。古者列树以表道②,道有夹沟以通水潦③,恒见修治④,此道旁转多⑤,用功稍剧也⑥。

【注释】

①三达:道路通往三个方向。剧旁:通达三个方向的道路,三岔路。

②列树:成行列地种植树木。表道:标明道路。

③夹(xiá):通"狭"。窄。水潦(lǎo):积在田地里或流于地面的水。

④恒:经常,常常。修治:修理整治。

⑤旁转:旁出转弯。

⑥用功:下功夫。剧:用力多。

【译文】

通往三个方向的道路叫作"剧旁"。古时候成行列地种植树木用来标明道路,路旁有狭窄的水沟用来通水,常常受到修理整治,这种路旁出转弯多,下的修整功夫略微多一些。

6.5　四达曰"衢"①。齐鲁谓四齿杷为"欋"②,欋杷地则有四处③,此道似之也。

【注释】

①四达:道路通达四方。衢(qú):大路,四通的十字路。

②齐鲁:春秋战国时期,以泰山为界分为齐国和鲁国。山北称为齐,山南则称为鲁。在今山东境内。杷(pá):农具名。一端有柄,一端有齿,用以聚拢、耙梳谷物或整地等。齿用竹、木或铁等制成。欋(qú):农具名。即四齿杷。

③杷地:用杷子在地上耙梳。处:印迹,痕迹。

【译文】

通往四个方向的道路叫作"衢"。齐鲁一带把四个齿的杷子叫作"欋",欋在地上耙梳有四条齿痕,这种道路像它。

6.6　五达曰"康"①。康,昌也,昌,盛也,车步并列并用之②,言充盛也。

【注释】

①五达:道路通达五个方向。康:五岔路。

②车步:车辆与行人,车行与步行。

【译文】

通往五个方向的道路叫作"康"。康,得名于"昌",昌,是昌盛的意思,车行与步行并排平列一同使用它,形容它充盈昌盛。

6.7　六达曰"庄"①。庄,装也②,装其上使高也。

【注释】

①六达:道路通达六个方向。庄:六岔路。

②装:装载。

【译文】

通往六个方向的道路叫作"庄"。庄,得名于"装",装载在上面使它变高。

6.8　七达曰"剧骖"①。骖马有四耳②,今此道有七,比于剧也③。

【注释】

①七达:道路通达七个方向。剧骖(cān):七岔路。

②骖马:同驾一车的三匹或四匹马中位于两边的马。

③于:为,是。剧:多。

【译文】

通往七个方向的道路叫作"剧骖"。驾在车前两侧的马有四只耳朵,现在这种道路有七个岔口,比起来就是多的了。

6.9　八达曰"崇期"①。崇,充也,道多所通,人充满其上,如共期也②。

【注释】

①八达:道路通达八个方向。崇期:四通八达的道路。

②期:邀约,约定。又指会,会合。

【译文】

通往八个方向的道路叫作"崇期"。崇,得名于"充",道路四通八达,人们充满路上,好像共同约定会合似的。

6.10　九达曰"逵"①。齐鲁谓道多为"逵师"②,此形然也③。

【注释】

①九达:道路通达九个方向。逵(kuí):四通八达的道路。

②逵师:指四通八达的道路。

③然:是这样。

【译文】

通往九个方向的道路叫作"逵"。齐鲁一带把路口多叫作"逵师",就像这个样子。

6.11　城下道曰"壕"①。壕,翱也,都邑之内翱翔、祖、驾之处也②。

【注释】

①壕(háo):原作"隍",据《太平御览》《一切经音义》引改。丁山说:"《御览·一九三》引作'城下谓之壕'。"壕,沟道,低凹如沟状的通道。

②都邑:城市。翱翔:遨游。祖:出行时祭祀路神,引申为饯行。驾:把车套在马等牲口身上。

【译文】

城墙下边的通道叫作"壕"。壕,得名于"翱",城市里边遨游、饯行、套车的地方。

6.12　步所用道曰"蹊"①。蹊,系也②,射疾则用之③,故还系于正道也④。

【注释】

①步:步行,用脚走。蹊(xī):小路,也泛指道路。

②系(xì):继续,接续。

③射疾:趋射急疾,射猎急切。

④还(huán):返回。正道:要道,主干道。

【译文】

步行用的道路叫作"蹊"。蹊,得名于"系",射猎急切时才使用它,所以返回时接着走大路。

6.13　俓①,经也②,人所经由也③。

【注释】

①俓(jìng):同"径"。步道,小路。

②经:循行,经过。

③经由:经过。由,经过。

【译文】

俓,得名于"经",是人们经过的地方。

6.14　鹿、兔之道曰"亢"①,行不由正②,亢陌山谷、草野而过也③。

【注释】

①亢:通"迒(háng)"。道路,兽径。

②行不由正:行进不顺着大路。正,正道,正路。

③亢(kàng):隐蔽,保护。陌:义同"抹(mò)"。紧贴,紧挨着转弯。山谷:两山间低凹而狭窄处。草野:野草丛生之处,原野。

【译文】

野鹿、野兔走的路叫作"亢"，它们行进不顺着大路，而是贴着低凹狭窄的山间、野草丛生的原野跑过去。

6.15　涂①，度也②，人所由得通度也③。

【注释】

①涂：同"途"。道路。

②度：过，逾越。

③由：用。得：能，可以。通度：通过，经过。

【译文】

涂，得名于"度"，人用它才可以通过。

释州国第七

【题解】

州国,指州邑与封国。本篇一一解释了这些州邑与封国各自的得名之由,包括州名、国名、郡名,以及井、邑、丘等较小的行政区划之名。

7.1 青州①,在东,取物生而青也②。州③,注也④,郡国所注仰也⑤。

【注释】

①青州:汉武帝所置十三刺史部之一。辖今山东德州、齐河以东,马颊河以南,济南、临朐、安丘、高密、莱阳、栖霞、乳山等市县以北、以东和河北吴桥地。东汉治临菑(今山东淄博临淄区北)。

②取:采用,选用。

③州:古代行政区划名。

④注:集中,聚集。

⑤郡国:郡和国的并称。汉初,兼采封建及郡县之制,分天下为郡与国。郡直属中央,国分封诸王、侯,封王之国称王国,封侯之国称侯国。注仰:同"属仰"。抬头注视,注目仰望。

【译文】

青州，在东方，选取植物青绿的特色而命名。州，得名于"注"，郡县和侯国注目仰望它。

7.2　徐州^①，徐，舒也^②，土气舒缓也^③。

【注释】

①徐州：汉武帝所置十三刺史部之一。辖境相当于今江苏长江以北和山东东南部地区。东汉治郯（今山东郯城）。

②舒：缓慢，从容。

③土气：土壤的性质。舒缓：从容平缓，舒展缓慢。

【译文】

徐州，徐，得名于"舒"，土壤的性质舒展平缓。

7.3　杨州^①，州界多水，水波扬也。

【注释】

①杨州：即扬州。或称"维扬"。汉武帝所置十三刺史部之一。东汉时治所在历阳（今安徽和县），末年治所迁至寿春（今安徽寿县）、合肥（今安徽合肥西北）。

【译文】

杨州，境内很多水面，水的波浪激扬。

7.4　荆州^①，取名于荆山也^②。必取"荆"为名者，荆，警也^③，南蛮数为寇逆^④，其民有道后服^⑤，无道先强^⑥，常警备之也。

【注释】

①荆州:汉武帝所置十三刺史部之一。辖境约相当于今湖南、湖北二省及河南、广西、云南、广东的一部分。

②荆山:山名。在今湖北南漳西部,漳水发源于此。

③警:戒备。

④南蛮:古称南方的民族及其居住的地方。数(shuò):屡次。寇逆:贼寇,叛逆。

⑤有道:谓政治清明(指政治有法度,有条理)。后服:较迟降服。与"无道"(政治纷乱)对言。

⑥无道:指社会政治纷乱,黑暗。

【译文】

荆州,得名于荆山。之所以一定要选取"荆"作为名称,荆,得名于"警",南方的民族屡次成为贼寇叛逆,那里的人民在政治清明时较迟降服,在社会纷乱时首先强横,需要时常警戒防备他们。

7.5　豫州①,地在九州之中②,京师东都所在③,常安豫也④。

【注释】

①豫州:汉武帝所置十三刺史部之一。辖境约当今淮河以北、伏牛山以东豫东、皖北地。

②九州:传说中的中国上古行政区划。实际上只是当时学者各就其所知的大陆所划分的九个地理区域,各家所说各州境界亦多出入。

③京师:泛称国都。东都:此指洛阳,在西汉京都长安之东,故称。

④安豫:安宁快乐。

【译文】

豫州,辖地在九州的中央,都城洛阳所在地,经常安宁快乐。

7.6　凉州①，西方所在②，寒凉也。

【注释】

①凉州：汉武帝所置十三刺史部之一。东汉时治所在陇县（今甘肃
　张家川）。辖境相当于今甘肃、宁夏，青海湟水流域，陕西定边、
　吴旗、凤县、略阳和内蒙古额济纳旗一带。

②西方：古人观念中的西部边远之地。

【译文】

凉州，西边地方的所处之地，寒冷清凉。

7.7　雍州①，在四山之内，雍翳也②。

【注释】

①雍州：东汉兴平元年（194）分凉州河西四郡置。辖秦岭以北、弘
　农以西诸郡。治所在姑臧县（今甘肃武威），建安十八年（213）
　移治长安县（今陕西西安西北）。

②雍翳（yì）：隐蔽，障隔。

【译文】

雍州，处在四面的高山里边，障隔隐蔽。

7.8　并州①，并，兼并也②，其州或并或设③，故因以为
名也④。

【注释】

①并（bīng）州：汉代以今山西及陕西的旧延安、榆林等府地为并州。

②并（bīng），兼并（bìng）也：原作“日土无也”，据卢文弨、邵晋涵
　等校改。邵晋涵曰：“《御览》作‘并者，兼并也’。”

③或:有时。并:合并。设:建立,开设。

④因:依照,根据。

【译文】

并州,并,兼并的意思,这个州有时合并有时分设,因此根据这个情况用它作名称。

7.9　幽州^①,在北,幽昧之地也^②。

【注释】

①幽州:汉武帝所置十三刺史部之一。东汉时治所在蓟县(今北京西南)。辖境相当于今北京、河北北部、辽宁大部、天津海河以北及朝鲜大同江流域。

②幽昧:昏暗不明。

【译文】

幽州,在北方,是幽暗不明的地方。

7.10　冀州^①,亦取地以为名也,其地有险有易^②,帝王所都^③,乱则冀治^④,弱则冀强,荒则冀丰也^⑤。

【注释】

①冀州:汉武帝所置十三刺史部之一。辖境大致为河北中南部,山东西端和河南北端。

②有险有易:有乱有治。

③都:建都。

④冀:希望,盼望。

⑤荒:收成不好,凶年,歉收。丰:丰收。

【译文】

冀州,也是选取地方特点作为名称的,那地方有治有乱,是帝王建都之处,社会动乱了就希望得到治理,国力弱了就希望能够强盛,年成不好了就希望获得丰收。

7.11　兖州①,取兖水以为名也②。

【注释】

①兖(yǎn)州:汉武帝所置十三刺史部之一。约当今山东西南部及河南东部地区。

②兖水:即沇(yǎn)水。济水的别称。发源于河南济源王屋山,至温县入黄河。又自荥泽复出黄河南,东流至山东琅槐(今广饶)入渤海。

【译文】

兖州,选取兖水用作名称。

7.12　司州①,司隶校尉所主也②。

【注释】

①司州:三国魏通称司隶校尉部为司州,辖区在今陕西中部、山西西南部及河南西部。

②司隶校尉:旧号"卧虎",是汉至魏晋监督京师和地方的监察官,因率领由一千二百名中都官徒隶所组成的武装队伍而得名。主:主宰,主持,掌管。

【译文】

司州,它的得名是因为它是由监察官司隶校尉掌管的。

7.13　益州^①,益,阸也^②,所在之地险阸也^③。

【注释】

①益州:汉武帝所置十三刺史部之一。其最大范围(三国时期)包含今四川(川西部分地区)、重庆、云南、贵州、汉中大部分地区及缅甸北部,湖北、河南小部分,治所在蜀郡的成都。

②阸(ài):同"隘"。狭窄,险要。

③险阸:险要阻塞。

【译文】

益州,益,得名于"阸",所在的地方险要阻塞。

7.14　古有营州^①,齐、卫之地于天文属营室^②,取其名也。

【注释】

①营州:古九州之一。大致位于今河北东南部、河南东北部、青州东北、辽东等地。

②齐:古国名。在今山东泰山以北黄河流域和胶东半岛地区。卫:古国名。大致位于今黄河以北的河南鹤壁、安阳、濮阳,河北邯郸和邢台一部分,山东聊城西部、菏泽北部一带。天文:日、月、星辰等天体在宇宙间分布运行等现象。营室:星名。即室宿,二十八星宿之一。

【译文】

古代有营州,齐国、卫国一带的地方在天文上属于营室,就取了它的名称。

7.15　燕^①,宛也^②,北方沙漠平广^③,此地在涿鹿山南^④,宛宛然,以为国都也^⑤。

【注释】

①燕(yān)：周代诸侯国名，又称北燕。姬姓。周公奭之后，在今河北北部和辽宁西端，建都蓟（今北京城西南隅）。战国时为七雄之一，后为秦所灭。

②宛：曲折，弯曲。

③北方：在我国多指黄河流域及其以北地区。平广：平坦广阔。

④涿(zhuō)鹿山：位于河北涿鹿东南。相传黄帝曾于此大战蚩尤。

⑤宛宛：盘旋屈曲、蜿蜒曲折的样子。

【译文】

　　燕，得名于"宛"，北部地区的沙漠平坦广阔，燕地在涿鹿山的南边，弯弯曲曲、高高低低的，把它作为国都。

　　7.16　宋①，送也，地接淮泗而东南倾②，以为殷后③，若云滓秽所在④，送使随流东入海也⑤。

【注释】

①宋：周代诸侯国名。子姓。周武王灭商后，封商纣子武庚于商旧都（今河南商丘）。成王时，武庚叛乱被杀，又以其地封与纣的庶兄微子启，号宋公，为宋国。

②接：靠近，连接。淮泗(sì)：淮河与泗水。泗水位于山东中部，是淮河下游第一大支流，常与淮河连称。倾：偏斜，倾侧。

③殷：朝代名。商王盘庚从奄（今山东曲阜）迁都殷（今河南安阳小屯村），后世因称商为殷。至纣亡国。

④滓秽(zǐ huì)：污浊。

⑤随流：随着流水。入海：进入海洋。

【译文】

宋，得名于"送"，宋国地域靠近淮河与泗水而向东南倾斜，作为殷商的后代,好像是说渣滓污秽存在的地方,运送他们随着流水东到大海。

7.17　郑①,町也②,其地多平,町町然也③。

【注释】

①郑:周代诸侯国名。姬姓。本周西都畿(jī)内地,周宣王封弟友
　于此。在今陕西华县西北。周平王东迁,郑徙于溱(zhēn)、洧
　(wěi)之上,是为新郑,即今河南新郑。

②町(zhèng):平地。

③町町:平坦貌。

【译文】

郑,得名于"町",郑国土地大多平缓,平平坦坦的样子。

7.18　楚①,辛也②,其地蛮多而人性急③,数有战争,相争相害,辛楚之祸也④。

【注释】

①楚:周代诸侯国名。芈(mǐ)姓。始祖鬻(yù)熊。西周时立国于
　荆山一带,都丹阳(今湖北秭归东南)。周人称为荆蛮。后建都
　于郢(yǐng,今湖北江陵西北纪南城)。春秋战国时国势强盛,疆
　域由湖北、湖南扩展到今河南、安徽、江苏、浙江、江西和四川。为
　春秋五霸、战国七雄之一。

②辛:辛苦,困苦。

③蛮:荒野遥远,不设法制的地方。泛称长江中游及其以南地区的
　少数民族。性急:性情急躁。

④辛楚:辛酸痛楚。

【译文】

楚,得名于"辛",那地方蛮荒遥远而人性情急躁,多次发生武装斗争,彼此争斗互相残害,是辛酸痛楚的祸害啊。

7.19　周①,地在岐山之南②,其山四周也③。

【注释】

①周:朝代名。姬姓。前11世纪武王灭商建周。都城镐(hào)京(今陕西西安),史称西周。前771年,犬戎攻破镐京,周幽王被杀。次年周平王东迁洛邑(今河南洛阳),史称东周。

②岐山:山名。在今陕西岐山县境。上古称"岐"。

③四周:四面环绕。

【译文】

周,地域在岐山的南边,那里的山四面环绕。

7.20　秦①,津也②,其地沃衍③,有津润也④。

【注释】

①秦:周代诸侯国名。嬴姓。周孝王封伯翳之后非子于秦(今甘肃张家川东),作为附庸。秦襄公始立国,至秦孝公,日益富强,为战国七雄之一。春秋时全部占有今陕西省地,故习称陕西为秦。

②津:润泽,湿润。

③沃衍:土地肥美平坦。

④津润:滋润,湿润。

【译文】

秦,得名于"津",那里的土地肥美平坦,有水滋润。

7.21　晋①,进也,其土在北②,有事于中国③,则进而南也④;又取晋水以为名⑤,其水迅进也。

【注释】

①晋:周代诸侯国名。姬姓。周成王封弟叔虞于尧之故墟唐,南有晋水,至叔虞子燮(xiè)父改国号晋。故址在今山西、河北南部、陕西中部及河南西北部。

②在北:在镐京(宗周,今陕西西安西南)、洛邑(今河南洛阳)等京师之北或西北。

③事:指天子、诸侯的国家大事,如祭祀、盟会、兵戎等。于:往,去。中国:京师,国都。

④南:南去,向南行。

⑤晋水:汾(fén)水支流。在今山西太原西南。

【译文】

晋,得名于"进",它的地域在国都的北边,有大事要去京师的时候,就向南进发;又选取晋水作为名称,而晋水得名是因为它的水流迅速前进。

7.22　赵①,朝也②,本小邑③,朝事于大国也④。

【注释】

①赵:周代诸侯国名。嬴姓。战国七雄之一。开国君主赵烈侯与魏、韩三家分晋,建立赵国。疆域包括今山西中部、陕西东北部及河北西南部。

②朝(cháo):朝拜,进见。用于卑见尊、下见上。

③邑(yì):侯国。

④朝事:臣服。大国:古指大诸侯国。

【译文】

赵,得名于"朝",赵国本来是个小的侯国,要朝拜于大的侯国。

7.23　鲁①,鲁钝也②,国多山水,民性朴鲁也③。

【注释】

①鲁:周代诸侯国名。姬姓。故地在今山东兖州东南至江苏沛县、安徽泗县一带。

②鲁钝:粗率迟钝。

③民性:人的天赋本性。朴鲁:朴实鲁钝。

【译文】

鲁,就是粗率迟钝,鲁国境内有很多山和水,人的天性朴实鲁钝。

7.24　卫①,卫也②,既灭殷③,立武庚为殷后④,三监以守卫之也⑤。

【注释】

①卫:周代诸侯国名。姬姓。前11世纪周公封周武王弟康叔于卫。大致位于今黄河以北的河南鹤壁、安阳、濮阳,河北邯郸和邢台一部分,山东聊城西部、菏泽北部一带。

②卫:防守,卫护。

③殷:即商朝。

④武庚:商纣之子,名禄父。武王克殷,封为殷侯。武王崩,武庚与管叔、蔡叔、霍叔作乱,成王命周公诛之。

⑤三监:周武王灭商后,以商旧都封给纣子武庚,并以殷都以东为卫,由武王弟管叔监之;殷都以西为鄘(yōng),由武王弟蔡叔监之;殷都以北为邶(bèi),由武王弟霍叔监之。一说指武庚、管叔、

蔡叔。

【译文】

卫,得名于"卫",在灭掉殷商以后,把商纣的儿子武庚封为殷侯,由周武王的弟弟管叔、蔡叔、霍叔监视并防卫他。

7.25　齐^①,齐也^②,地在渤海之南^③,如齐之中也^④。

【注释】

①齐:周代诸侯国名。姜姓。故地在今山东泰山以北黄河流域和胶东半岛地区。

②齐:通"脐"。肚脐。比喻当中,中央。《列子·周穆王》:"四海之齐,谓中央之国。"

③渤海:海名。在我国东北,以山东、辽东两半岛环抱而成。亦称"北海"。

④如:原作"勃",据吴志忠本校改。吴翊寅曰:"吴本作'如齐之中也'。案:'齐'即'脐'字。《庄子·达生》篇:'与齐俱入。'释文引司马注云:'齐,回水如磨齐也。'《列子·黄帝》释文同,是'脐'古作'齐'之证。《汉书·郊祀志》:'齐所以为齐,以天齐也。'苏林曰:'当天中央齐也。'又《水经·淄水》注引《地理风俗记》云:'齐所以为齐者,即天齐渊名也。'又《史记》索隐引《齐记》云:'临菑城南有天齐渊……言如天之腹齐也。''勃齐之中'谊不可通,当改'如'为是。"中:居中。

【译文】

齐,得名于"齐",齐国的地域在渤海的南边,就像肚脐在肚子的中央。

7.26　吴^①,虞也^②,太伯让位而不归就^③,封之于此,虞其志也。

【注释】

①吴：周代诸侯国名。也称勾吴、攻吴。姬姓。始祖为周太王之子太伯，至十九世孙寿梦称王，据有今江苏、上海大部和安徽、浙江的一部分。

②虞：通"娱"。下同。

③太伯：一作"泰伯"。姬姓。周太王长子。太王欲立幼子季历，他与弟仲雍同避江南，改从当地风俗，断发文身，建立吴国，成为吴国的始祖。让位：让出官爵或职位。归就：回归就位。原作"就归"，据吴志忠本、佚名校改。

【译文】

吴，得名于"虞"，周太王长子太伯让出职位而不回归就位，周太王就把他分封在这里，使他娱情乐志。

7.27　越①，夷蛮之国也②，度越礼义③，无所拘也④。此十二国，上应列宿⑤，各以其地及于事宜制此名也⑥。至秦改诸侯、置郡县⑦，随其所在山川土形而立其名⑧，汉就而因之也⑨。

【注释】

①越：周代诸侯国名。姒（sì）姓。春秋时兴起，战国时灭于楚。

②夷蛮：东夷和南蛮。古代中原地区对东方和南方各族的泛称。

③度越：犹"超过"。礼义：礼法道义。

④拘：拘守，约束。

⑤列宿（xiù）：众星宿。特指二十八宿。疏证本曰："郑注《周礼·保章氏》说十二次之分野云：'星纪，吴越也；玄枵，齐也；娵訾，卫也；降娄，鲁也；大梁，赵也；实沈，晋也；鹑首，秦也；鹑火，周也；鹑尾，楚也；寿星，郑也；大火，宋也；析木，燕也。'"

⑥及：和。于：以，依照。事宜：事情的道理。

⑦秦：朝代名。我国历史上第一个专制主义中央集权的封建王朝。前221年秦王嬴政统一中原，自称始皇帝，建都咸阳。诸侯：古代帝王所分封的各国君主。在其统辖区域内，世代掌握军政大权，但按礼要服从王命，定期向帝王朝贡述职，并有出军赋和服役的义务。郡县：郡和县的并称。郡县之名，初见于周。秦始皇统一中国，分国内为三十六郡，为郡县制之始，汉初封建制与郡县制并行，其后郡县遂成常制。

⑧山川：山岳、江河。土形：地形。

⑨就：凭借，趁着。因：沿袭，承袭。

【译文】

越国，是东南方的少数民族国家，超越礼法道义，没有什么约束。这十二个国家，上面对应天上排列的星宿，各自根据地域或依照事理而制作国名。到了秦代废除诸侯、设置郡县，根据它们所在的山河土地形势而设立地名，汉代依旧沿用了这些名字。

7.28　河南①，在河之南也②。

【注释】

①河南：即河南郡。汉高帝二年（前205）改河南国置。治所在洛阳县（今河南洛阳东北汉魏故城）。辖境相当于今河南原阳、中牟二县以西，孟津、伊川二县以东，孟津至荥阳段黄河以南，汝阳、临汝、新密、新郑等县市以北地。

②河：专称黄河。

【译文】

河南郡，在黄河的南边。

7.29　河内①,河水从梁山而南②,从雷首而东③,从覃怀而北④,郡在其内也⑤。

【注释】

①河内:即河内郡。秦置。治所在怀县(今河南武陟西南)。辖境相当于今河南黄河以北,京汉铁路(包括卫辉)以西地区。在汉代有地狭人众之称。

②河水:专指黄河。梁山:指吕梁山。位于今山西西部,黄河与汾河之间。主峰在离石东北。昔日大禹治水,凿吕梁以通黄河,便是指此。原作"岐山",据卢文弨、疏证本、朱彬校改。

③雷首:即雷首山。今山西的中条山脉西南端,介于黄河和涑水间,主峰在山西芮城西北。东:向东去。

④覃怀:今河南武陟以西、孟县以东地区。原作"谭首",据吴志忠本、佚名校改。吴翊寅曰:"吴本'谭首'作'覃怀'。案:'谭'即'覃'之或体,各本作'谭首',涉上文'雷首'而误。此据《禹贡》《汉·地理志》改,当从之。"北:向北去。

⑤郡:古代地方行政区划名。周制县大郡小,战国时逐渐变为郡大于县。秦灭六国,正式建立郡县制,以郡统县。汉因之。

【译文】

河内郡,黄河从吕梁山向南流,再从雷首山转向东流,又从覃怀地区向北流,郡就在这个弯子里。

7.30　河东①,在河水东也。

【注释】

①河东:黄河流经山西省境,自北而南,故称山西境内黄河以东的地区为"河东"。秦汉时指以今夏县为中心的晋南。河东郡,战

国魏置。后属秦。治所在安邑县（今山西夏县西北十五里禹王
城）。辖境相当于今山西沁水以西、霍山以南地区。

【译文】

河东，在黄河的东边。

7.31　河西①，在河水西也。

【注释】

①河西：汉时指今甘肃、青海两省黄河以西，即河西走廊与湟水流
　域。西汉元狩二年（前121），匈奴昆邪王杀休屠王降汉后，以其
　故地置酒泉、武威、张掖、敦煌四郡。因地在黄河上游以西，地理
　上自成一体，政治上联系密切，故称"河西四郡"。

【译文】

河西，在黄河的西边。

7.32　上党①，党②，所也③。在山上，其所最高，故曰
"上党"也④。

【注释】

①上党：即上党郡。战国韩、赵各置上党郡，其后韩郡并入赵，入秦
　后仍置上党郡。辖境相当于今山西和顺、榆社以南，沁水流域以
　东地。上党地区是由群山包围起来的一块高地，地高势险，自古
　为战略要地。

②党：处所。

③所：处所，地方。

④党：原书无，据卢文弨、疏证本等增补。

【译文】

上党郡,党就是"所"。在山上,这个处所最高,所以叫作"上党"。

7.33　颍川①,因颍水为名也②。

【注释】

①颍川:即颍川郡。秦置,汉沿置。治所在阳翟(今河南禹州)。辖
　　境约在今河南中部及南部等地。《史记·秦始皇本纪》:"十七年,
　　内史腾攻韩,得韩王安,尽纳其地,以其地为郡,命曰颍川。"

②颍水:河川名。源出河南登封西境的颍谷,东南流经河南、安徽,
　　至西正阳关入淮河。

【译文】

颍川郡,根据颍水取名。

7.34　汝南①,在汝水南也②。

【注释】

①汝南:即汝南郡。汉高帝四年(前203)置。治所在上蔡县(今河
　　南上蔡西南)。辖境相当于今河南颍河、淮河之间、京广铁路西
　　侧一线以东,安徽茨河、西淝河以西、淮河以北地区。

②汝水:河川名。有南北之分。此指南汝河,为淮河支流。源出河
　　南泌阳北黄山东,东北流经遂平之汝南、新蔡,汇合于洪河(古称
　　澺水),又东南流出息县注于淮水。

【译文】

汝南郡,在汝水的南边。

7.35　汝阴①,在汝水阴也②。

【注释】

①汝阴:即汝阴县。秦置。治所在今安徽阜阳。

②汝水:此指北汝河,为颍河支流。源出河南嵩县外方山,经汝阳、汝州等县市,东至商水县入颍河。阴:水的南面。

【译文】

汝阴县,在汝水的南边。

7.36　东郡、南郡①,皆以京师方面言之也②。

【注释】

①东郡:秦置。汉因之。治所在濮阳(今河南濮阳西南)。约当今河南东北部和山东西部部分地区。南郡:战国秦昭襄王二十九年(前278)置。汉辖今湖北粉青河及襄阳以南,荆门、洪湖两市以西,长江和清江流域以北,西至重庆巫山。

②京师:泛称国都。方面:方向,方位。

【译文】

东郡、南郡,都是按照国都的方位命名的。

7.37　北海①,海在其北也②。

【注释】

①北海:即北海郡。汉景帝中元二年(前148)分齐郡置。治所在营陵县(今山东昌乐东南)。辖境约当今山东潍坊、安丘、昌乐、寿光、昌邑等市县。东汉改为北海国,移治剧(今山东寿光东南)。

②海:此指渤海。

【译文】

北海郡,渤海在它的北边。

7.38　西海①,海在其西也②。

【注释】

①西海:即西海郡。西汉末于今青海附近置。治所在龙耆城(今青海海晏)。后因以为青海的别名。

②海:此指西北方的大湖或大池。

【译文】

西海郡,海在它的西边。

7.39　南海①,海在其南也②。宜言"海南"③,欲同四海名④,故言"南海"。

【注释】

①南海:即南海郡。秦始皇三十三年(前214)置。治所在番禺(今广东广州)。秦、汉之际地入南越,西汉元鼎六年(前111)灭南越后复置。辖今广东瀹江、大罗山以南,珠江三角洲及绥江流域以东。

②海在其南也:原作"在海南也",根据上文"北海,海在其北也""西海,海在其西也"以及下文"东海,海在其东也"之例改之。顾颉刚说:"谓'南海,在海南也。宜言海南',然则五岭之北岂为大海乎?南海一郡将孤悬海中乎?"

③宜:应当,应该。

④同:齐一,统一。四海:古以中国四境有海环绕,各按方位为"东海""南海""西海"和"北海"。

【译文】

南海郡,海在它的南边。应当说"海南",因为想要使四海的名称一致,所以说"南海"。

7.40　东海①,海在其东也②。

【注释】

①东海:即东海郡。秦置。治所在郯(tán)县(今山东郯城)。楚汉之际也称郯郡。西汉辖境相当于今山东费县、临沂、江苏连云港赣榆区以南,山东枣庄、江苏邳州以东和江苏宿迁、灌南以北地区。

②海:先秦时期多指今之黄海,秦汉以后兼指今之黄海、东海。

【译文】

东海郡,海在它的东边。

7.41　济南①,济水在其南也②。

【注释】

①济南:即济南郡。因地处古四渎之一"济水"(故道为今黄河所据)之南而得名。西汉文帝十六年(前164)以济南郡置济南国,辖境约当今山东济南历下、市中、天桥、槐荫、历城、长清、章丘、济阳以及滨州邹平等地。景帝三年(前155)济南王刘辟光谋反被诛,国除为郡。

②济水:河川名。源出河南济源王屋山,南流注入黄河。亦称"沇水"。

【译文】

济南郡,济水在它的南边。

7.42　济北①,济水在其北也②,义亦如"南海"也③。

【注释】

①济北:即济北郡。

②济水在其北也:根据下条"济阴,在济水之阴也"之例以及济北郡
  的地理位置,疑当作"在济水之北也"。

③义:意义,道理。

【译文】

济北郡,济水在它的北边,道理也就像"南海"那样。

7.43   济阴①,在济水之阴也。

【注释】

①济阴:即济阴郡。因在济水之南而得名。景帝中元六年(前144)
  从梁国分出,始为国,明年为郡。治所在定陶(今山东菏泽定陶
  区)。东汉时期,济阴郡属兖州八郡国之一。

【译文】

济阴郡,在济水的南边。

7.44   南阳①,在国之南而地阳也②。凡若此类郡国之名取号于此③,则其余可知也,县邑之名亦如之④。

【注释】

①南阳:即南阳郡。秦置。包有河南旧南阳府和湖北旧襄阳府。汉
  辖境相当于今河南熊耳山以南叶县、内乡间和湖北大洪山以北应
  山、十堰郧阳区之间地。

②国:国都。阳:山的南面。

③郡国:郡和国的并称。取号:选取名号,命名。

④县邑:县城。如之:如此,像这样。

【译文】

南阳郡,既在国都的南边又在大山的南边。凡像这样的郡和国的名

号是从地理形势方面选取的,那么其余的也就可想而知了,县城的名称也像这样。

　　7.45　大曰"邦"①。邦,封也②,封有功于是也③。

【注释】

①邦:古代诸侯的封国。

②封:帝王以土地、爵位、名号授给王族或有功的人。

③有功:有功劳、有功绩之人。于是:在此。

【译文】

　　诸侯的封国面积大的叫作"邦"。邦,得名于"封",分封有功劳的人在这里。

　　7.46　国城曰"都"者①,国君所居②,人所都会也③。

【注释】

①国城:国都。都(dū):国都,京都。

②国君:天子或诸侯国之君。

③都会:会集,会聚。

【译文】

　　国都叫作"都",它是天子或诸侯国君主居住的地方,也是人们会集的地方。

　　7.47　周制①:九夫为井②,其制似"井"字也③。四井为邑④,邑犹悒也⑤,邑人聚会之称也⑥。

【注释】

①周制:周代的制度。

②夫:成年男子的通称。井:井田。

③制:形制,样式。

④邑:人民聚居之处。大曰都,小曰邑。泛指村落、城镇。

⑤悒(yì):忧郁不安,亦即心中郁结。

⑥邑人:同邑的人。聚会:聚集,会合。

【译文】

周代的制度:九个成年男人耕种的田地为井,因为它的形制像"井"字。四处井田成为村邑,邑好像说"悒",是同邑之人都来聚集结会的称谓。

7.48　四邑为丘①。丘,聚也②。

【注释】

①丘:古代区划田地、政区的单位名。

②聚:聚集。

【译文】

四个村邑成为丘。丘,得名于"聚"。

7.49　四丘为甸①。甸,乘也②,出兵车一乘也③。

【注释】

①甸(shèng):古代征赋划分田里、区域的单位。

②乘(shèng):车子。春秋时多指兵车,包括一车四马。

③兵车:战车。一乘:古时一车四马。

【译文】

四个丘成为甸。甸,得名于"乘",要应征拿出四匹马的战车一辆。

7.50　鄙^①，否也^②，小邑不能远通也^③。

【注释】

①鄙：边邑。

②否（pǐ）：闭塞，阻隔不通。

③小邑：小的村落、城镇。远通：通达远方。

【译文】

鄙，得名于"否"，小的村镇不能通达远方。

7.51　县^①，悬也^②，悬系于郡也^③。

【注释】

①县：地方行政区划名。周时已有县邑。秦统一六国后，始以郡统
　县，历代沿用。

②悬：吊挂，系挂。

③悬系（xì）：悬挂系结。

【译文】

县，得名于"悬"，悬挂系结在郡的下面。

7.52　郡^①，群也^②，人所群聚也^③。

【注释】

①郡：古代地方行政区划名。周制县大郡小，战国时逐渐变为郡大
　于县。秦灭六国，正式建立郡县制，以郡统县。汉代沿用。

②群：指人群。

③群聚：成群聚集在一起。

【译文】

郡,得名于"群",人们成群聚集在一起。

7.53   五家为伍^①,以"五"为名也。又谓之"邻"^②,邻,连也,相接连也。又曰"比"^③,相亲比也^④。

【注释】

①伍:古代民户编制单位。五家编为一伍。

②邻:古代行政单位。五家为邻。

③比:周代地方的基层组织。

④亲比:亲近依附。

【译文】

五家成为伍,把"五"作为名称。又叫作"邻",邻,得名于"连",互相连接。又叫作"比",互相亲近依靠。

7.54   五邻为里^①,居方一里之中也^②。

【注释】

①里:古代地方行政组织。自周始,后代多因之,其制不一。此以二十五家为一里。

②方:古代计量面积用语。后加表示长度的数字或数量词,表示纵横若干长度的意思。多用于计量土地。里:长度单位。古以三百步为一里。

【译文】

五邻成为里,处于方圆一里的范围之内。

7.55　五百家为党①。党，长也②，一聚之所尊长也③。

【注释】

①党：古代地方基层组织。五家为邻，五邻为里，五百家为党。

②长（zhǎng）：尊敬。

③聚：村落。尊长：尊敬，尊重。

【译文】

五百家成为党。党，得名于"长"，在一个聚落里边奉为尊长。

7.56　万二千五百家为乡①。乡，向也②，众所向也。

【注释】

①乡：基层行政区划名。周制，一万二千五百家为乡。

②向：仰慕，归向。

【译文】

一万二千五百家成为乡。乡，得名于"向"，众人所归向的地方。

释形体第八

【题解】

形体，指身体。本篇解释了全身多达一百零七个身体部位名称的得名之由。其解释的顺序，是先释表示全体的词，如体、躯、形、身，次释表示局部的词，如毛、皮、肤、肌、骨、肉等。就解释身体局部的词来说，先释表示身体上部的词，如发、眉、头、额，再释表示身体中部的词，如胸、腹、心、肺、要（腰），后释表示身体下部的词，如股、胫、脚、足等，自上而下，依序排列，体现了古人对人体的系统认识。

8.1　人，仁也①，仁生物也②，故《易》曰："立人之道曰仁与义③。"

【注释】

①仁：仁爱，相亲。核心指人与人相互亲爱。

②生物：生长万物。

③立人之道曰仁与义：《周易·说卦》："立天之道曰阴与阳，立地之道曰柔与刚，立人之道曰仁与义。"立人，立身，做人。

【译文】

人，得名于"仁"，仁爱能够生长万物，所以《周易》上说："立身做人的正道在于仁爱和道义。"

8.2　体,第也①,骨肉、毛血、表里、大小相次第也②。

【注释】

①第:等级,次第。有时也用于数字前表示次序。

②表里:表面和内部。次第:依次。又指排比编次。

【译文】

体,得名于"第",骨和肉、毛发与血液、表面和内部、大与小排列编次有序。

8.3　躯①,区也②,是众名之大揔③,若区域也。

【注释】

①躯:身体。

②区:区域。有一定界限的地方或范畴。

③众名:众物之名。揔:同"总"。聚合,汇集。

【译文】

躯,得名于"区",是众物之名的聚合,就像一个地区那样。

8.4　形①,有形象之异也②。

【注释】

①形:形象,面貌。

②形象:形状,外貌。异:不相同。

【译文】

形,有形状外貌的差异。

8.5　身,伸也^①,可屈伸也^②。

【注释】

①伸:伸开,挺直。

②屈伸:屈曲与伸舒。

【译文】

身,得名于"伸",能够屈曲与伸舒。

8.6　毛,貌也,冒也^①,在表所以别形貌^②,且以自覆冒也^③。

【注释】

①冒:覆盖,蒙盖。

②表:外表。所以:用以,用来。形貌:外形,容貌。

③覆冒:蒙盖,掩蔽。

【译文】

毛,得名于"貌",也可以说是"冒",在外表用来区别外形容貌,并且用以蒙盖掩蔽自己。

8.7　皮^①,被也^②,被覆体也^③。

【注释】

①皮:本指兽皮。带毛叫皮,去毛叫革。引申指人的皮肤或动植物体表面的一层组织。

②被:覆盖。

③被覆:覆盖,掩蔽。

【译文】

皮,得名于"被",覆盖掩蔽身体。

8.8　肤,布也①,布在表也。

【注释】

①布:铺开,分布。

【译文】

肤,得名于"布",分布在外表。

8.9　肌①,懻也②,肤幕坚懻也③。

【注释】

①肌:肌肉,瘦肉。

②懻(jì):坚强,强硬。

③肤幕:皮膜。此指覆盖在肌肉外表的筋膜。幕,通"膜"。人或动
　植物体内的薄皮形组织。坚懻:坚牢,坚韧。

【译文】

肌,得名于"懻",皮膜坚韧。

8.10　骨,滑也,骨坚而滑也。

【译文】

骨,得名于"滑",骨头坚固而光滑。

8.11　胑①,枝也,似木之枝格也②。

【注释】

①胑(zhī):同"肢"。

②木:原作"水",据疏证本、黄丕烈、吴志忠校改。周祖谟说:"吴改

'水'为'木',是也。苏舆云:《御览·人事十六》引正作'木'。"

枝格:长枝条。

【译文】

肌,得名于"枝",像是树木的枝条。

8.12　肉①,柔也。

【注释】

①肉:此指人体的皮肤、肌肉和脂肪层。

【译文】

肉,得名于"柔"。

8.13　筋①,靳也②,肉中之力,气之元也③,靳固于身形
也④。

【注释】

①筋:肌腱或附在骨头上的韧带。

②靳(jìn):原作"力",据疏证本、吴志忠本等校改。疏证本曰:"今
　本误作'力也'。案:'力'声不近'筋',据下'靳固'之言,当改
　为'靳',则音谊皆合矣。"靳,牢固,稳固。

③气:指人的元气,生命力。元:根源,根本。

④靳固:坚固,牢固,稳固。身形:身体,形体。

【译文】

筋,得名于"靳",筋肉的力量,元气的根源,稳定在身体上。

8.14　膜①,幕也②,幕络一体也③。

【注释】

①膜：人或动植物体内的薄皮形组织，具有保护作用。

②幕：覆盖，笼罩。

③幕络：连绵牵络、笼罩蒙覆貌。一体：指整个身体。

【译文】

膜，得名于"幕"，连绵牵络、笼罩蒙覆于整个身体。

8.15　血，濊也①，出于肉，流而濊濊也。

【注释】

①濊（huì）：水多貌。

【译文】

血，得名于"濊"，源出于肉，濊濊流淌。

8.16　脓①，酞也②，汁酞厚也。

【注释】

①脓：疮口溃烂所化的黏液。

②酞（nóng）：浓厚。

【译文】

脓，得名于"酞"，脓液浓稠。

8.17　汁①，涕也②，涕涕而出也③。

【注释】

①汁：眼泪。

②涕：眼泪。

③涕涕：泪流的样子。

【译文】

汁,得名于"涕",滴滴掉落的样子。

8.18　津①,进也,汁进出也。

【注释】

①津：汗水等体液。

【译文】

津,得名于"进",体液进进出出。

8.19　液①,泽也②,有润泽也③。

【注释】

①液：原作"汋(zhuó)",蔡天祜刊本作"汮(jūn)",文义均不通。疏证本曰："人身无所谓'汋'者,'汋'字盖误也。疑当为'液'。"此说有理,但证据未足,现申说之：一、从字形上看,"液"字又写作"泳",与"汋"形近,与蔡天祜刊本"汮"字形更近。《释名》全篇无"液(泳)"字而有"汋"字,可能多处"液(泳)"讹为"汋"。二、从读音上看,"液"为喻纽铎部,"泽"为定纽铎部,古音相近,符合《释名》声训条例。《释形体》同篇："腋,绎也,言可张翕寻绎也。"以"泽"作"液"的语源,正如以"绎"作"腋"的语源。三、从文意上看,汁、津、液、汗前后相次,符合《释名》以类相从的编撰条例。四、《释饮食》篇："吮,循也,不绝口,稍引滋汋,循咽而下也。""汋"亦为"液(泳)"之形讹。汉班固《白虎通·情性》："口能啖尝,舌能知味,亦能出音声,吐滋液。"滋液,就是唾液,与"吮"条文意相合。据此,改"汋"为"液"。

②泽：湿润，滋润。

③有：助词，无义。用作形容词词头。润泽：滋润，使不干枯。

【译文】

液，得名于"泽"，滋润不枯。

8.20　汗，泮也①，出在于表②，泮泮然也。

【注释】

①泮（hàn）：原作"㵄"，据《文选·王延寿〈鲁灵光殿赋〉》李善注及王先谦校改。下同。《文选·王延寿〈鲁灵光殿赋〉》："漮漮泮泮，流离烂漫。"李善曰："漮漮泮泮，光明盛貌。"王先谦《释名疏证补》曰："《汉书·刘向传》：'汗出而不反者也。''㵄'字字书所无，疑是'涣涣'之误。《易》言'涣汗'，又叠韵字。《说文》：'涣，流散也。'《诗·溱洧》：'方涣涣兮。'传：'涣涣，盛也。'以释'汗'字，于义亦安。"按：从字形看，"泮"字更近似。泮，水迅速流动的样子，又光明盛大的样子。

②表：外表。

【译文】

汗，得名于"泮"，汗水流出身体外表，哗啦啦明晃晃的样子。

8.21　髓①，遗也②，遗遗然也③。

【注释】

①髓（suǐ）：骨中的凝脂。

②遗（wěi）：流动貌。原作"遗"，据吴志忠本、佚名校改。

③遗遗然：鱼贯而行的样子。原作"遗澅然"，据吴志忠本校改。吴翊寅曰："吴本作：'髓，遗也，遗遗然也。'案：'汗'言'泮泮然'，故

'髓'言'濿濿然',亦据谊改。"

【译文】

髓,得名于"濿",相随而行的样子。

8.22　发,拔也①,拔擢而出也②。

【注释】

①拔:抽出,拽出。

②拔擢:抽引。出:出生,生出。

【译文】

发,得名于"拔",抽引而生出。

8.23　囟①,峻也②,所生高峻也③。

【注释】

①囟(xìn):原作"冀",据疏证本、吴志忠校等改。周祖谟说:"'冀'别见下文,毕校改作'囟','囟''峻'同音。"囟,囟门,婴儿头顶骨未合缝的地方,在头顶的前部中央。也叫"脑门、顶门"。按,"囟"字又写作"顖","冀"又写作"巑",形近易讹。

②峻:高,陡峭。

③高峻:高耸峭拔。

【译文】

囟,得名于"峻",生在高峻的地方。

8.24　髦①,冒也②,覆冒头额也③。

【注释】

①髦：古代儿童头发下垂至眉的一种发式。

②冒：覆盖，笼罩。

③覆冒：蒙盖，掩蔽。头额：额头，脑门子。额，原作"颈"，据许克勤校改。许克勤曰："'颈'当作'额'，字之误也。《诗》毛传及《说文》并解为'发至眉'，则髦为覆冒头额甚明。"

【译文】

髦，得名于"冒"，蒙盖住额头。

8.25　眉，媚也①，有妩媚也②。

【注释】

①媚：娇艳，美好。

②有：助词，无义。用作形容词词头。妩媚：姿容美好可爱。

【译文】

眉，得名于"媚"，姿容美好可爱。

8.26　头，独也①，于体高而独也②。

【注释】

①独：独特，特别。

②体：身体。

【译文】

头，得名于"独"，在身体上居高而又独特。

8.27　首①，始也②。

【注释】

①首：头。

②始：开首，起头。

【译文】

首，得名于"始"。

8.28　面^①，漫也^②。

【注释】

①面：脸部，头的前部。

②漫：同"曼"。细润，柔美。

【译文】

面，得名于"漫"。

8.29　额，鄂也^①，有垠鄂也^②，故幽州人则谓之"鄂"也^③。

【注释】

①鄂：通"垩（è）"。边际，界限。

②有垠鄂：形容高起而边界明显的形状。垠鄂，即"垠垩"。界限，
　边际。

③幽州：古九州之一。即今河北北部及辽宁一带。

【译文】

额，得名于"鄂"，高起而边际明显，所以幽州的人就叫额头为"鄂"。

8.30　角者^①，生于额角也^②。

【注释】

①角：额骨两端。

②额角：额的两旁。

【译文】

角，生在额头的两端。

8.31　頞①，鞍也②，偃折如鞍也③。

【注释】

①頞（è）：鼻梁。

②鞍：鞍子。套在骡、马背上便于骑坐的坐具。上部中段呈凹面，两
　　端凸起。

③偃折：弯曲，曲折。

【译文】

頞，得名于"鞍"，两头高中间凹曲折像马鞍。

8.32　目，默也①，默而内识也②。

【注释】

①默：静默不语。

②内识（zhì）：记在心里。识，记住。

【译文】

目，得名于"默"，把看到的默默记在心里。

8.33　眼①，限也②，瞳子限限而出也③。

【注释】

①眼:眼珠。

②限:期望。一说,阻止,限制。

③瞳子:瞳仁,瞳孔。亦泛指眼睛。王先谦《释名疏证补》曰:"'限限'不见它书,'限'训'阻止',与'出'义不合,童子亦非可出者。疑本作'童子限而不出也',传写致误耳。"疑"而"为"欲"之讹。"欲""而"二字的草书形似易混,故讹。

【译文】

眼,得名于"限",瞳仁跃跃欲试地想要出来。

8.34　睫①,插接也,插于眼眶而相接也。

【注释】

①睫(jié):眼睑边缘的细毛。

【译文】

睫,就是插接,插在眼眶里而上下可以两相接合。

8.35　瞳子①:瞳,重也②,肤幕相裹重也③;子,小称也④。主谓其精明者也⑤。或曰"眸子"⑥。眸,冒也⑦,相裹冒也⑧。

【注释】

①瞳子:瞳仁,瞳孔。虹膜中央的小孔,光线通过瞳孔进入眼内。

②重(chóng):重叠,重复。

③肤幕:皮膜。此指上下眼皮、眼角膜、虹膜等组织。幕,通"膜"。

④称:称呼,称谓。

⑤精明:光亮,鲜明。指眼睛明亮。

⑥眸子:瞳仁。也泛指眼睛。

⑦冒:覆盖,笼罩。

⑧裹冒:包裹,覆冒。

【译文】

瞳子:瞳,得名于"重",多层皮膜相互包裹重叠;子,是对小的事物的称呼。"瞳子"主要说的是眼睛最明亮的部分。也叫"眸子"。眸,得名于"冒",能够包裹蒙盖。

8.36   鼻,嘒也①,出气嘒嘒也②。

【注释】

①嘒(huì):小声。

②出气:呼吸,喘气。嘒嘒:象声词。形容细微的声音。

【译文】

鼻,得名于"嘒",出气声音细微。

8.37   口①,空也②。

【注释】

①口:发声和饮食的器官。

②空(kǒng):穴,洞。

【译文】

口,得名于"空"。

8.38   颊①,夹也②,面两旁称也③。亦取挟敛食物也④。

【注释】

①颊(jiá):脸的两侧从眼到下颌之间的部分。

②夹（jiā）：从左右相持或相对。

③面：原书无，据王先慎校补。王先慎曰："今本'两'上脱'面'字，《御览》引'面'下脱'两'字。《急就篇》颜注：'面两旁曰颊。'即本此，可证。"

④挟（jiā）敛：挟取收敛。挟，同"夹"。敛，聚集，收获。

【译文】

颊，得名于"夹"，脸面两边的称呼。也取名于挟取收敛食物。

8.39　舌，泄也①，舒泄所当言也②。

【注释】

①泄：发泄，发散。

②舒泄：抒发，发泄。

【译文】

舌，得名于"泄"，发泄该说的话。

8.40　齿，始也①，少长之别始乎此也②，以齿食多者长③，食少者幼也。

【注释】

①始：开始，开端。与"终"相对。

②少长（shào zhǎng）：年少的和年长的。

③以齿食多者长：此句末尾原有"也"字，据段玉裁、疏证本校删去。

　篆字疏证本曰："今本此处有'也'字，据《太平御览》引删。"

【译文】

齿，得名于"始"，从年少到长大的区别从此开始，使用牙齿吃得多的人是长大了的，吃得少的人是年幼的。

8.41 颐^①,养也^②,动于下,止于上,上下咀物以养人也^③。

【注释】

①颐（yí）：口腔的下部，俗称下巴。

②养：供给人食物等，使生活下去。

③上下：升降。咀：嚼，嚼食。

【译文】

颐，得名于"养"，从下边动作，到上边停止，上上下下地咀嚼食物用来滋养人的身体。

8.42 牙,樝牙也^①,随形言之也^②。

【注释】

①樝（zhā）牙：又称鉏牙、齵齤、槎牙、楂枒等。错杂不齐貌。

②随：依据，按照。

【译文】

牙，得名于"樝牙"，是根据形状来说的。

8.43 辅车^①,其骨强,所以辅持口也^②。或曰"牙车"^③,牙所载也;或曰"颔车"^④,颔^⑤,含也,口含物之车也^⑥;或曰"颊车"^⑦,亦所以载物也;或曰"鼸车"^⑧,鼸鼠之食积于颊^⑨,人食似之,故取名也。凡系于"车",皆取在下载上物也。

【注释】

①辅车：颊骨与上下牙床骨。辅本指车两旁木，所以夹车者。人颊骨似车辅，故称。

②辅持：辅助，支持。

③牙车：下颚骨。即下牙床。

④颔（hàn）车：原书无"车"字，据疏证本、吴志忠本等校补。颔车，
　即牙车，下颚骨。

⑤颔：下巴。

⑥车：牙床。

⑦颊（jiá）车：牙下骨，载齿的颚骨。

⑧鼸（xiàn）车：颊辅与牙床。

⑨鼸鼠：田鼠的一种，灰色短尾，能颊中藏食。

【译文】

辅车，它的骨头强硬，用以辅助支持口腔。有人叫它"牙车"，是负
载牙齿的地方；有人叫它"颔车"，颔，得名于"含"，是嘴里含衔食物的地
方；有人叫它"颊车"，也是负载食物的地方；有人叫它"鼸车"，鼸鼠的
食物藏在脸颊旁的口腔里，人吃饭像它，所以起了这名。凡是属于"车"
的，都是取名于从下面负载上面物体的。

8.44　耳，弭也①，耳有一体②，属著两边③，弭弭然也④。

【注释】

①弭（ér）：颊毛，胡须。也形容多须的样子。

②一体：一样，一同。

③属著（zhǔ zhuó）：依托，附着。两边：两侧。

④弭弭：犹"髶髶"。舒展的样子。

【译文】

耳，得名于"弭"，耳朵有两只是同样的，附着于两边，自然放松的样子。

8.45　唇，缘也①，口之缘也。

【注释】

①缘：边沿。

【译文】

唇，得名于"缘"，是嘴的边缘。

8.46　吻①，免也②，入之则碎，出则免也。又取扻也③，漱唾所出④，恒加扻拭⑤，因以为名也。

【注释】

①吻：嘴唇，嘴角。

②免：逃避，逃脱。

③扻（wěn）：擦拭。

④漱唾：吮吸与吐出。漱，吮吸，饮。唾，吐，呕吐。

⑤恒：经常，常常。

【译文】

吻，得名于"免"，食物进去就被咬碎，出来就会幸免。又取名于"扻"，吮吸和吐出的东西，经常擦拭，因而用作名称。

8.47　𦝫①，卷也，可以卷制食物，使不落也。

【注释】

①𦝫（quán）：嘴唇，口边。原作"舌"，据疏证本、王鸣盛校意改。疏证本曰："今本'因以为名也'之下提行别起，作'舌，卷也'云云。案：'舌'已见前，不应重出。郑注《周礼•考工记•梓人》云：'吻，口𦝫也。'今本'舌卷'盖'口卷'之讹，口卷即'吻'，当承'吻'下，故并为一，而以'或曰'字联合之。"王鸣盛曰："疑此当作'或曰口𦝫，可以卷制'云。"按：虽"口""舌"字形相近，但增

"或曰"二字,则与原文相差太大,故不如改为"腃"字更为合理。

【译文】

腃,得名于"卷",可以用来卷制食物,使其不掉下。

8.48　鼻下曰"立人"①,取立于鼻下,狭而长,似人立也。

【注释】

①立人:人中。指人的上唇之上正中凹下的部分。

【译文】

鼻子下面的人中叫作"立人",取名于长在鼻子下面,狭窄而细长,好像人立在那儿一样。

8.49　口上曰"髭"①。髭,姿也②,为姿容之美也。

【注释】

①髭(zī):嘴唇上边的胡子。

②姿:容貌,姿态。

【译文】

嘴唇上边的胡子叫作"髭"。髭,得名于"姿",成为外貌仪容的美姿。

8.50　口下曰"承浆"①,承水浆也②。

【注释】

①承浆:穴位名。下唇中央的凹陷处。因其处可承接口涎等,故名。

②承水浆也:原作"浆水也",据卢文弨、疏证本等改。疏证本曰:"承水浆也,今本作'浆水也'三字,据《太平御览》引增改。"水浆,指饮料或流质食物。也指体液、汁液。

【译文】

嘴的下边叫作"承浆",承接汁液。

8.51　颐下曰"须"①。须,秀也②,物成乃秀,人成而须生也。亦取须体干长而后生也③。

【注释】

①颐下:下巴的下面。须:下巴或嘴边的毛。

②秀:植物开花抽穗。

③须:须要,需要。体干(gàn):身体,身材。长(zhǎng):长大,成年。

【译文】

下巴或嘴边的毛叫作"须"。须,得名于"秀",植物长成了会开花抽穗,人长成了就会生出胡须。也取名于必须身体长大以后才能生出胡须。

8.52　在颊耳旁曰"髯"①,随口动摇,髯髯然也②。

【注释】

①髯(rán):颊毛。亦泛指胡须。

②髯髯:多须貌。

【译文】

在脸颊耳朵旁边的毛叫作"髯",随着嘴巴的活动动荡摇摆,毛茸茸的样子。

8.53　其上连发曰"鬓"①。鬓,滨也②;滨,崖也③,为面额之崖岸也④。

【注释】

①其:指代上条所言之"髯"。鬓:脸旁靠近耳朵的头发。

②滨：水边，近水的地方。

③崖：岸边。也指边际，界域。

④面额：脸面，面部。崖岸：边际。

【译文】

颊毛上面连着头发的毛发叫作"鬓"。鬓，得名于"滨"；滨，就是边际，鬓发是面部的边际。

8.54　鬓曲头曰"距"①。距，拒也②，言其曲似拒也。

【注释】

①曲头：尾部弯曲。头，犹"端"，此指鬓发尾端。距：雄鸡、雉等腿后突出像脚趾的部分。比喻钩形之物。

②拒：通"矩"。画方形或直角的用具，即曲尺。下同。

【译文】

鬓发尾部弯曲的叫作"距"。距，得名于"拒"，是说它弯曲得像曲尺。

8.55　项①，确也②，坚确受枕之处也③。

【注释】

①项：脖子的后部。

②确：坚硬。

③坚确：坚固，坚实。受枕：接纳枕头。受，接取。

【译文】

项，得名于"确"，坚硬结实的它是接纳枕头的部位。

8.56　颈①，俓也②，俓挺而长也③。

【注释】

①颈：脖子的前部。

②俓（jìng）：同"径"。直，直接。

③俓（jìng）挺：同"径挺"。直貌。挺，直，直立。

【译文】

颈，得名于"俓"，直立而较长。

8.57　咽①，咽物也②。

【注释】

①咽（yān）：消化和呼吸的通道，位于鼻腔、口腔的后方，喉的上方，相应地分为鼻咽、口咽和喉咽三部分。通称咽喉。

②咽（yàn）：吞入，吞食。

【译文】

咽，是吞咽食物的。

8.58　嗌①，在颐缨理之中也②。青徐谓之"脰"③，物投其中，受而下之也；又谓之"嗌"④，气所流通，阨要之处也⑤。

【注释】

①嗌（yān）：咽头，喉结。

②颐（yí）：口腔的下部，俗称下巴。缨：系冠的带子。以二组系于冠，结在颔下。理：纹理，纹路。

③青徐：青州和徐州的并称。脰（dòu）：颈肉。转指喉结。

④嗌（yì）：咽喉。亦指咽头。口腔与食道中间的区域，为漏斗状。

⑤阨（ài）：狭窄，险要。要：险要。

【译文】

膇，在下巴之下系冠缨子的纹路之中。青州和徐州一带把它叫作"胭"，食物投到里边，接纳并咽下；又叫作"嗌"，气体在这里流转通行，是狭窄险要的地方。

8.59　胡①，互也②，在咽下垂，能敛互物也③。

【注释】

①胡：鸟兽颔下的垂肉或皮囊。

②互：交，合。

③敛互：敛合，收敛包合。敛，收藏。

【译文】

胡，得名于"互"，在咽喉下面，能够收敛包藏食物。

8.60　胸犹啌也①，啌气所冲也。

【注释】

①胸：身体前面颈下腹上的部分。啌（xiāng）：水或食物进入气管引起咳嗽。

【译文】

胸犹如说"啌"，是呛气时所冲击的地方。

8.61　臆犹抑也①，抑气所塞也②。

【注释】

①臆（yì）：胸骨，胸。

②抑：遏制，阻止。

【译文】

臆犹如说"抑",是闭气时所塞满的地方。

8.62　膺①,壅也②,气所壅塞也③。

【注释】

①膺(yīng):胸。

②壅:堵塞,阻挡。

③壅塞:阻塞。

【译文】

膺,得名于"壅",是气息壅塞的地方。

8.63　腹,复(複)也①,富也②,肠胃之属以自裹盛③,复(復)于外复(複)之④,其中多品⑤,似富者也。

【注释】

①复(複):重复,重叠。

②富:充裕,丰厚,多。

③肠胃:肠与胃。裹盛(chéng):包裹,容纳。

④复(復):又,更,再。

⑤品:物品,物件。

【译文】

腹,得名于"复(複)",也得名于"富",肠胃之类的用以自我包裹容纳又在外边重复包裹,里面有很多物品,像是个富有的人。

8.64　心,纤也①,所识纤微②,无物不贯心也③。

【注释】

①纤:细小,微细。

②所识(zhì):记得的事物、事情。纤微:细微。

③贯心:深入心中。

【译文】

心,得名于"纤",记得的东西纤细微小,没有什么事物和事情不深入到心里。

8.65　肝,干也①,五行属木②,故其体状有枝干也③。凡物以木为干也④。

【注释】

①干(gàn):指器物、事物的主干。

②五行:我国古代称构成各种物质的五种元素,指水、火、木、金、土。木:五行之一。

③体状:形体,形状。枝干:树枝和树干。比喻旁支和主干。

④木:原作"大",据卢文弨、疏证本等校改。疏证本曰:"木,今本讹作'大',据《太平御览》引改。"

【译文】

肝,得名于"干",在五行上属于木,所以它的形状有旁支和主干。凡是器物都以木为主干。

8.66　肺,勃也①,言其气勃郁也②。

【注释】

①勃:盛貌。

②气:呼吸,气息。勃郁:茂盛,旺盛。

【译文】

肺,得名于"勃",是说它呼吸的气息勃勃旺盛。

8.67　脾,裨也^①,在胃下,裨助胃气^②,主化谷也^③。

【注释】

①裨(bì):增加,增补,补益。

②裨助:增益,补益。胃气:中医指胃的生理功能及其精气。

③主:主宰,掌管。也就是负责某功能。化谷:消化粮食。谷,粮食作物总称。

【译文】

脾,得名于"裨",在胃的下边,补益胃的功能及其精气,负责消化粮食。

8.68　肾,引也^①,肾属水^②,主引水气^③,灌注诸脉也^④。

【注释】

①引:抽取,收纳。

②水:五行之一。

③水气:此指五行中水的精气。

④灌注:流泻,浇灌。脉:血管。

【译文】

肾,得名于"引",肾在五行里属于水,主宰抽取水的精气,浇灌每条血管。

8.69　胃,围也,围受食物也^①。

【注释】

①围受：围裹收纳。

【译文】

胃，得名于"围"，是围裹收纳食物的。

8.70　肠，畅也①，通畅胃气②，去滓秽也③。

【注释】

①畅：通畅，通达。

②通畅：畅通。胃气：中医指胃的生理功能及其精气。

③去：去掉，除去。滓秽（zǐ huì）：肮脏污浊，此指粪便。

【译文】

肠，得名于"畅"，畅通胃的功能及精气，除去粪便。

8.71　脐①，剂也②，肠端之所限剂也③。

【注释】

①脐：肚脐。人和其他哺乳动物肚子中间脐带脱落之处。

②剂（jì）：剪绝，割截。

③肠端：古人或以为肚脐连着肠子，脐带为肠之一端。限剂：限止，
　　截断。

【译文】

脐，得名于"剂"，由肠子的一端截断而成。

8.72　胞①，鞄也②。鞄，空虚之言也③，主以虚承水液也④。
或曰"膀胱"，言其体短而横广也⑤。

【注释】

①胞:通"脬(pāo)"。尿脬,膀胱。

②鞄(páo):柔革,指车轮外框包的皮革。

③空虚:空无,不充实。

④虚:空虚,空无所有。承:接受,承受。水液:液体。此指尿液。
　液,原作"沴",为"泳(液)"之形讹。参8.19注释。8.73与此同,
　不赘述。

⑤横广:广阔,广大。

【译文】

　胞,得名于"鞄"。鞄,说的是空无所有,尿脬主管以空虚承接尿液。
也叫作"膀胱",是说它的体形短而宽广。

　8.73　自脐以下曰"水腹"①,水液所聚也。又曰"少
腹"②。少③,小也,比于脐以上为小也。

【注释】

①水腹:肚脐以下部位,或指脐下两旁。

②少(shào)腹:小腹。

③少:小。

【译文】

　从肚脐以下叫作"水腹",是尿液聚集的地方。又叫作"少腹"。
少,得名于"小",与肚脐以上比起来算是小的。

　8.74　阴①,荫也②,言所在荫翳也③。

【注释】

①阴:男女外生殖器。

②荫（yìn）：遮盖，隐蔽。

③所在：存在的地方。荫翳：遮蔽。

【译文】

阴，得名于"荫"，说的是阴器存在的地方受到遮蔽。

8.75　胁①，挟也②，在两旁，臂所挟也。

【注释】

①胁（xié）：身躯两侧自腋下至腰上的部分。亦指肋骨。

②挟（xié）：夹在腋下。

【译文】

胁，得名于"挟"，长在身体两旁，为胳膊所夹持。

8.76　肋①，勒也②，检勒五脏也③。

【注释】

①肋（lèi）：肋骨，胸部两侧成对的、扁而弯的长形骨。

②勒（lè）：约束，抑制。

③检勒：约束，限制。检，约束。五脏：指心、肝、脾、肺、肾五种器官。

【译文】

肋，得名于"勒"，约束心、肝、脾、肺、肾五种器官。

8.77　膈①，隔也②，隔塞上下③，使气与谷不相乱也④。

【注释】

①膈（gé）：膈膜，人或哺乳动物胸腔和腹腔之间的膜状肌肉。也称
　横膈膜。

②隔:遮断,阻塞。原作"塞",据吴志忠本校改。

③隔塞:原作"塞",据卢文弨、疏证本等补出。疏证本曰:"今本脱'隔'字,据《太平御览》引增。"

④气:呼吸的气息。相乱:互相混杂。

【译文】

膈,得名于"隔",隔开上部的胸腔和下部的腹腔,使气息与食物不相混杂。

8.78　腋①,绎也②,言可张翕寻绎也③。

【注释】

①腋:胳肢窝。

②绎(yì):寻绎,理出事物的头绪。引申为解析。

③张翕(xī):张开、关闭。翕,收敛,聚合。寻:伸开双臂测求长度。绎:抽引,收缩。

【译文】

腋,得名于"绎",说的是可以开合伸缩。

8.79　肩,坚也①。

【注释】

①坚:强劲。

【译文】

肩,得名于"坚"。

8.80　甲①,阖也②,与胸、胁皆相会阖也③。

【注释】

①甲:背脊上部跟两胳膊接连的部分。后作"胛"。

②阖(hé):闭合。

③皆:疏证本、黄丕烈、吴志忠校作"背"。疏证本曰:"背,今本讹作'皆',据《太平御览》引改。"会阖:会合,聚集。

【译文】

甲,得名于"阖",与胸、胁均互相会合。

8.81　臂,裨也^①,在旁曰裨也。

【注释】

①裨(pí):副贰,辅佐。

【译文】

臂,得名于"裨",在旁边辅佐就是裨。

8.82　肘,注也^①,可隐注也^②。

【注释】

①注:通"柱"。支撑。

②隐:用同"稳"。安稳,稳定。

【译文】

肘,得名于"注",可以安稳支柱。

8.83　腕,宛也^①,言可宛屈也。

【注释】

①宛:弯曲,宛转。

【译文】

腕,得名于"宛",可以宛转屈曲。

8.84　掌,言可以排掌也①。

【注释】

①排:劈击。掌:用手掌拍打。

【译文】

掌,说的是能够劈击掌掴。

8.85　手,须也①,事业之所须也②。

【注释】

①须:依靠。又指须要,需要。

②事业:古代特指劳役、耕稼等事。

【译文】

手,得名于"须",是劳作干事必须依靠的。

8.86　节①,有限节也②。

【注释】

①节:骨节,骨骼连接的部分。

②限节:限制,节制。

【译文】

节,说的是有所限定节制。

8.87　爪①,绍也②,筋极为爪③,绍续指端也④。

【注释】

①爪（zhǎo）：指甲，也指手指或手。

②绍：承继。

③筋：肌肉，肌腱或附在骨头上的韧带。极：尽头，终了。

④绍续：继续，承续。指端：手指末端。

【译文】

爪，得名于"绍"，筋肉的尽头是爪，它承续手指的末端。

8.88　背，倍也①，在后称也。

【注释】

①倍：背对，背向。

【译文】

背，得名于"倍"，背向前方所以这样称呼。

8.89　脊，积也①，积续骨节②，终上下也③。

【注释】

①积：累积，堆叠。

②积续：累积，连续。骨节：骨头，骨头的关节。

③终：竟，尽。

【译文】

脊，得名于"积"，累积接续骨头的关节，直到上下的两个尽头。

8.90　尾，微也，承脊之末稍微杀也①。

【注释】

①末稍：末端，末尾。稍，禾末，泛指事物的末端。微杀（shài）：细

小。杀,细小。

【译文】

尾,得名于"微",承接脊骨的末尾变得细微了。

8.91　要^①,约也^②,在体之中,约结而小也^③。

【注释】

①要(yāo):同"腰"。

②约:缠束,环束。

③约结:约束,扎缚。

【译文】

腰,得名于"约",在身体的中间,受到约束扎紧而细小。

8.92　髋^①,缓也^②,其腴皮厚而缓也^③。

【注释】

①髋(kuān):髋骨,组成骨盆的大骨,通称胯骨。也指髋骨所在部位。

②缓:宽绰,松弛。

③腴:吴志忠校:"当有误,各本同。"按,"腴"应是"腴(yú)"之形讹。腴,腹下肥肉。《灵枢经·卫气失常》:"膏者,多气而皮纵缓,故能纵腹垂腴。"证明腴部皮缓,与《释名》"皮厚而缓"相合。缓,松弛,宽松。与"纵"同义。纵,松缓。《灵枢经》中常见"皮缓""皮纵"之说,相反地,还可说"皮急"。如《灵枢经·本藏》:"皮厚者大肠厚,皮薄者大肠薄;皮缓腹里(或作"果")大者大肠大而长,皮急者大肠急而短;皮滑者大肠直,皮不相离者大肠结。"

【译文】

髋,得名于"缓",那里的肥肉表皮丰厚松软。

8.93　臀①,殿也②,高厚有殿遌也③。

【注释】

①臀:原作"臂",据郎奎金刻《逸雅》本及段玉裁、朱彬等校改。朱
　彬曰:"彬谓'臂'字重,此必'臀'字之误。古者最后谓之'殿',
　故军败在后为'殿',宫殿之'殿'与尾首之臀,皆取义于'殿'。"
　臀,人体后面两股上端和腰相连的部位。

②殿:通"垠"。界限,边际。

③有殿遌(è):形容高起而边界明显的形状。殿遌,犹"垠堮"。边
　际,悬崖。遌,通"堮"。崖岸,边际。

【译文】

臀,得名于"殿",高起厚实而边界明显。

8.94　尻①,廖也②,尻所在廖牢深也③。

【注释】

①尻(kāo):肛门。

②廖(liáo):同"寥"。空旷,深远。

③廖牢:犹"寥寥"。空虚貌。亦作"牢牢",寥廓深远貌。

【译文】

尻,得名于"廖",肛门所在的地方空虚幽深。

8.95　枢①,机也②,要、髀、股动摇如枢机也③。

【注释】

①枢:本指转轴或承轴之臼。此指髀枢,髀骨外侧的凹陷部分,也称
　"髀白"。按,本条原与上条不分,据内容分开另立为条。

②机：关键，枢纽。

③髀（bì）：股部，大腿外侧。股：大腿。动摇：摇摆晃动。

【译文】

枢，得名于"机"，腰部、股部、大腿摇摆晃动就像转轴和枢纽那样。

8.96　髀，卑也①，在下称也。

【注释】

①卑：低。与"高"相对。

【译文】

髀，得名于"卑"，在下肢部位的称呼。

8.97　股①，固也②，为强固也③。

【注释】

①股：大腿。

②固：牢固，坚硬。

③为（wèi）：因为。强固：坚固，牢固。

【译文】

股，得名于"固"，因为它坚强牢固。

8.98　膝，屈也①，可屈伸也②。

【注释】

①屈：原作"伸"，据周祖谟、徐复校改。徐复《〈释名〉补疏》："'膝''伸'声不近，当以'屈'为义。《世说新语·方正》：'梅颐见陶公，拜，陶公止之。颐曰："梅仲真膝，明日岂可复屈邪？"'即用屈

义。"屈,弯曲。

②屈伸:屈曲与伸舒。

【译文】

膝,得名于"屈",因为它可以屈曲与伸舒。

8.99　脚①,却也②,以其坐时却在后也③。

【注释】

①脚:腿的下端,小腿。后来又指足。

②却:退。

③以:因为。坐:古人铺席于地,两膝着席,臀部压在脚后跟上。

【译文】

脚,得名于"却",因为它在人坐着的时候退却在后边。

8.100　胫①,茎也②,直而长,似物茎也。

【注释】

①胫(jìng):小腿。

②茎:草木干。泛指直立的柱或竿。

【译文】

胫,得名于"茎",又直又长,好像植物的茎干。

8.101　膝头曰"膞"①。膞,团也②,因形团圝而名之也③。或曰"蹁"④。蹁,扁也,亦因形而名之也⑤。

【注释】

①膝头:膝盖。膞(zhuǎn):膝盖。

②団：原作"囲"，据段玉裁、疏证本等校改。疏证本曰："案《说
文·肉部》云：'膞，切肉也。'《口部》云：'団，圜也。'据谊，此当
作'団'。弟'団''膞'同是'专'声，容可假借。"団，圆。

③団圜（yuán）：团圆，圆貌。圜，同"圆"。圆形。

④或曰：原书"或曰"另起一条，今据疏证本、吴志忠本等与前合并。
或，有人，有些人。骈（pián）：膝盖。

⑤因形：根据形状。

【译文】

膝盖叫作"膞"。膞，得名于"団"，是因为形状团圆而为它命名的。
有的人叫"骈"。骈，得名于"扁"，也是根据形状而命名的。

8.102　足①，续也②，言续胫也。

【注释】

①足：脚。

②续：连属，连接。

【译文】

足，得名于"续"，是说它是接续小腿的。

8.103　趾①，止也，言行一进一止也。

【注释】

①趾：脚指头，也泛指脚。

【译文】

趾，得名于"止"，说的是行走时一只脚前进一只脚停止。

8.104　蹄①，底也②，在足底也③。

【注释】

①蹄:兽畜足趾端的角质物,后借以通称兽畜的脚。

②底:最低下的地方,物体最下的部位。

③在足底也:原作"足底也",另成一条。前面已有"足,续也",这里
　不应再有"足"条,据黄丕烈、吴志忠等与"蹄,底也"合并,并据
　吴志忠本、佚名校增一"在"字。足底,指足下面,即足掌,又称
　"脚底板"。

【译文】

蹄,得名于"底",因为它在脚底。

8.105　踝①,确也,居足两旁,硗确然也②。亦因其形
踝踝然也③。

【注释】

①踝(huái):小腿与脚之间左右两侧突起的部分。由胫骨和腓
　(féi)骨下端的膨大部分形成。

②硗(qiāo)确:土地坚硬瘠薄。此泛指坚硬。

③踝踝:单独凸出的样子。

【译文】

踝,得名于"确",长在两只脚的外边,很坚硬的样子。也因为它的
形状像是单独凸出的样子。

8.106　足后曰"跟",在下旁著地①,一体任之②,象木
根也③。

【注释】

①旁:通"方"。方向,方位。著(zhuó)地:落地,碰到地面。

②一体：整个身体。又疑"一"是古文"上"之形讹。"一体"应是
"上体"，与下条"上体之所钟聚"之"上体"一致。且脚跟也是整
个身体之一部分，再言"一体任之"，稍有未协。又12.107"起，启
也。启，一举体也"，"一"也疑是"上"之误。启是跪，危坐。古
人跪是膝盖着地，臀部抬起，身子上耸，这正是"上举体"之义。
任：使，用。引申有凭依、依据之义。

③木根：树根。

【译文】

脚底的后边叫作"跟"，在下边落地，担负着整个身子，像是树的根。

8.107　踵①，钟也②。钟，聚也，上体之所钟聚也③。

【注释】

①踵（zhǒng）：脚后跟。也泛指脚。

②钟：汇聚，集中。

③钟聚：汇集，聚集。

【译文】

踵，得名于"钟"。钟，就是"聚"，上面身体的重量汇聚的地方。

释名卷第三

释姿容第九

【题解】

姿容，指姿态、仪容。本篇顺接上篇《释形体》，解释了人的肢体动作相关词语的来由。其解释的顺序，是先释表示全体的词如姿、容等，次释表示面部的词如妍、蚩等，再释表示腿脚动作的词如行、步、趋、走、奔等，续释表示身体中部动作的词如担、负、坐等，然后释表示耳目动作的词如视、听、观、望等，再释表示手臂动作的词如攀、挈、牵、引等，后来又释表示脚部动作的词如践、履、蹈等，续释表示睡卧类动作的词如卧、寐、寝、寤等，最后又释表示口鼻面部动作的词如欠、嚏、笑等。这些词语的排列，虽然不像上篇《释形体》那样自上而下，次序严谨，但相对来说还是有一些"以类相从"的迹象。

9.1　姿[1]，资也[2]。资，取也，形貌之禀[3]，取为资本也[4]。

【注释】

①姿：容貌，姿态。

②资：取用，求取，利用。

③形貌：外形，容貌。禀：禀赋，谓人所禀受的体性资质。

④资本：凭借的条件。

【译文】

姿,得名于"资"。资,就是"取",外形容貌的禀赋,可以取用为凭借的条件。

9.2　容①,用也,合事宜之用也②。

【注释】

①容:仪容,相貌。

②合:符合,适合。事宜:事情的道理。

【译文】

容,得名于"用",具有符合事情道理的功用。

9.3　妍①,研也②,研精于事宜③,则无蚩缪也④。

【注释】

①妍:美丽,美好。引申指巧慧,聪慧。

②研:穷究,精研。

③研精:犹"精研"。精心研习。

④蚩缪（chī miù）:痴愚错谬。缪,错误,乖误。

【译文】

妍,来源于"研",精心研习事情的道理,就没有呆傻谬误了。

9.4　蚩①,痴也②。

【注释】

①蚩:通"媸（chī）"。丑陋,丑恶。按,本条原与上条不分,据卢文弨校、疏证本、吴志忠本分开另立为条。疏证本曰:"今本皆连上。

案：‘蚩’与‘妍’对，当别为一条。”

②痴：不聪慧，愚笨。

【译文】

蚩，来源于“痴”。

9.5　两脚进曰“行”①。行，抗也②，抗足而前也③。

【注释】

①进：前进，行进。行：行走。

②抗：举。

③抗足：投足，举足。

【译文】

两只脚向前进叫作“行”。行，来源于“抗”，抬脚向前走。

9.6　徐行曰“步”①。步，捕也②，如有所伺捕③，务安详也④。

【注释】

①徐行：缓慢前行。步：步行，行走。

②捕：捉拿。

③伺（sì）捕：暗中侦察并抓捕。伺，窥伺，窥探。暗中观察或监视。

④务：必须，一定。安详：稳重，从容。

【译文】

慢走叫作“步”。步，就是“捕”，好像暗中窥探抓捕一个人，一定要稳重从容。

9.7　疾行曰“趋”①。趋，赴也②，赴所至也③。

【注释】

①疾行:快步行走。趋:快步走,奔跑。

②赴:急速,前往。也指急速前往。

③至:去。

【译文】

快走叫作"趋"。趋,就是"赴",奔赴要去的地方。

9.8　疾趋曰"走"①。走,奏也②,促有所奏至也③。

【注释】

①疾趋:急速奔跑。走:疾行,奔跑。

②奏:通"走"。趋向。

③促:速,赶快。

【译文】

急速奔跑叫作"走"。走,就是"奏",快速地赶赴要去的地方。

9.9　奔①,变也②,有急变③,奔赴之也④。

【注释】

①奔:急走,跑。又指赶赴、赴投。

②变:事变,有重大影响的突发事件。

③急:要紧,迫切。

④奔赴:驱奔,急急忙忙奔向目的地。

【译文】

奔,来源于"变",有了要紧的事变,急急忙忙地奔赴要去的地方。

9.10　仆①,踣也②,顿踣而前也③。

【注释】

①仆（pū）：向前跌倒。

②踣（bó）：向前仆倒。

③顿踣：跌倒。顿，顿仆，跌倒。

【译文】

仆，来源于"踣"，跌跌撞撞地向前行进。

9.11　超①，卓也②，举脚有所卓越也③。

【注释】

①超：跃登，跳跃。

②卓：高超，超绝。

③举脚：抬腿。脚，腿。卓越：跳越，超越。

【译文】

超，来源于"卓"，抬腿跨越障碍。

9.12　跳，条也①，如草木枝条②，务上行也③。

【注释】

①条：植物的细长枝条。

②草木：指草本植物和木本植物。

③务：致力。上行：上升。指向上生长。

【译文】

跳，来源于"条"，就像草木的枝条，致力于向上生长。

9.13　立，林也，如林木森然①，各驻其所也②。

【注释】

①林木:林中树木。森然:繁密直立的样子。

②驻:停留。

【译文】

立,来源于"林",就像林中的树木耸立的样子,停留在各自的位置上。

9.14　骑①,支也②,两脚枝别也③。

【注释】

①骑:跨坐,乘坐。

②支:分支,旁出。也指枝条,此义后作"枝"。

③枝别:像树枝一样分开。别,分开,分支。"枝"或读 qí,通"歧"。

　　分歧,旁出。这种解释也通。

【译文】

骑,来源于"支"。两条腿像树枝一样叉开。

9.15　乘①,升也②,登亦如之也③。

【注释】

①乘(chéng):登,升。

②升:上升,登上。

③登:升,上。如之:如此,像这样。

【译文】

乘,来源于"升",登也像这样的。

9.16　载①,载也②,在其上也。

【注释】

①载（zài）：乘坐。

②载（dài）：同"戴"。把东西加在头上或用头顶着。

【译文】

载，来源于"载"，加在它的上面。

9.17　担①，任也②，任力所胜也③。

【注释】

①担（dān）：原作"檐"，据许克勤、张步瀛、周祖谟校改。许克勤曰："《通鉴》释文十七引作'檐'，从'木'，下同。今本盖'担'之误。"周祖谟校笺："'檐'字误，《妙法莲华经释文》引作'担'，是也。"卢文弨、段玉裁、疏证本等校作"儋"，为"担（擔）"的古字。担，肩挑。

②任（rèn）：担当，胜任。

③任力：运用劳力，依凭力量。胜：能够承受，禁得起。

【译文】

担，来源于"任"，依靠力量能够承受。

9.18　负①，背也②，置项背也③。

【注释】

①负：用背部载物。

②背（bèi）：脊背。

③项背：脖子后部和背脊。项，脖子的后部。

【译文】

负，来源于"背"，把东西放置在脖子后部和脊背上。

9.19 驻①,株也②,如株木不动也③。

【注释】

①驻:停留。

②株:露在地面上的树根、树干或树桩。

③株木:木株,树桩。

【译文】

驻,来源于"株",像树桩那样伫立不动。

9.20 坐①,挫也②,骨节挫屈也③。

【注释】

①坐:古人铺席于地,两膝着席,臀部压在脚后跟上。

②挫:屈折,弯曲。

③骨节:骨头,骨头的关节。挫屈:屈折。

【译文】

坐,来源于"挫",坐的时候关节屈折。

9.21 伏①,覆也②。

【注释】

①伏:面向下、背朝上俯卧着。

②覆:翻倒,反转。

【译文】

伏,来源于"覆"。

9.22 偃①,安也②。

【注释】

①偃（yǎn）：按，本条原与上条不分，据卢文弨校、疏证本等分开另

　立为条。偃，仰卧，安卧。

②安：安居，安定，安适。

【译文】

偃，来源于"安"。

9.23　僵①，正直壃然也②。

【注释】

①僵：倒下。

②正直：直挺挺，不弯曲。壃（jiāng）然：挺直貌。壃，通"僵"。僵

　硬，不活动。

【译文】

僵，从头到脚直挺挺的僵硬的样子。

9.24　侧①，逼也②。

【注释】

①侧：藏伏。

②逼：迫近，狭窄。

【译文】

侧，来源于"逼"。

9.25　据①，居也②。

【注释】

①据:跨,跨坐。

②居:踞坐(坐时两脚底和臀部着地,两膝上耸),坐。

【译文】

据,来源于"居"。

9.26　企①,启开也②,自延竦之时③,诸机枢皆开张也④。

【注释】

①企:踮起脚。

②启开:打开。又指分开。

③自:原作"目",据疏证本、吴志忠本校改。胡楚生说:"慧琳《音义》卷五十九引此条……'目'作'言自'。"延竦(sǒng):伸长脖子、提起脚跟站着。竦,原作"疎(疏)",据疏证本、吴志忠本、巾箱本校改。延,伸长。竦,企立,踮脚站立。

④机枢:比喻事物的关键部分,枢纽。机,门限。枢,户枢。开张:张开,舒展。

【译文】

企,就是启开,从伸长脖子、提起脚跟站着的时候开始,身体的各个关键枢纽部位就都舒展了。

9.27　竦①,从也②,体皮皆从引也③。

【注释】

①竦(sǒng):企立。伸长头颈,踮起脚跟。

②从(zòng):同"纵"。竖,直。

③体皮:肢体及皮肤。引:牵引,拉。

【译文】

竦,来源于"从",身体及皮肤都纵向牵拉。

9.28　视^①,是也^②,察是非也^③。

【注释】

①视:看。

②是:正确,对的。

③察:仔细察看。是非:对的和错的,正确与错误。

【译文】

视,来源于"是",看是对还是错。

9.29　听,静也^①,静然后所闻审也^②。

【注释】

①静:默不作声。

②所闻:听到的话或声音。审:明白,清楚。

【译文】

听,来源于"静",安静下来以后就听得清楚了。

9.30　观^①,翰也^②,望之延颈翰翰也^③。

【注释】

①观:观看,观览。

②翰:长。

③延颈:伸长头颈。翰翰:头伸颈延张望貌。

【译文】

观,来源于"翰",观望的时候伸长头颈眼巴巴的样子。

9.31　望①,茫也②,远视茫茫也③。

【注释】

①望:远视,遥望。

②茫:广阔无边的样子。

③远视:远看。茫茫:广大而辽阔貌。

【译文】

望,来源于"茫",远远看去茫茫无际的样子。

9.32　跪①,危也②,两膝隐地③,体危倪也④。

【注释】

①跪:屈膝着地,臀部抬起。

②危:高,高耸。

③隐(yìn):依据,凭依。

④危倪(nì):犹"阢(wù)倪",又作"阢陧(niè)"。倾危不安,动摇
　不稳。

【译文】

跪,来源于"危",两个膝盖靠着地,身体好像摇摇晃晃不稳定的样子。

9.33　跽①,忌也②,见所敬忌③,不敢自安也④。

【注释】

①跽(jì):跪而挺直上身。

②忌：顾忌，忌惮。

③敬忌：谨慎而有所畏惧。

④不敢：谓没胆量，没勇气。自安：自安其心，自以为安定。

【译文】

惄，来源于"忌"，见到令人谨慎而又畏惧的人，自己心里就不踏实了。

　　9.34　拜①，于丈夫为"跋"②，跋然屈折③，下就地也④；于妇人为"扶"⑤，自抽扶而上下也⑥。

【注释】

①拜：行礼时下跪，低头与腰平，两手至地。

②丈夫：男子，指成年男子。跋（bá）：原作"跌"，据徐复校改，下同。徐复《〈释名〉补疏》："沈曾植《海日楼札丛》卷一：'扶''拜'声谐，而'跌''拜'不谐。且'跌然'形容曲折，辞亦未当，尝以为疑。久而悟得'跌'乃'跋'字误耳。'跋''拜'声谐。《说文》'跋'训'蹎'。《诗·狼跋》疏：'跋与疐皆颠倒之类。'蹎跋、颠倒，与屈折下就地形容较切。"曲折，《海日楼札丛》实作"屈折"；"疐"字误，《海日楼札丛》作"疐"。《诗经·豳风·狼跋》："狼跋其胡，载疐其尾。"跋，跌倒，仆倒。此指跪拜。

③屈折：屈身。

④就：就近，凑近。

⑤妇人：成年女子的通称，多指已婚者。扶：肃拜。

⑥抽：引，拉。上下：升降。

【译文】

拜，对于成年男子来说叫作"跋"，像跌倒一样屈身下拜，膝盖向下着地；对于成年女子来说叫作"扶"，自己抽引双手互扶同时屈身后再抬起。

9.35　攀①,翻也②,连翻上及之言也③。

【注释】

①攀:抓住东西向上爬,攀登。

②翻:翻过,越过。

③及:到,到达。之:原书无,据卢文弨、疏证本等补出。疏证本曰:"今本脱'之'字,据《一切经音义》引增。"

【译文】

攀,来源于"翻",说的是连续翻越到达上方。

9.36　掣①,制也②,制顿之③,使顺己也④。

【注释】

①掣(chè):牵曳,牵引。引申为牵制,控制。

②制:牵制,控制。

③制顿:犹"掣顿"。硬拉,强夺。

④顺:依顺,降服。

【译文】

掣,来源于"制",强拉硬打,使之顺服自己。

9.37　牵①,弦也②,使弦急也③。

【注释】

①牵:拉,挽。

②弦:弓两端之间的绳状物。比喻急促。

③急:紧,缩紧。

【译文】

牵,来源于"弦",使弓弦急促拉紧。

9.38　引^①,演也^②,徙演广也^③。

【注释】

①引:牵引,拉。

②演:推广,传布,延及。

③徙(xǐ)演:原作"徙演",据施惟诚刻本校改。徙演,迁移,传播。
　　徙,迁移。演,推广,传布。

【译文】

引,来源于"演",迁移传布得广远。

9.39　掬^①,局也^②,使相局近也^③。

【注释】

①掬(jū):两手相合捧物。

②局:逼迫。

③局近:逼迫靠近。

【译文】

掬,来源于"局",使物体相互逼迫靠近。

9.40　撮^①,捽也^②,暂捽取之也^③。

【注释】

①撮(cuō):抓取。

②捽(zuó):抓,揪。

③暂:猝然,突然。捽取:抓取。

【译文】

撮,来源于"捽",突然间抓取东西。

9.41　揸^①，叉也^②，五指俱往叉取也^③。

【注释】

①揸（zhā）：原作"樝（楂）"，据卢文弨、段玉裁等校改。揸，把手指伸张开，抓取。

②叉：头部有分杈用来刺物、取物的器具。在此指手指像叉那样扎取，刺取。

③叉取：原书无，据卢文弨、疏证本等校改。胡楚生《释名考》："慧琳《音义》凡四引此条，卷二所引，'往'下有'叉取'二字。卷二十七所引，'往'下有'叉取'二字，句末无'也'字。卷四十八、卷七十所引，'往'下并有'叉取'二字。"周祖谟校笺："案《法华经玄赞》卷九引'五'上并有'谓'字，作：'揸，叉也，谓五指俱往叉取。'当据校。"

【译文】

揸，来源于"叉"，五个手指一起前去叉取东西。

9.42　捉，促也^①，使相促及也^②。

【注释】

①促：原作"捉"，据卢文弨、段玉裁等校改。周祖谟校笺："案《韵补·屋韵》引作'捉，促也'，当据正。"促，靠近，迫近。

②促及：靠近，接近。

【译文】

捉，来源于"促"，使手与物体相接近。

9.43　执^①，摄也^②，使畏摄己也^③。

【注释】

①执：拿，持。

②摄：执持，握持。

③畏摄：畏惧。摄，通"慑"。畏惧。

【译文】

执，来源于"摄"，使别人畏惧自己。

9.44　拈①，黏也②，两指翕之③，黏著不放也④。

【注释】

①拈(niān)：用两三个手指头夹、捏取物。

②黏(nián)：胶附，黏合。

③翕(xī)：聚合。

④黏著(zhuó)：粘连在一起。

【译文】

拈，来源于"黏"，两个手指合拢，粘连在一起不放松。

9.45　扶①，铁也②，其处皮鬻黑③，色如铁也。

【注释】

①扶(chì)：笞(chī)击，鞭打。

②铁：像铁一样的颜色。

③鬻(lí)黑：原作"薰黑"，疏证本作"熏黑"，据孙诒让校改。孙诒让《札迻》："'熏黑'无义，'熏'当为'鬻'。《墨子·兼爱中篇》云：'朝有鬻黑之色。''鬻'字亦见《玉篇》。后《释长幼》云：'八十曰耋。耋，铁也，皮肤变黑，色如铁也。'"鬻黑，色黑而黄。

【译文】

扶，来源于"铁"，那一处皮肤黑里带黄，颜色像铁。

9.46　搨^①，蹋也^②，蹋著地也^③。

【注释】

①搨（dá）：打。

②蹋（tā）：落下，又指下垂貌。

③著（zhuó）地：落地。本条原作"蹋，蹋也，榻著地也"，王国珍《〈释名〉语源疏证》校作："蹋，搨也，搨著地也"，说："第一个'搨'，吕本作'蹋'，《疏证补》改作'榻'。第二个'搨'，吕本、《疏证补》均作'榻'。本书'木'旁字常与'扌'旁用混。疑'榻'是'搨'字。……搨著，贴近、靠近。"依上下各条俱与手有关之例，此受其启发而改。

【译文】

搨，来源于"蹋"，下落着地。

9.47　批^①，裨也，两相裨助，共击之也。

【注释】

①批：用手击打。

【译文】

批，来源于"裨"，两只手互相帮助，共同拍打。

9.48　搏^①，博也^②，四指广博^③，亦似击之也^④。

【注释】

①搏：拍，击。

②博：大，广大，宽广。

③广博：宽广博大。

④似:通"以"。用,使。击:打,敲打。

【译文】

搏,来源于"博",四个手指因并拢而宽大,也能用来拍打。

9.49　挟①,夹也②,夹在旁也③。

【注释】

①挟(xié):夹持,夹在腋下。

②夹(jiā):从左右相持或相对。

③夹:原书无,据吴志忠本补出。

【译文】

挟,来源于"夹",夹在一旁。

9.50　捧,逢也①,两手相逢以执之也②。

【注释】

①逢:遇到,碰上。

②相逢:彼此遇见,遭遇。

【译文】

捧,来源于"逢",两只手碰到一块儿托起东西。

9.51　怀①,回也②,本有去意③,回来就己也。亦言归也④,来归己也。

【注释】

①怀:怀藏,抱在胸前。也指留恋,爱惜。

②回:回转,收回。

③去:抛弃,舍弃。意:意志,想法。

④归:回归。

【译文】

怀,来源于"回",原本有丢弃的想法,又收回靠近自己。也说的是"归",使它回归自己。

9.52 抱,保也^①,相亲保也^②。

【注释】

①保:养育,抚养。

②相:表示一方对另一方有所施为。亲保:亲近,保养。

【译文】

抱,来源于"保",抱的人对被抱的人亲近保养。

9.53 戴,载也^①,载之于头也。

【注释】

①载（zài）:放置,担负。

【译文】

戴,来源于"载",加载在头上。

9.54 提,地也,臂垂所持近地也。

【译文】

提,来源于"地",手臂下垂提的东西接近地面。

9.55 挈^①,结也^②。结,束也,束持之也。

【注释】

①挈（qiè）：提起，悬持。

②结：系，扎缚。

【译文】

挈，来源于"结"。结，是"束"的意思，把东西捆扎起来提着。

9.56 持①，跱也②，跱之于手中也。

【注释】

①持：拿着，握住。

②跱（zhì）：止。

【译文】

持，来源于"跱"，停滞在人手里。

9.57 操①，抄也②，手出其下之言也。

【注释】

①操：执持，拿着。

②抄：叉取，刺取。

【译文】

操，来源于"抄"，说的是手从物体下边经过。

9.58 揽①，敛也②，敛置手中也③。

【注释】

①揽：执持，拉住。

②敛：聚集。

③敛置：聚敛放置。

【译文】

揽，来源于"敛"，收拢放置在手里。

9.59 拥①，翁也②，翁抚之也③。

【注释】

①拥：抱。

②翁：父亲。也用为对年长者的敬称。

③抚：抚摩。

【译文】

拥，来源于"翁"，长辈拥抱抚摩着小孩。

9.60 抚①，敷也②，敷手以拍之也③。

【注释】

①抚：拍，轻击。

②敷：铺开，扩展。

③敷手：舒展五指，伸开手掌。

【译文】

抚，来源于"敷"，伸开手指轻轻拍抚。

9.61 拍，搏也①，手搏其上也。

【注释】

①搏：拍，击。

【译文】

拍，来源于"搏"，手在上面轻拍。

9.62　摩挲犹末杀也①，手上下之言也②。

【注释】

①摩挲（suō）：亦作"摩莎（suō）""摩挲（suō）"。抚摸，用手轻按着上下移动。末杀：用手摩弄。

②上下：升降。

【译文】

摩挲犹如说"末杀"，说的是用手轻按着上下移动。

9.63　蹙①，道也②，道迫之也③。

【注释】

①蹙（cù）：通"蹴"。踢，踏。

②道（qiú）：原作"遵"，据卢文弨、段玉裁等校改，下同。苏舆曰："《说文》：'道，迫也。'或作'道'。《楚辞·招魂》：'道相迫些。'本书《释天》：'秋，缩也，缩迫万物。''缩''道'并通。《广雅》：'蹙、道、迫，急也。'又云：'蹙、道，迫也。'与此义同。"按，"万物"应是"品物"，见1.20条。"蹙、道、迫，急也"应是"迫、道、蹙，急也"。道，迫近。

③道迫：逼迫，迫逐。

【译文】

蹙，来源于"道"，逼迫的意思。

9.64　践①，残也②，使残坏也③。

【注释】

①践：踩，踩踏。

②残：毁坏，破坏。

③残坏：破败，毁坏。

【译文】

践，来源于"残"，使物体残破毁坏。

9.65　蹐①，藉也②，以足藉之也③。

【注释】

①蹐（jí）：践踏，跨越。

②藉（jí）：践踏。

③之：原书无，据吴志忠本补出。吴翊寅校议："吴本作'以足藉之也'。案：'履'言'以足履之'，'蹐'言'以足践之'，则此亦当有'之'。"

【译文】

蹐，来源于"藉"，用脚践踏它。

9.66　履①，以足履之，因以名之也②。

【注释】

①履：踩踏。又可指鞋。

②因：因此。以：用。

【译文】

履，用脚踩着履，因此用"履"来称说踩踏。

9.67　蹈①，道也，以足践之，如道路也②。

【注释】

①蹈：踩，践踏。

②道（dǎo）：疏通，先导。

【译文】

蹈，来源于"道"，用脚踩踏，像开通道路一样。

9.68　跰①，弭也②，足践之，使弭服也③。

【注释】

①跰：原作"跰"，据蔡天祐刊本、毕效钦刻《五雅》本等校改。跰，同"跰（bì）"。踢，蹴。

②弭（mǐ）：顺服，顺从。

③弭服：顺服，服从。

【译文】

跰，来源于"弭"，用脚踩踏，使之屈服。

9.69　蹑①，慑也②，登其上，使慑服也③。

【注释】

①蹑（niè）：踩，踏。又指攀登，登上。

②慑（shè）：恐惧。又指威慑，使屈服。

③慑服：因畏惧而屈服。

【译文】

蹑，来源于"慑"，登到它的上面，使之屈服。

9.70　匍匐①，小儿时也②。匍犹捕也③，藉索可执取之言也④；匐⑤，伏也，伏地行也。人虽长大，及其求事⑥，尽力之勤，犹亦称之。《诗》曰"凡民有丧，匍匐救之"是也⑦。

【注释】

①匍匐（pú fú）：爬行。

②小儿：小孩子。

③捕：捉拿。

④藉（jí）索：系缚绳索。藉，用绳缚。索，粗绳。泛指绳索。执取：捉取，拿取。疏证本曰："小儿初学步时，恐其蹎跋，必以带围绕其胸腋而结于背后，乃曳之以行，故曰'藉索可执取'。"

⑤匐：原作"匍"，据《古今逸史》本、疏证本等校改。

⑥求事：追求事业。

⑦凡民有丧，匍匐救之：语见《诗经·邶风·谷风》。只要老百姓有了不幸的事，就连滚带爬地去救治。

【译文】

匍匐，是小孩子时候的动作。匍犹如"捕"，说的是拴上绳子就能拉住他；匐，说的是"伏"，在地面上爬行。人即使长大了，等到他追求事业的时候，竭尽全力的勤奋劲儿，也叫作"匍匐"。《诗经》上说的"只要老百姓有了不幸的事，就连滚带爬地去救治"正是这种情况。

9.71　偃蹇也①，偃息而卧②，不执事也③；蹇④，跛蹇也⑤，病不能作事⑥。今托病似此⑦，而不宜执事役也⑧。

【注释】

①偃蹇（yǎn jiǎn）：犹"安卧"，安逸地躺着。

②偃息：睡卧休息。

③执事：从事工作，主管其事。

④蹇（jiǎn）：瘸腿，跛脚。按，"蹇"条原与"偃"条分开，据段玉裁、

疏证本、吴志忠本合并。周祖谟校笺："此条玄应书卷三、卷九两引，皆与上条相连。'蹇，跛蹇也'即释'偃蹇'之'蹇'。毕本已改正。"

⑤跛（bǒ）蹇：瘸腿，跛行。

⑥作事：任职，工作。

⑦托病：借口生病。托，假托，推托。

⑧不宜：不适宜，不适合。执：操持，从事。事役：劳役。

【译文】

偃蹇，睡卧休息，不再工作了；蹇，腿一瘸一拐地走路，生病不能干事儿。现在假托生病就像这样，不适宜从事劳役了。

9.72　望佯①，佯，阳也②，言阳气在上③，举头高④，似若望之然也。

【注释】

①望佯（yáng）：同"望羊""望洋""望阳"。仰视貌，远视貌。

②阳：阳气，亢阳之气。

③阳气：暖气，生长之气。

④举头：抬头。

【译文】

望佯，佯，来源于"阳"，说的是亢阳之气在天上，人们高高抬头，好像仰望它的样子。

9.73　沐秃也①，沐者发下垂②，秃者无发③，皆无上貌之称也。

【注释】

①沐秃:头秃无发貌。

②沐:洗头发。

③秃:头无发。

【译文】

沐秃,洗头的人头发下垂,秃子没有头发,都是上面光溜溜没有东西的样子。

9.74　卦卖①,卦②,挂也,自挂于市而自卖之③,自可无惭色④,言此似之也。

【注释】

①卦卖:对自己所出售的东西一边卖一边夸赞。谓自我吹嘘。

②卦:通"挂"。

③之:原作"边",段玉裁于旁加一"⌐"号,卢文弨校:"段疑是'之'。"此据以改之。

④自可:自许,自夸。惭色:羞愧的脸色。

【译文】

卦卖,卦,来源于"挂",自己把要卖的东西挂在市场上自个儿卖它,自吹自擂面无愧色,说的就是这个样子。

9.75　倚筛①:倚②,伎也③;筛④,作清筛也⑤,言人多技巧,尚轻细如筛也⑥。

【注释】

①倚筛(shāi):精细。

②倚:和着乐声(歌唱)。亦指以乐器伴奏,或按照乐曲写作歌词。

③伎(jì):通"技"。才智,技艺。

④筬:筛子。

⑤清:虑去酒糟的甜酒。

⑥轻细:细微,细小。

【译文】

倚筬:倚,来源于"伎";筬,制作清酒要过筛,说的是人们有很多精巧的技能,崇尚轻微细小就像筛子一样。

9.76　窦数犹局缩①,皆小意也②。

【注释】

①窦(jù)数:又作"窭数"。戴在头上供顶物用的草垫圈。比喻贫贱、卑微。局缩:狭小。

②小意:小的意思。

【译文】

窦数等于说"局缩",都是"小"的意思。

9.77　啮掣①:掣,卷掣也②;啮,噬啮也③。语说卷掣④,与人相持如噬啮也⑤。

【注释】

①啮掣(niè chè):互相争吵,言语互相攻击。

②卷掣:开合。《释名·释衣服》"掣,开也。"

③噬(shì)啮:咬。

④语说:谈论义理。

⑤持:对立,对抗。啮:咬,啃。在此比喻言语攻击。

【译文】

啮掣:掣,开合的意思;啮,咬啮的意思。谈论义理时口齿开合,与别人言语对抗互攻。

9.78 脉摘①,犹谲摘也②,如医别人脉③,知疾之意④,见事者之称也⑤。

【注释】

①脉摘:非议,欺骗。

②谲(jué)摘:欺谩,指责。谲,诡诈,欺诳。摘,指摘,责备。

③别:区分,辨别。脉:脉搏,脉息。

④疾:病,病痛。

⑤见事:识别事势。

【译文】

脉摘,犹如"谲摘",好像医生分辨人的脉息,得知疾病的迹象,是对识别事势的人的叫法。

9.79 贷骇者①,"贷"言以物贷予②,"骇"者言必弃之不复得也③,不相量事者之称也④。此皆见于形貌者也⑤。

【注释】

①贷骇(ái):呆傻。

②贷予:施与,给予,借给。

③不复:不再。

④量(liáng)事:商量事情。量,商酌。

⑤形貌:外形、容貌。

【译文】

贷赊，"贷"说的是把东西借给别人，"赊"说的是一定抛弃不能再次得到了，是对不能与人商量事情的人的叫法。这些都是表现在外形容貌上的情况。

9.80　卧①，化也②，精气变化③，不与觉时同也④。

【注释】

①卧：趴在几上或躺在床上睡眠。

②化：变化，改变。

③精气：人的精神元气。变化：改变化生，在形态上或本质上产生新的状况。

④觉（jiào）：睡醒，清醒。

【译文】

卧，来源于"化"，人的精神元气改变化生，与睡醒时的情况不一样。

9.81　寐①，谧也②，静谧无声也③。

【注释】

①寐：睡，入睡。

②谧（mì）：寂静。

③静谧：安宁平静。

【译文】

寐，来源于"谧"，静谧安宁没有声音。

9.82　寝①，权假卧之名也②。寝，侵也③，侵损事功也④。

【注释】

①寝:睡,卧。

②权假:暂且,权宜。权,权宜,姑且。假,暂且,权宜。

③侵:侵犯。

④侵损:侵犯损害。事功:功绩,功业,功劳。

【译文】

寝,暂且卧息的称谓。寝,来源于"侵",逐渐侵犯损害工作业绩。

9.83　眠①,泯也②,无知泯泯也③。

【注释】

①眠:睡觉。

②泯(mǐn):不明的样子。

③泯泯:静默,无声无息貌。

【译文】

眠,来源于"泯",没有知觉静默无声的样子。

9.84　觉①,告也②。

【注释】

①觉(jiào):睡醒,清醒。

②告:告谕,晓示。

【译文】

觉,来源于"告"。

9.85　寤①,忤也②,能与物相接忤也。

【注释】

①寤（wù）：睡醒。

②忤（wǔ）：触遇，接触。

【译文】

寤，来源于"忤"，能够与外物接触。

9.86　欠①，嵚也②，开张其口作声③，唇嵚嵚然也④。

【注释】

①欠：倦时张口呵气，打呵欠。

②嵚（qīn）：高而险峻。

③口作：口，原作"曰"，"作"字原本无，据吴志忠本校改。吴翊寅校议："吴本作'开张其口作声'。案：毕云今本'口'下衍'声'字，吴云各本'声'上脱'作'字，'欠'亦微有声也，当从吴本。"

④嵚嵚：高深貌。然：原书无，据卢文弨、疏证本补。疏证本曰："今本……'钦钦'下无'然'字，据《太平御览》引增。"

【译文】

欠，来源于"嵚"，人在打哈欠时张开他的嘴巴并发出声音，嘴唇张得高高的。

9.87　嚏①，疐也②，声乍疐而出也③。

【注释】

①嚏（tì）：打喷嚏。

②疐（zhì）：原作"疌"，据卢文弨、疏证本等校改，下同。疏证本曰："今本'疐'皆作'疌'，俗讹字也。《毛诗·终风》云：'愿言则疐。'陆氏释文乃云：'疌，本又作嚏，本又作疐。'据此，则知'疐'

一误而为‘疌’，再误而为‘嚏’。今本作‘疌’者，又因‘嚏’而讹也。《说文》‘嚏’从口疐声，郑君笺《诗》云：‘疐’读为‘不敢嚏咳’之‘嚏’，然则此当云‘嚏，疐也’。"疐，发怒的样子。

③乍疐：原作"作疌"，"乍"据顾广圻、楼黎默、丁山校改。顾广圻曰："《御览·三百八十七》引云：‘嚏，声乍嚏而出也。’"乍，突然，忽然。

【译文】

嚏，来源于"疐"，喷嚏声突然愤怒似的发出。

9.88　笑，钞也①，颊皮上钞者也②。

【注释】

①钞：敛撮，收拢。

②颊皮：脸颊的皮肤。上钞：向上敛撮。

【译文】

笑，来源于"钞"，是脸颊上的皮肤向上收缩的动作。

释长幼第十

【题解】

　　长幼,指老年人和年轻人,年长者与年少者。本篇解释人在不同年龄阶段名称的得名之由,从婴儿到少年,再到壮年,再到老年,直至去世乃至成仙,构成了人的整个生命的完整链条。

　　10.1　人始生曰"婴儿"①,胸前曰"婴"②,抱之婴前,乳养之也③。或曰"嫛婗"④:嫛,是也⑤,言是人也;婗,其啼声也⑥,故因以名之也⑦。

【注释】

①始生:初生。婴儿:初生幼儿。

②婴:通"膺"。胸。

③乳养:哺育。

④嫛婗(yī ní):婴儿,幼年时期。

⑤是:此,这。

⑥啼声:幼儿的哭声。

⑦因:依照,根据。以:用。

【译文】

人刚出生叫作"婴儿",胸前叫作"婴",把他抱在胸前,哺育他。有的地方叫作"婴娓":婴,就是"是",说的是"这个人";娓,是他的啼哭声,所以据此用"婴娓"来为这个人命名。

10.2　男,任也①,典任事也②。

【注释】

①任（rèn）:担荷,负载。

②典任:负责,主持。典,掌管,主持,任职。事:官职,也指责任、事情。

【译文】

男,得名于"任",是负责干事儿的。

10.3　女,如也①,妇人外成如人也②。故"三从"之义③:少如父教④,嫁如夫命⑤,老如子言⑥。青徐州曰"娪"⑦。娪,忤也⑧,始生时人意不喜⑨,忤忤然也⑩。

【注释】

①如:随顺,依从。

②妇人:成年女子。多指已婚者。外成:女子出嫁。

③三从:旧礼教中妇女应遵守的未嫁从父、出嫁从夫、夫死从子三个规范。从,听从,顺从。义:道德规范。

④父教:父亲对子女的教育。

⑤夫命:丈夫的命令。

⑥子言:儿子的话。

⑦青徐:青州和徐州的并称。娪（wù）:女子。

⑧忤（wǔ）:违逆,触犯。

⑨人意：人的意愿、情绪。

⑩忓忓：不喜欢、不高兴的样子。

【译文】

女，得名于"如"，女子出嫁要顺从夫家。所以"三从"的规范是：年少时听从父辈的教导，出嫁后遵循丈夫的命令，年老时听从儿辈的建言。青州、徐州那里称为"娪"。娪，得名于"忓"，刚出生时大人们不喜欢、不高兴的样子。

10.4　儿始能行曰"孺"①。孺，濡也②，言濡弱也。

【注释】

①孺：幼儿。

②濡（ruǎn）：柔软，柔弱。

【译文】

小孩刚会行走叫作"孺"。孺，得名于"濡"，说的是他很柔弱。

10.5　七年曰"悼"①。悼，逃也②，知有廉耻③，隐逃其情也④。亦言是时而死⑤，可伤悼也⑥。

【注释】

①悼（dào）：指年幼的人。又指夭亡。

②逃：藏，隐匿。

③廉耻：廉洁知耻。

④隐逃：隐匿，隐藏。情：本性，天性。

⑤是时：此时，这时。

⑥伤悼：忧伤，哀伤。

【译文】

小孩七岁叫作"悼"。悼，得名于"逃"，他懂得了什么是廉洁和羞耻,隐匿他的天性。也说的是他在这个年龄却死掉了,令人忧伤哀悼。

10.6　毁齿曰"龀"①。龀,洗也②,毁洗故齿③,更生新也④。

【注释】

①毁齿:小孩乳齿掉落而更生新齿。因指小孩六七岁更换乳齿的年纪。龀(chèn):原作"齓",据卢文弨、黄丕烈校改,下同。龀,儿童换齿,即脱去乳齿,长出恒齿。

②洗:通"洒(sǎ)"。散落。

③毁洗:毁坏掉落。故:旧的。

④更(gēng)生:新生,再生。

【译文】

小孩乳牙毁掉叫作"龀"。龀,得名于"洗",毁坏掉落旧的牙齿,会再生新的。

10.7　长丁丈反①,苌也②,言体苌也。

【注释】

①长(zhǎng):相比之下年纪大,年长。

②苌:通"长(cháng)"。高。

【译文】

长,得名于"苌",说的是身体高大。

10.8　幼①,少也②,言生日少也③。

【注释】

①幼:年纪小,未长成的。

②少（shǎo）：数量小，少量，不多。

③生日：有生之日，生活的时间。

【译文】

幼，得名于"少"，说的是有生之日很少。

10.9　十五曰"童"①，故《礼》有"阳童"②。牛羊之无角者曰"童"③，山无草木曰"童"④，言未巾冠似之也⑤，女子之未笄者亦称之也⑥。

【注释】

①童：未成年。亦泛指幼小。

②礼：指《礼记》。《礼记·杂记上》："有父母之丧……称'阳童某甫'，不名，神也。"阳童：没有成年而死的庶子。庶子即嫡子以外的众子，妾所生之子。

③童：指牛羊等未生角或无角。

④童：指山岭、土地无草木。

⑤巾冠（guàn）：此处作动词用。指戴上头巾和帽子。巾和冠（guān），古代成人所服。古成年人始戴巾冠，故亦指长大成人。

⑥女子：泛指女性。特指处女。未笄（jī）：旧指女子未成年。笄，发簪，古时用以贯发或固定弁、冕，也指女子十五岁成年，亦特指成年之礼。

【译文】

十五岁叫作"童"，所以《礼记》记载有"阳童"。牛羊没有长出角叫作"童"，山上没有长出草木叫"童"，说的是儿童没有戴上头巾和冠帽很像它们，少女没有用簪子固定头发的也这样称呼。

10.10　二十曰"弱"①，言柔弱也②。

【注释】

①弱:特指二十岁。

②柔弱:软弱,不刚强。

【译文】

二十岁叫作"弱",说的是这个年龄的人还很柔弱。

10.11　三十曰"壮"①,言丁壮也②。

【注释】

①壮:壮年。后泛指成年。

②丁壮:强壮,健壮。

【译文】

三十岁叫作"壮",说的是这个年龄的人很强壮。

10.12　四十曰"强"①,言坚强也②。

【注释】

①强:特指四十岁。

②坚强:健壮强劲。

【译文】

四十岁叫作"强",说的是这个年龄的人很强劲。

10.13　五十曰"艾"①。艾,刈也②,治事能断割芟刈③,无所疑也。

【注释】

①艾(ài):年长,老,也指年老的人。又音yì。通"乂(yì)"。治,治理。

②刈（yì）：原作"治"，据吴志忠本校改。吴翊寅校议："吴本'治'作'刈'。案：下云'割断芟刈'，是作'治'者误也。'艾''刈'亦双声字。"刈，割取。

③治事：处理事务。断割：砍截切割，引申为裁决。芟（shān）刈：割，引申为杀戮。

【译文】

五十岁叫作"艾"。艾，得名于"刈"，这个年龄的人处理起事务来能果断裁决，没有什么迟疑。

10.14　六十曰"耆"①。耆，指也②，不从力役③，指事使人也④。

【注释】

①耆（qí）：古称六十岁。

②指：用手指指着，对着。引申为指示，指点。

③从：从事，参与。力役：劳役。

④指事：手指以示人做某事。使人：支使人做事，使唤人。

【译文】

六十岁叫作"耆"。耆，得名于"指"，这个年龄的人不直接从事劳役，只是指点别人去做。

10.15　七十曰"耄"①，头发白，耄耄然也②。

【注释】

①耄（mào）：年老，高龄。古称七十岁的年纪。

②耄耄：头发白的样子。

【译文】

七十岁叫作"耄",头发白色,飘飘的样子。

10.16　八十曰"耋"①。耋,铁也②,皮肤变黑,色如铁也。

【注释】

①耋(dié):泛指老年。

②铁:像铁一样的颜色。

【译文】

八十岁叫作"耋"。耋,得名于"铁",皮肤变黑了,颜色像铁似的。

10.17　九十曰"鲐背"①,背有鲐文也②。或曰"黄耇"③,鬓发变黄也④;耇⑤,垢也⑥,皮色骊悴⑦,恒如有垢者也⑧。或曰"胡耇"⑨,咽皮如鸡胡也⑩。或曰"冻梨"⑪,皮有斑点⑫,如冻梨色也。或曰"齯齿"⑬,大齿落尽⑭,更生细者⑮,如小儿齿也。

【注释】

①鲐(tái)背:旧谓老人背上生斑如鲐鱼之纹,为高寿之征,因而代称老人。鲐,鱼名。也称鲭、油筒鱼、青花鱼。身体纺锤形,头顶浅黑色,背部青蓝色,腹部淡黄色,两侧上部有深蓝色波状条纹。生活在海中,黄海、渤海盛产。

②鲐文:鲐鱼样的斑纹。

③黄耇(gǒu):年老的人。

④鬓发:鬓角的头发。

⑤耇:年老,高寿。

⑥垢：污秽、肮脏的东西。

⑦皮色：肤色，面色。骊悴（lí cuì）：黢（qū）黑，憔悴。骊，深黑色。悴，枯萎，憔悴。

⑧恒：经常，常常。

⑨胡耇：年老的人。

⑩咽（yān）：指颈项。胡：鸟兽颔下的垂肉或皮囊。

⑪冻梨：形容老人面色如冻梨，此指老人。

⑫斑点：斑，原作"班"，蔡天祐刊本、吴志忠本、巾箱本作"斑"，据改。点，原作"黑"，据疏证本、黄丕烈校改。疏证本曰："点，今本讹作'黑'，据《太平御览》引改。"斑点，散布的杂色点子。

⑬齯齿：齿，原作"齯"，据卢文弨、疏证本等校改。疏证本曰："今本'齿'亦误作'齯'，据《艺文类聚》《太平御览》引改。"齯齿，老人齿落后复生之细齿。借指老人。

⑭大齿：大牙，白齿。

⑮更生：新生，再生。

【译文】

九十岁叫作"鲐背"，因为他背上有鲐鱼背那样的斑纹。有的叫"黄耇"，是因为耳鬓的头发变黄了；耇，得名于"垢"，脸上的皮色黢黑枯悴，总是像有灰垢似的。也有的叫"胡耇"，因为脖子的皮肤就像鸡颈脖下的皮囊。还有的叫"冻梨"，因为皮肤上有黑斑，就像冻坏了的梨子。更有的叫"齯齿"，因为大牙掉光了，又长出了新的，像小孩子的牙。

10.18　百年曰"期颐"①。颐②，养也③，老昏不复知服味善恶④，孝子期于尽养道而已也⑤。

【注释】

①期颐（yí）：一百岁。

②颐：保养。

③养：奉养，事奉。

④老昏：亦作"老惛"。犹"老糊涂"。不复：不再。服味：衣服、食味。善恶：好坏。

⑤期：希望，企求。尽：全部使出。努力完成。养道：赡养之道。

【译文】

一百岁叫作"期颐"。颐，得名于"养"，老糊涂得不再辨别衣服和食物滋味的好坏，孝顺的儿女只是希望努力完成赡养之道罢了。

10.19　老，朽也①。

【注释】

①朽：衰老，衰落。

【译文】

老，来源于"朽"。

10.20　老而不死曰"仙"①。仙，迁也，迁入山也②，故其制字③，"人"旁作"山"也④。

【注释】

①仙：神仙。古代宗教和神话传说中超脱尘世而长生不死者。按，据疏证本及黄丕烈、吴志忠校，将本条与上条分开，另立一条。

②迁入：搬迁进入。

③制字：造字。

④作：书写。

【译文】

年老却不死去叫作"仙"。仙，得名于"迁"，迁到山里去住了。所以造字的时候，在"人"字旁边写个"山"字。

释亲属第十一

【题解】

亲属,指因血统、婚姻或收养而互相有关系的人,如血亲、姻亲、配偶均属之。《礼记·大传》:"六世亲属竭矣。"本篇解释亲属名称的得名之由,既有统称如亲、属,次及父、母,接着逐级上溯各级先祖的祖、曾祖、高祖,然后是平辈的兄、弟,再后是晚辈的子、孙、曾孙……亲疏尊卑,井然有序,直至鳏、寡、孤、独这一类无依无靠的人,使人感叹亲人的重要。

11.1 亲①,衬也②,言相隐衬也③。

【注释】

①亲:亲人,亲戚。泛称和自己有血缘或因婚姻而建立亲戚关系的人。

②衬:贴近,凭借。

③隐衬:犹"隐亲"。亲近,慰爱。

【译文】

亲,得名于"衬",说的是互相亲近帮衬。

11.2 属①,续也,恩相连续也②。

【注释】

①属（shǔ）：亲属。又音zhǔ。继续，连接。

②恩：情爱，宠爱。连续：接连，延续。

【译文】

属，得名于"续"，恩情互相接连延续。

11.3　父，甫也①，始生己也②。

【注释】

①甫：男子美称。又指开始。

②始：初，最初。

【译文】

父，得名于"甫"，父亲最初滋生了自己。

11.4　母，冒也①，含生己也②。

【注释】

①冒：包覆，笼罩。

②含：包含，容纳。此指孕育。

【译文】

母，得名于"冒"，母亲怀孕生下了自己。

11.5　祖，祚也①，祚物先也②。又谓之"王父"③，王，眰也④，家中所归眰也⑤。王母亦如之⑥。

【注释】

①祚：通"胙（zuò）"。祭祀用的酒肉。在此指用酒肉祭祀。下同。

②物先：人之祖先。物，人。先，先世，祖先。

③王父：祖父。

④暀（wǎng）：往，去。

⑤归暀：同"归往"。归附，向往。

⑥王母：祖母。

【译文】

祖，得名于"阼"，祭祀人的祖先。又叫作"王父"，王，得名于"暀"，是全家人归附向往的地方。"王母"也像这样。

11.6　曽祖^①，从下推上^②，祖位转增益也^③。

【注释】

①曽祖：祖父的父亲。

②推：推断，推论。

③祖位：祖先的排位，祖先排列的位置。转：渐渐，更加。增益：增　加，增添。

【译文】

曽祖，从下往上推论，祖先的排位逐渐增加。

11.7　高祖^①，高，皋也^②，最在上，皋韬诸下也^③。

【注释】

①高祖：曽祖的父亲。

②皋：通"櫜（gāo）"。本指收藏弓矢、盔甲的袋子。引申为收藏。

③皋韬（tāo）：犹"櫜韬"。覆冒包裹，笼罩。引申为荫蔽。

【译文】

高祖，高，得名于"皋"，排位在最上边，荫蔽各位后代子孙。

11.8　兄,荒也①。荒,大也,故青徐人谓兄为"荒"也②。

【注释】

①荒:大。

②青徐:青州和徐州的并称。

【译文】

兄,得名于"荒"。荒,就是大,所以青州、徐州的人把兄长叫作"荒"。

11.9　弟,第也①,相次第而生也②。

【注释】

①第:原作"弟",据毕效钦刻《五雅》本、范惟一玉雪堂刻本等改。

②次第:次序,顺序。生:原作"上",据黄丕烈、疏证本等校改。疏证本曰:"生,今本讹作'上',据《太平御览》引改。"

【译文】

弟,得名于"第",按照顺序依次出生。

11.10　子①,孳也②,相生蕃孳也③。

【注释】

①子:古代兼指儿女。

②孳:生育,滋生。

③相生:犹"生生"。孳生不绝,繁衍不已。蕃孳:亦作"蕃滋"。繁殖。

【译文】

子,得名于"孳",代代孳生繁衍不绝。

11.11　孙,逊也①,逊遁在后生也②。

【注释】

①逊:辞让,退让。

②逊遁:退避。

【译文】

孙,得名于"逊",退避逊让因而在后面出生。

11.12　曾孙^①,义如曾祖也^②。

【注释】

①曾孙:孙子的儿子。

②义:意义,道理。

【译文】

曾孙,得名的道理如同曾祖。

11.13　玄孙^①,玄,悬也^②,上悬于高祖^③,最在下也。

【注释】

①玄孙:曾孙的儿子。从自身算起的第五代孙。

②悬:指相距遥远。

③高祖:曾祖的父亲。

【译文】

玄孙,玄,得名于"悬",上面距离高祖很远,从高祖算起在最下边。

11.14　玄孙之子曰"来孙"^①,此在无服之外^②,其意疏远^③,呼之乃来也^④。

【注释】

①来孙：从自身算起的第六代孙。

②无服：古丧制指五服之外无服丧关系。五服，古代以亲疏为差等的五种丧服，也指高祖父、曾祖父、祖父、父亲、自身五代。

③意：情意，感情。

④乃：才。

【译文】

玄孙的孩子叫作"来孙"，他们在五服之外没有服丧关系，感情疏远，只有呼叫他们才来。

11.15　来孙之子曰"昆孙"①。昆，贯也②，恩情转远③，以礼贯连之耳④。

【注释】

①昆孙：从自身算起的第七代孙。

②贯：连接，连续。

③恩情：恩爱之情。骨肉亲情。转远：渐远，更远。

④以：拿，用。礼：人类的行为规范。贯连：连接，接连。

【译文】

来孙的孩子叫作"昆孙"。昆，得名于"贯"，骨肉亲情渐远，只靠礼义来连接而已。

11.16　昆孙之子曰"仍孙"①，以礼仍有之耳②，恩意实远也。

【注释】

①仍孙：从自身算起的第八代孙。

②以：以……论。

【译文】

昆孙的孩子叫作"仍孙"，按礼义来说仍有亲属关系，但亲情实际很远。

11.17　仍孙之子曰"云孙"①，言去己远②，如浮云也。皆为早娶晚死寿考者言也③。

【注释】

①云孙：从自身算起的第九代孙。亦泛指远孙。

②去：距离。

③早娶：过早地娶妻，早婚。寿考：年高，长寿。

【译文】

仍孙的孩子叫作"云孙"，说的是离自己很远，就像漂浮的云彩那样。以上这些都是对早婚而又长寿的人来说的。

11.18　父之兄曰"世父"①，言为嫡统继世也②。又曰"伯父"③。伯，把也④，把持家政也⑤。

【注释】

①世父：大伯父。后用为伯父的通称。

②嫡统：正妻所生，正统。继世：继承先世。

③伯父：父亲的哥哥。

④把：掌管，控制。

⑤把持：专揽，控制。家政：家庭事务的管理工作。

【译文】

父亲的哥哥叫作"世父"，说的是正妻所生能继承先世。又叫作"伯父"。伯,得名于"把",是把持家政的人。

11.19　父之弟曰"仲父"①。仲②,中也,位在中也。

【注释】

①仲父:父亲的大弟。

②仲:次,第二。指兄弟或姐妹中排行第二者。古时兄弟姐妹排行
　常以伯(孟)、仲、叔、季为序。

【译文】

父亲的弟弟叫作"仲父"。仲,得名于"中",排行在中间。

11.20　仲父之弟曰"叔父"①。叔,少也②。

【注释】

①叔父:父亲的第二个弟弟。

②少(shào):年轻,年少。

【译文】

仲父的弟弟叫作"叔父"。叔,得名于"少"。

11.21　叔父之弟曰"季父"①。季②,癸也③,甲乙之次④,
癸最在下,季亦然也。

【注释】

①叔父之弟曰"季父":"叔父"之"父",原书无,据疏证本、黄丕烈
　等校补。疏证本曰:"今本脱此'父'字,据《太平御览》引增。"
　季父,最小的叔父。

②季:兄弟姊妹排行最小的。

③癸:十天干的第十位。

④甲乙:十天干的第一位、第二位,代指天干。次:顺序,次序。

【译文】

叔父的弟弟叫作"季父"。季,得名于"癸",天干的顺序,癸在最下,季也是这样。

11.22　父之世叔父母曰"从祖祖父母"①,言从己亲祖别而下也②。亦言随从己祖以为名也③。

【注释】

①世叔父母:世父(伯父)、世母和叔父、叔母的合称。从祖祖父母:原书少一"祖"字,据疏证本增补。疏证本曰:"旧脱一'祖'字。若'从祖父母',则父之从父昆弟与其妻于己为父母行也。《尔雅》曰:'父之世父、叔父为从祖祖父,父之世母、叔母为从祖祖母。'今依此补之。"从祖祖父母,从祖祖父、从祖祖母的合称。从祖祖父即祖父的兄弟,伯祖父或叔祖父;从祖祖母即祖父兄弟的妻子,伯祖母或叔祖母。

②亲祖:祖父母。别:分支。

③随从:跟随,跟从。为名:命名,取名,用作名。

【译文】

父亲的世父、世母和叔父、叔母叫作"从祖祖父母",说的是从自己的祖父母分支而往下。也说的是跟随自己的祖父母而用作名称。

11.23　父之姊妹曰"姑"①。姑,故也②,言于己为久故之人也③。

【注释】

①姊(zǐ)妹:姐姐和妹妹。

②故:旧的,原有的。

③久故:犹"故旧"。

【译文】

父亲的姐妹叫作"姑"。姑,得名于"故",对于自己来说已经是故旧之人了。

11.24　姊①,积也②,犹日始出,积时多而明也③。

【注释】

①姊:姐姐。称比自己先出生的同胞女子。

②积:累积。又指长久。

③积时:犹"历时"。积累的时间。明:明亮。引申也有"明智"的意思。作者用太阳的明亮比喻姐姐的聪慧明理。与下条"妹"相对而同理。

【译文】

姊,得名于"积",好像太阳开始出现,积累的时间越多就越明亮。

11.25　妹,昧也①,犹日始出②,历时少③,尚昧也④。

【注释】

①昧(mèi):暗,昏暗。

②出:原作"入",据吴志忠本校改。王先谦《释名疏证补》曰:"吴校'始入'作'始出',详语义,作'出'是。"

③历时:经过的时间。

④尚:犹,仍然。

【译文】

妹，得名于"昧"，好像太阳开始出现，经过的时间太少，还有些昏暗。

11.26　姑谓兄弟之女为"侄（姪）"①。侄（姪），迭也②，共行事夫③，更迭进御也④。

【注释】

①兄弟：哥哥和弟弟。侄（姪）：晋以前女子称兄弟的子女。

②迭（dié）：更迭，轮流。

③行：出嫁。事：侍奉。

④更迭：交替，更易。进御：指御幸，交合。

【译文】

姑姑把哥哥和弟弟的女儿叫作"侄（姪）"。侄（姪），得名于"迭"，姑姑和侄女一起出嫁同事一夫，轮流行房。

11.27　夫之父曰"舅"①。舅，久也②。久，老称也。

【注释】

①舅：夫之父。

②久：老。

【译文】

丈夫的父亲叫作"舅"。舅，得名于"久"。久，是对老的称呼。

11.28　夫之母曰"姑"①，亦言"故"也。

【注释】

①姑：丈夫的母亲。婆婆。

【译文】

丈夫的母亲叫作"姑",也说的是"故"的意思。

11.29　母之兄弟曰"舅"①,亦如之也。

【注释】

①舅:舅父。即母之兄或弟。

【译文】

母亲的哥哥和弟弟叫作"舅",也说的是"旧"的意思。

11.30　妻之父曰"外舅"①,母曰"外姑"②,言妻从外来,谓至己家为"归"③,故反以此义称之,夫妻匹敌之义也④。

【注释】

①外舅:岳父。

②外姑:岳母。

③己家:自家。归:原作"妇",据段玉裁、疏证本校改。归,女子出嫁。也有"返回"的意思。《周易·渐》:"女归,吉。"孔颖达疏:"归,嫁也,女人生有外成之义,以夫为家,故谓嫁曰'归'也。"

④夫妻:丈夫和妻子。匹敌:相比,相当,对等。

【译文】

妻子的父亲叫作"外舅",母亲叫作"外姑",说的是妻子是从家外来,她称嫁到自己(丈夫自称)家里是"归",所以丈夫反过来根据这个道理来称呼她的父母,这是丈夫和妻子对等的意思。

11.31　妻之昆弟曰"外甥"①,其姊妹女也②,来归己,内为妻③,故其男为外姓之甥④。甥者⑤,生也,他姓子⑥,本生于外，不得如其女来在己内也⑦。

【注释】

①昆弟：兄弟。外甥：妻之兄弟。

②姊妹：姐姐和妹妹。女：女性，女人。

③内（nà）：同"纳"。迎娶。

④姓：原作"甥"，据篆字疏证本、邵晋涵校改。篆字疏证本曰："外姓，今本讹作'外甥'，据《礼记》正义引改。"

⑤甥：古代对姑之子、舅之子、妻之兄弟、姊妹之夫的通称。

⑥他姓：别姓，异姓。

⑦不得：不能，不可。内（nèi）：室，内室。

【译文】

妻子的兄弟叫作"外甥"，他们的姐姐和妹妹是女性，来嫁给自己，接纳为妻子，所以这个男子就成为外姓的甥。甥，得名于"生"，是别的姓氏的儿子，本来出生在外人家，不能像女儿那样来到自己家里。

11.32　姊妹之子曰"出"①，出嫁于异姓而生之也②。

【注释】

①子：儿子。出：姊妹出嫁所生，指外甥。

②异姓：不同姓，也指不同姓的人。

【译文】

姐姐和妹妹的儿子叫作"出"，是因为出嫁到外姓而生的。

11.33　出之子曰"离孙"①，言远离己也②。

【注释】

①出：此指外甥。离孙：外甥的儿子。

②远离:远远地离开。

【译文】

外甥的孩子叫作"离孙",是说他们是远离自己的。

11.34 侄(姪)之子曰"归孙"①,妇人谓嫁曰"归"②,侄(姪),子列③,故其所生为孙也。

【注释】

①归孙:女子称侄子的儿子。

②妇人:成年女子的通称,多指已婚者。

③列:属类,位列。这里指辈份。

【译文】

侄子的儿子叫作"归孙",成年女子把出嫁说成"归",侄(姪),是子辈,所以她所生的是孙辈。

11.35 妻之姊妹曰"娣"①。娣,弟也,言与己妻相长弟也②。

【注释】

①姊妹:这里偏指妹妹。娣(dì):古代姐妹共嫁一夫,长为姒,幼为娣。

②长(zhǎng)弟:犹"长幼"。年长和年幼。弟,幼小。

【译文】

妻子的妹妹叫作"娣"。娣,得名于"弟",是说她与自己的妻子一个年长一个年幼。

11.36　母之姊妹曰"姨"①,亦如之②。《礼》谓之"从母"③,为娣而来,则从母列也④。故虽不来,犹以此名之也。

【注释】

①姨:母亲的姐妹。

②亦如之:在此指如上条"妻之姊妹曰娣。娣,弟也,言与己妻相长弟也"所说。

③《礼》:指《仪礼》。《仪礼·丧服》:"从母,丈夫妇人,报。"郑玄注:"从母,母之姊妹。"从母:母亲的姐妹。即姨母。

④从:归属,从属。

【译文】

母亲的姐姐和妹妹叫作"姨",也是像娣那样。《仪礼》称她为"从母",作为母亲之娣一同嫁来,就从属于母辈行列。所以即便不嫁过来,也还是用这个词称呼她。

11.37　姊妹互相谓夫曰"私"①,言于其夫兄弟之中,此人与己姊妹有恩私也②。

【注释】

①互相:表示彼此对待的关系。私:偏爱,宠爱。古时称姊妹之夫。

②恩私:恩爱。

【译文】

姐姐和妹妹之间互相称对方的丈夫为"私",是说她丈夫的兄弟里边,这个人与自己的姐姐或妹妹有恩爱之情。

11.38　舅谓姊妹之子曰"甥"①。甥亦生也,出配他男而生^②,故其制字^③,"男"旁作"生"也。

【注释】

①舅:舅父。即母之兄或弟。甥:姊妹之子。

②出配:出嫁,婚配。他:别的,另外的。

③制字:造字。

【译文】

舅舅把自己姐姐和妹妹的孩子叫作"甥"。甥也就是"生",是婚配到别的男子那里生出的,所以造字的时候,在"男"字的旁边写个"生"字。

11.39　妾谓夫之嫡妻曰"女君"^①,夫为男君^②,故名其妻曰"女君"也^③。

【注释】

①妾:旧时男子在妻以外所娶的女子。夫:原作"夫人",据范惟一玉雪堂刻本、疏证本等校删去"人"字。嫡妻:正妻。女君:姬妾称正妻。

②君:妾对丈夫的尊称。

③名:指称,称名。

【译文】

妾把丈夫的正妻叫作"女君",丈夫是男君,所以把他的妻子称呼为"女君"。

11.40　嫂,叟也^①。叟,老者称也^②。叟,缩也,人及物老,皆缩小于旧也^③。

【注释】

①嫂：哥哥的妻子。叟（sǒu）：老人。

②老者：老年人。

③缩小：由大变小。旧：往昔，从前。

【译文】

嫂，得名于"叟"。叟，是对老年人的称呼。叟，得名于"缩"，人和万物老了，都比从前缩小了。

11.41　叔①，少也，幼者称也。叔亦俶也②，见嫂俶然却退也③。

【注释】

①叔：称丈夫的弟弟。此条与上条相对，弟弟称哥哥的妻子为"嫂"，嫂称丈夫的弟弟为"叔"。

②俶：同"倜（tì）"。惊惧不安貌。

③俶然：犹"倜然"。远离貌。却退：后退，退却。

【译文】

叔，得名于"少"，是对年轻人的称呼。叔也就是"俶"，见到嫂子远远地后退。

11.42　夫之兄曰"兄公"①。公②，君也③；君，尊称也④。俗间曰"兄章"⑤。章，灼也⑥，章灼敬奉之也⑦。又曰"兄伀"⑧，言是己所敬⑨，见之怔忡⑩，自肃齐也⑪。俗或谓舅曰"章"⑫，又曰"伀"，亦如之也。

【注释】

①兄公：原作"公"，据吴志忠本、佚名校补。吴翊寅校议："吴本作

'曰兄公'。案:依《尔雅》当有'兄'字,各本误脱。"《尔雅·释
亲》:"夫之兄为兄公。"兄公,丈夫之兄。

②公:对平辈的敬称。

③君:对对方的尊称,犹言"您"。亦用在人姓名后表示尊敬。

④尊称:尊贵的称谓或称号,敬称。按,原书将以下分开另立为一
条,此据段玉裁、疏证本等合并。

⑤俗间:世间。兄章:即兄公。丈夫之兄。

⑥灼(zhuó):惊恐,惶恐。

⑦章灼:惊惧。敬奉:恭敬地侍奉。

⑧伀(zhōng):原作"忪",据疏证本、巾箱本校改,下同。疏证本曰:
"今本'伀'作'忪',据《一切经音义》引改正。《尔雅》曰:'夫之
兄为兄公。'郭注云:'今俗呼兄钟,语之转。''伀'与'钟'同音。
又:'伀'本一作'妐',下同。"兄伀,即兄公。丈夫之兄。

⑨言:原书无,据卢文弨、疏证本、黄丕烈校补。篆字疏证本曰:"今
本脱'言'字,据《一切经音义》引增。"

⑩忪忡(zhēng chōng):同"怔忪"。惊恐不安貌。

⑪肃齐:庄重严肃,整治使有条理。

⑫舅:称夫之父。章:同"嫜(zhāng)"。丈夫的父亲。

【译文】

丈夫的哥哥叫作"兄公"。公,就是"君";君,是尊贵的称呼。民间
叫作"兄章"。章,得名于"灼",惊恐而恭敬地侍奉。又叫作"兄伀",是
说哥哥是自己尊敬的人,一见到他就惊慌,自然就庄重严肃了。民间有
的把舅舅叫作"章",又叫作"公",也是像这种情况。

11.43　少妇谓长妇曰"姒"①,言其先来,已所当法似
也②。

【注释】

①少（shào）妇：年轻的已婚女子。此处专指妯娌间年轻的一方。

　长（zhǎng）妇：年长的已婚女子。此处专指妯娌间年长的一方。

　姒（sì）：古代妯娌（zhóu li）间，以兄妻为姒。妯娌，兄、弟之妻的

　合称。

②法似：仿效，类似。

【译文】

年轻的已婚女子把年长的已婚女子叫作"姒"，说她是先来的，自己应当跟她类似。

11.44　长妇谓少妇曰"娣"①。娣，弟也，己后来也。或曰"先后"②，以来先后言之也③。

【注释】

①娣（dì）：古代妯娌间，以兄妻为姒，弟妻为娣。

②先后：妯娌。

③先后：前后。先后次序。

【译文】

年长的已婚女子把年轻的已婚女子叫作"娣"。娣，得名于"弟"，在自己之后嫁来。有的叫作"先后"，是根据嫁来的先后次序来说的。

11.45　青徐人谓长妇曰"稙长"①，禾苗先生者曰"稙"②，取名于此也。荆豫人谓长妇曰"孰"③。孰，祝也④。祝，始也。

【注释】

①长妇：专指上文说的姒。稙长（zhī zhǎng）：指姒，妯娌间的兄妻。

一说"长"字衍。王先谦《释名疏证补》曰:"吴校'稙'下无'长'字,是。此衍。"

②稙:先种的谷物。

③荆:即荆州。豫:即豫州。孰:原作"熟",据卢文弨、疏证本、巾箱本校改,下同。孰,指姒。

④祝:开始。

【译文】

青州和徐州的人把姒叫作"稙长",庄稼先长出苗的叫"稙","稙长"就取名于这个。荆州和豫州的人把年长的已婚女子叫作"孰"。孰,得名于"祝"。祝,就是开始。

11.46　两婿相谓曰"亚"①,言一人取姊②,一人取妹,相亚次也③。又并来至女氏门④,姊夫在前⑤,妹夫在后,亦相亚而相倚⑥,共成其礼也⑦。又曰"友婿"⑧,言相亲友也⑨。

【注释】

①婿:女婿。女儿的丈夫。亚:同"娅(yà)"。姐妹丈夫的互称,俗称"连襟"。

②取:取妻。后多作"娶"。

③亚次:依次排列。

④氏:指家。

⑤姊夫:姐姐的丈夫。

⑥相亚:相近似,相当。相倚:相互倚傍。

⑦共成其礼:这里指共同行礼。成,完成,完备。礼,敬神。谓事神致福。

⑧友婿:连襟。

⑨亲友:亲热友爱。

【译文】

两个女婿的互相称谓是"亚",说的是一个娶姐姐,另一个娶妹妹,依次排列。又一起来到女家的门前,姐姐的丈夫在前,妹妹的丈夫在后,互相类似又相互倚傍,共同敬神行礼。又叫作"友婿",说的是互相亲密友爱。

11.47　妇之父曰"婚"①,言婿亲迎用昏②,又恒以昏夜成礼也③。

【注释】

①婚:妻子的父亲。

②亲迎:古代婚礼"六礼"之一。夫婿亲至女家迎新娘入室,行交拜合卺(jǐn)之礼。用:须,需要。昏:天刚黑的时候,傍晚。

③恒:经常,常常。以:在,于。昏夜:黑夜。成礼:完婚。

【译文】

妇人的父亲叫作"婚",说的是夫婿亲至女家迎娶新娘的时间必须在傍晚,又常在黑夜完成婚礼。

11.48　婿之父曰"姻"①。姻,因也②,女往因媒也③。

【注释】

①姻:结亲的男家,指夫或夫之父。

②因:依托,凭借。

③媒:媒人,说合婚姻的人。

【译文】

夫婿的父亲叫作"姻"。姻,得名于"因",女方前往夫婿之家是托媒说合的。

11.49　天子之妃曰"后"①。后,后(後)也②,言在后(後),不敢以"副"言也③。

【注释】

①天子:古以君权为天神所授,故称帝王为天子。妃:配偶,妻。

②后(後):后面,在空间、位置上与"前"或"上"相对的方位。

③副:辅助。

【译文】

天子的配偶叫作"后"。后,得名于"后(後)",是说自己位置靠后,不敢以天子的"辅助"来称说。

11.50　诸侯之妃曰"夫人"①。夫,扶也②,扶助其君也③。

【注释】

①诸侯:古代帝王所分封的各国君主。在其统辖区域内,世代掌握军政大权,但按礼要服从王命,定期向帝王朝贡述职,并有出军赋和服役的义务。夫人:诸侯之妻。汉代亦称列侯之妻。

②扶:扶持,护持。

③扶助:扶持帮助。君:称诸侯。

【译文】

诸侯的配偶叫作"夫人"。夫,得名于"扶",扶持帮助诸侯。

11.51　卿之妃也①,内子②。子③,女子也,在闺门之内治家也④。

【注释】

①卿:古代高级长官或爵位的称谓。西周、春秋时天子、诸侯所属高

级长官称卿。战国时为爵位的称谓,有上卿、亚卿等。秦汉三公

以下有九卿。

②内子:古代称卿大夫的嫡妻。

③子:专指女儿。

④闺门:内室的门。借指家庭。治家:持家,管理家事。

【译文】

卿的配偶,即内子。子,指的是女子,在家庭之内管理家务。

11.52　大夫之妃曰"命妇"①。妇,服也②,服家事也③。夫受命于朝④,妻受命于家也。

【注释】

①大(dà)夫:古职官名。周代在国君之下有卿、大夫、士三等,各等中又分上、中、下三级。后因以大夫为任官职者之称。又为爵位名。命妇:古时受封号的妇人。在宫廷中则妃嫔等称为内命妇,在宫廷外则臣下之母妻称为外命妇。

②服:从事,致力。

③家事:古代指大夫家族内部的事务,后渐渐用以泛指家庭事务。

④受命:泛指接受任务、命令。特指受君主之命。朝:朝廷。君王听政、办事的地方。

【译文】

大夫的配偶叫作"命妇"。妇,得名于"服",致力于家庭事务,夫君在朝廷接受君主之命,妻子在家庭接受夫君之命。

11.53　士、庶人曰"妻"①。妻,齐也②,夫贱不足以尊称③,故齐等言也④。

【注释】

①士：介于大夫与庶人之间的阶层。亦泛称知识阶层。庶（shù）
　人：平民百姓。

②齐：平等，等齐。

③贱：地位低下。不足：不值得，不必。

④齐等：平等，同等。

【译文】

　　低级贵族、平民百姓把配偶叫作"妻"。妻，得名于"齐"，丈夫低贱
不值得尊敬的称谓，所以平齐地称呼她。

　　11.54　天子妾有嫔①。嫔，宾也②，诸妾之中见宾敬也③。

【注释】

①嫔（pín）：天子诸侯姬妾。

②宾：尊敬。

③诸：众，各个。见：被，受到。宾敬：恭敬，尊敬。

【译文】

　　天子的姬妾里有的叫作"嫔"。嫔，得名于"宾"，在众多姬妾里面
是受尊敬的。

　　11.55　妾①，接也②，以贱见接幸也③。

【注释】

①妾：旧时男子在妻以外娶的女子。

②接：接见，接待。

③以：因为，由于。贱：地位低下。接幸：接见宠幸。

【译文】

妾,得名于"接",由于地位低贱有时受到接见宠幸。

11.56　侄(姪)娣曰"媵"①。媵,承事嫡也②。

【注释】

①侄(姪)娣:古代诸侯贵族之女出嫁,以侄女和妹妹陪嫁为媵妾
　　者。媵(yìng):古诸侯嫁女,以侄娣陪嫁。按,本条原与上条不
　　分,据蔡天祐刊本、疏证本等分开另起。

②承事:受事,事奉。

【译文】

侄女和妹妹从嫁叫作"媵"。媵,承担侍奉正妻的任务。

11.57　配①,辈也②,一人独处③,一人往辈耦之也④。

【注释】

①配:配偶。

②辈:比并。

③独处:指男女无偶独居。

④辈耦(ǒu):结对。

【译文】

配,得名于"辈",一个人独居无偶,另一个人前去与他结成配偶。

11.58　匹①,辟也②,往相辟耦也③。

【注释】

①匹:伴侣,配偶。

②辟（pì）:边,侧。

③辟耦:配对。耦,配偶。

【译文】

匹,得名于"辟",前去互相配对。

11.59　耦①,遇也,二人相对遇也②。

【注释】

①耦:本指二人并肩而耕。引申为配偶。按,本条原与上条不分,据
　卢文弨、疏证本、吴志忠本分开另起。

②对遇:相遇,遭逢。

【译文】

耦,得名于"遇",男女两人互相遭遇了。

11.60　嫡①,敌也②,与匹相敌也③。

【注释】

①嫡（dí）:正妻。

②敌:对等,相当。

③匹:伴侣,配偶。相敌:相当,相匹。

【译文】

嫡,得名于"敌",两个人互相匹敌。

11.61　庶①,摭也②,拾摭之也③,谓拾摭微陋待遇之也④。

【注释】

①庶（shù）:非正妻生的孩子,宗族的旁支。与"嫡"相对。

②摭（zhí）：拾取。

③拾摭：收集，采集。

④微陋：卑微鄙陋。待遇：对待。

【译文】

庶，得名于"摭"，是拾取采集的意思，是说用拾取卑微鄙陋之物的态度来对待非正妻生的孩子。

11.62　无妻曰"鳏"①。鳏，昆也②；昆，明也，愁悒不寐③，目恒鳏鳏然也④，故其字从"鱼"⑤，鱼目恒不闭者也⑥。

【注释】

①鳏（guān）：成年无妻或丧妻的人。

②昆：通"焜"。明亮的样子。

③愁悒：忧愁抑郁。不寐：睡不着。

④鳏鳏：犹"焜焜"。明艳貌。

⑤从：归属。后用来指出汉字所构成的成分。

⑥鱼目：鱼的眼珠子。相传鳏鱼眼睛终夜不闭，旧称无妻曰鳏，故诗文中多以"鱼目"用为无偶独宿或不娶之典。

【译文】

没有妻子的男人叫作"鳏"。鳏，得名于"昆"；昆，是明亮的意思。鳏夫忧愁抑郁睡不着，眼珠子常常亮闪闪的，所以"鳏"字归属于"鱼"旁，因为鱼的眼睛是不会闭上的。

11.63　无夫曰"寡"①。寡，踝也②，踝踝单独之言也③。

【注释】

①无：没有。此指丧失。寡：丈夫已死的妇女。

②踝（huái）：小腿和脚底连接处左右两旁凸起的圆骨。其特点是孤
　　立不偶。

③单独：谓孤独无亲属。

【译文】

失去丈夫的女人叫作"寡"。寡，得名于"踝"，踝踝，说的是她孤独
无亲。

11.64　无父曰"孤"①。孤，顾也②，顾望无所瞻见也③。

【注释】

①孤：幼年丧父或父母双亡。

②顾：回头看，回视。

③顾望：还（huán）视，巡视。瞻见：看见。

【译文】

失去父亲的孩子叫作"孤"。孤，得名于"顾"，环顾四周看不到父
母的身影。

11.65　老而无子曰"独"①。独，只独也②，言无所依也③。

【注释】

①独：老而无子孙者。

②只（zhī）独：单独。只，单，独。

③无所依：没有可以依靠的人。

【译文】

老了却没有孩子叫作"独"。独，是"单独"的意思，是说没有可以
依靠的人。

释名卷第四

释言语第十二

【题解】

言语,指言辞,话。本篇解释的是普通词汇的词源,所收词汇具有抽象性,与其他篇解释具体事、物的得名之由不同。本篇各条的编排,除同类排列外,还有成对排列、反义对立的。从词性来看,形容词最多,动词稍次,名词最少。

12.1　道①,导也②,所以通导万物也③。

【注释】

①道:事理,规律。

②导:带领,指引。

③通导:通达引导。

【译文】

道,来源于"导",它可以通达引导宇宙间的一切物类。

12.2　德①,得也②,得事宜也③。

【注释】

①德：准则，规范。

②得：知晓，明白。

③事宜：事情的道理。

【译文】

德，来源于"得"，明白事情的道理。

12.3　文者①，会集众彩以成锦绣②，会集众字以成辞义③，如文绣然也④。

【注释】

①文：本指彩色交错，也指彩色交错的图形。引申为文字、文辞、文章、锦绣织物、礼乐制度、礼节仪式、法令条文、文治、文饰、文化等诸多意义。

②会集：聚集，集合。彩：彩色的丝织品。锦绣：花纹精美色彩鲜艳的丝织品。

③辞义：辞采和文义。指文章的形式和内容两方面。又指辞章，诗文。

④文绣：刺绣华美的丝织品或衣服。

【译文】

文，汇集众多彩线织成花纹精美色彩鲜艳的丝织品，汇集众多文字组成辞章诗文，就好像刺绣华美的丝织品或衣服那样。

12.4　武①，舞也②，征伐动行③，如物鼓舞也④。故《乐记》曰⑤："发扬蹈厉⑥，太公之志也⑦。"

【注释】

①武：舞蹈。又指军事征伐或技击等暴力行动。与"文"相对。

②舞：挥动，舞动。

③征伐：出征讨伐。动行：走动，行动。

④物：事务，事情。鼓舞：激发，激励。

⑤《乐（yuè）记》：《礼记》篇名。记音乐之义。

⑥发扬蹈厉：指舞蹈时精神奋发、动作威武。

⑦太公：指太公望吕尚，民间熟知的姜子牙。

【译文】

武，来源于"舞"，出征讨伐行动，好像被什么事情激发了似的。所以《乐记》书上说："舞蹈时精神奋发动作威武，这是姜太公的意志啊。"

12.5　仁①，忍也②，好生恶杀③，善含忍也④。

【注释】

①仁：仁爱，相亲爱。

②忍：忍耐，容忍。

③好（hào）生：爱惜生灵，不嗜杀。恶（wù）杀：厌恶杀生。

④善：擅长，善于。含忍：容忍。

【译文】

仁，来源于"忍"，爱惜生命憎恶杀生，善于容忍。

12.6　义①，宜也②，裁制事物③，使合宜也④。

【注释】

①义：合宜。谓符合正义或道德规范。

②宜：合适，适当，适宜。又指正当的道理，适宜的事情或办法，适当的地位。

③裁制：规划，安排。事物：事务，事情。

④合宜:合适,恰当。

【译文】

义,来源于"宜",规划安排事务,使它合适恰当。

12.7 礼①,体也②,得事体也③。

【注释】

①礼:指行为准则、道德规范和各种礼节。

②体:体统,体制。泛指言行举措应遵守的规范道理。

③得:知晓,明白。事体:事理,大体(重要的义理,有关大局的道理)。

【译文】

礼,来源于"体",知晓事情的大体。

12.8 智①,知也②,无所不知也③。

【注释】

①智:智慧,聪明。又指知识。

②知:晓得,了解。又指认识,辨别。

③无所不知:没有不懂得的,什么事情都知道。

【译文】

智,来源于"知",没有什么不知道的。

12.9 信①,申也②,言以相申束③,使不相违也④。

【注释】

①信:诚实不欺。

②申:束,缚。

③言:说话,谈论。也有"誓言""约定"的意思。申束:约束。

④相违:彼此违背。

【译文】

信,来源于"申",谈话约定以便互相约束,使人们不相违背。

12.10　孝①,好也②,爱好父母③,如所悦好也④。《孝经说》曰⑤:"孝,畜也⑥;畜,养也⑦。"

【注释】

①孝:顺从并尽心奉养父母,善事父母。

②好(hào):喜爱,爱好。

③爱好:喜爱,喜好。

④悦好:喜悦,爱好。

⑤《孝经说》:书名。汉时说解《孝经》的纬书。已亡佚。

⑥畜(xù):兼有养育、孝顺二义。

⑦养:赡养,供养。

【译文】

孝,来源于"好",喜欢父母,就像男女之间的喜爱一样。《孝经说》讲:"孝,就是畜;蓄,就是养。"

12.11　慈①,字也②,字爱物也③。

【注释】

①慈:上爱下,父母爱子女。

②字:抚爱,爱护。

③字爱:抚爱,爱护。物:人。

【译文】

慈,来源于"字",抚爱孩子。

12.12　友^①,有也^②,相保有也^③。

【注释】

①友:亲近相爱。

②有:亲爱,相亲。

③保有:拥有,获得。

【译文】

友,来源于"有",互相拥有亲爱。

12.13　恭^①,拱也^②,自拱持也^③。亦言供给事人也^④。

【注释】

①恭:肃敬,有礼貌。

②拱:拱手。两手相合以示敬意。

③持:拿着,握住。

④供给(gōng jǐ):供(gōng)养。供,奉养。给,供养。事人:事奉
　　人,服侍人。

【译文】

恭,来源于"拱",自己两手相合互握以示恭敬。也说的是供养侍奉
他人。

12.14　悌^①,弟也^②。

【注释】

①悌(tì):敬爱兄长。亦泛指敬重长上。

②弟:次第。又指兄弟之弟。

【译文】

悌,来源于"弟"。

12.15 敬^①,警也^②,恒自肃警也^③。

【注释】

①敬:恭敬,尊重。引申为警戒、警惕。

②警:戒备。

③恒:经常,常常。肃警:犹"警肃"。严密戒备。

【译文】

敬,来源于"警",常常自我警惕戒备。

12.16 慢^①,漫也^②,漫漫^③,心无所限忌也^④。

【注释】

①慢:轻忽,怠惰。

②漫:放纵,散漫,不受约束。

③漫漫:没有拘束的样子。

④限忌:限制和禁忌。

【译文】

慢,来源于"漫",无拘无束,心里没有什么限制和禁忌。

12.17 通^①,洞也^②,无所不贯洞也^③。

【注释】

①通:通晓。

②洞:通晓,悉知。

③贯洞:犹"贯通"。谓全部、透彻地理解,通晓明白。

【译文】

通,来源于"洞",没有什么不明白的。

12.18　达①,彻也②。

【注释】

①达:通晓,明白。

②彻:通达,通晓。

【译文】

达,来源于"彻"。

12.19　敏①,闵也②,进叙无否滞之言也③,故汝颖言"敏"曰"闵"也④。

【注释】

①敏:勤勉。

②闵(mǐn):勉,尽力,努力。

③进叙:谓按等级次第以进职或奖功。叙,古代指按规定的等级次第授予官职,或按劳绩大小给予奖励。否(pǐ)滞:停滞,阻塞。

④汝颖:汝南郡和颖川郡的合称,东汉属豫州刺史部。颖,原作"颖",据《逸雅》本、疏证本等改。

【译文】

敏,来源于"闵",说的是晋级升职没有停滞,所以汝南郡和颖川郡一带的人说"敏"发音为"闵"。

12.20 笃①,筑也②;筑,坚实称也③。

【注释】

①笃:固,坚实。也指深厚、敦厚。

②筑:捣土使坚实。

③坚实:坚固,牢固。

【译文】

笃,来源于"筑";筑,是使物体坚固牢实的说法。

12.21 厚①,后也②,有终后也③,故青徐人言"厚"曰 "后"也。

【注释】

①厚:扁平物体上下两面之间的距离大。与"薄"相对。也指人敦 厚、厚道。

②后:时间较迟或较晚。与"先"相对。

③终后:结局,终止。

④青徐:青州和徐州的并称。

【译文】

厚,来源于"后",做事有始有终,所以青州和徐州一带的人说"厚" 发音为"后"。

12.22 薄①,迫也②,单薄相逼迫也③。

【注释】

①薄(bó):厚度小。也指人虚假刻薄,不诚朴宽厚。

②迫:逼近,接近。

③逼迫:紧迫逼近。逼,迫近。迫,逼近。

【译文】

薄,来源于"迫",既少又薄两面紧迫逼近。

12.23   懿①,僾也②,言奥僾也③。

【注释】

①懿(yì):美,美德。

②僾(ài):隐约,仿佛。

③奥僾:同"隩爱"。荫庇。引申为疼爱,怜爱。

【译文】

懿,来源于"僾",说的是受到荫蔽疼爱。

12.24   良①,量也②,量力而动③,不敢越限也④。

【注释】

①良:美好,良好。

②量(liáng):衡量,估计。

③量力:衡量自己的力量和能力。

④越限:超越限度。

【译文】

良,来源于"量",衡量自己的力量和能力而行动,不敢超越限度。

12.25   言①,宣也②,宣彼此之意也③。

【注释】

①言:说,说话。又指话,言语。

②宣：宣泄，抒发。

③彼此：那个和这个，双方。

【译文】

言，来源于"宣"，宣泄各自的想法。

12.26　语①，叙也②，叙己所欲说也③。

【注释】

①语：谈话，谈论。又指话，语言。

②叙：陈述，记述。

③欲说：想说。

【译文】

语，来源于"叙"，叙述自己想要说的。

12.27　说①，述也②，序述之也③。

【注释】

①说：叙说，讲述。

②述：记述，叙述。又指阐述前人成说。

③序述：叙述。

【译文】

说，来源于"述"，叙述自己的想法或别人的说法。

12.28　序①，抒也②，抽抒其实也③。

【注释】

①序：表示，叙述。

②抒：原作"杼"，"抒"之形讹，据卢文弨、段玉裁等校改。抒，表达，
　　发泄。

③拽（yè）抒：抒发，发泄。拽，旧同"曳"。牵引，拉。此指引出内
　　心想法，即抒发。实：实际，事实。

【译文】

序，来源于"抒"，发泄实情。

12.29　曳①，泄也②，发泄出之也③。

【注释】

①曳：原作"枻"，"曳（拽）"之形讹，据疏证本、黄丕烈校改。

②泄：发泄，发散。

③发泄：散发，舒发。

【译文】

曳，来源于"泄"，把想法发泄出去。

12.30　发①，拨也②，拨使开也。

【注释】

①发：发布，宣告。

②拨：分开，拨开。也是散布之义。

【译文】

发，来源于"拨"，散布想法使之公开。

12.31　拨，播也①，播使移散也②。

【注释】

①播：分散。

②移散：转移，分散。

【译文】

拔，来源于"播"，把想法播散出去。

12.32　导①，陶也②，陶演己意也③。

【注释】

①导：表达，传达。

②陶：广大貌。

③演：推广，传布，延及。

【译文】

导，来源于"陶"，广泛地传布自己的思想感情。

12.33　演①，延也②，言蔓延而广也③。

【注释】

①演：推演，阐发。

②延：展开，蔓延。

③蔓延：如蔓草滋生，连绵不断。引申为延伸，扩展。

【译文】

演，来源于"延"，说的是蔓延开来范围越来越大。

12.34　颂①，容也②，序说其成功之形容也③。

【注释】

①颂：颂扬，赞美。又为文体的一种。以颂扬为宗旨的诗文。

②容：事物的形状或气象。

③序说:叙说,叙述。成功:成就的功业,既成之功。形容:表现,体现。

【译文】

颂,来源于"容",是叙说他成就功业的表现。

12.35 读①,录也②,省录之也③。

【注释】

①读:原作"讚(赞)",据王鸣盛、疏证本等校改。读,讲说,宣扬。

又为文体名,属题跋类,犹如现在的读后感。

②录:记载,登记。此指记录功绩而言。

③省(xǐng)录:察看并记录。省,察看,察视。

【译文】

读,来源于"录",宣扬功绩前要先察看并记录它。

12.36 铭①,名也②,记名其功也③。

【注释】

①铭:记载,镂刻。又为文体名,古代常刻于碑版或器物,或以称功

德,或用以自警。

②名:形容,称说。

③记名:记载,称说。功:功劳,功绩。

【译文】

铭,来源于"名",记载他的功绩。

12.37 勒①,刻也②,刻识之也③。

【注释】

①勒:雕刻,刻写。又指刻在金石上的文字。

②刻:雕镂。

③刻识(zhì):刻记,标志。

【译文】

勒,来源于"刻",刻在石头等坚固物体上以作记载。

12.38　纪①,记也②,纪识之也③。

【注释】

①纪:通"记"。记载,记录。又指我国史书的一种体裁。专记帝王的事迹及有关大事。如《史记·秦始皇本纪》。

②记:记录,载录。

③纪识(zhì):记住,记载。

【译文】

纪,来源于"记",记录以便于记住帝王事迹及历史大事。

12.39　识①,帜也②,有章帜可按视也③。

【注释】

①识(zhì):标记,记号。按,本条原与上条不分,据卢文弨、疏证本、吴志忠本分开另起。

②帜(zhì):标志,标记。

③章帜:标志,标记,记号。章,标记,徽章。按视:查看,察看。按,查验,考核。

【译文】

识,来源于"帜",有标记可以查看。

12.40　视①,是也②,察其是非也③。

【注释】

①视:观察,审察。

②是:正确。

③察:明辨,详审。是非:对的和错的,正确与错误。

【译文】

视,来源于"是",明辨事物的是非对错。

12.41　是①,嗜也②,人嗜乐之也③。

【注释】

①是:正确。

②嗜:爱好,喜爱。

③嗜乐(yào):喜爱,乐意。乐,喜爱,喜欢。

【译文】

是,来源于"嗜",是人们所喜爱的。

12.42　非①,排也②,人所恶③,排去也④。

【注释】

①非:不对,错误。

②排:排斥,排挤。

③恶(wù):讨厌,憎恨。

④去:赶走,除去。

【译文】

非,来源于"排",人们厌恶的,就排斥赶走它。

12.43　基^①,据也^②,在下,物所依据也^③。

【注释】

①基:建筑物的根脚。引申为最下面的、事物的根本、起始等义。也指事业、规划。

②据:依靠,依据。

③物:事物,事情。

【译文】

基,得名于"据",在下边,是事物依靠的基础。

12.44　业^①,捷也^②,事捷乃有功业也^③。

【注释】

①业:基业,功业。

②捷:战胜,成功。

③功业:功勋事业。

【译文】

业,来源于"捷",事情成功了才算有功勋事业。

12.45　事^①,傳也^②;傳,立也,凡所立之功也^③。故青徐言"立"曰"傳"也。

【注释】

①事:事业,功业。

②傳(zì):原作"伟",据卢文弨、疏证本、巾箱本校改,下同。疏证本曰:"案:'傳'字,本皆作'伟',误。《周礼·天官·大宰职》:'六曰事典,以富邦国,以任百官。'注:'任犹傳也。'陆德明云:

'傅,侧吏反……犹立也。'疏云:'东齐人物立地中为傅。'……
皆与此云'青徐人言立'合,故定为'傅'字。"傅,同"剚(zì)"。
刺入,插入。引申为树立,建立。

③凡:所有。

【译文】

事,来源于"傅";傅,就是"立",指所有建立的功业。所以青州和徐
州的人说"立"发音为"傅"。

12.46　功①,攻也②,攻治之乃成也③。

【注释】

①功:事情,事业。

②攻:治理,加工。

③攻治:加工,治理。治,治理,整治。

【译文】

功,来源于"攻",加工治理才能成就功业。

12.47　取①,趣也②。

【注释】

①取:捕捉,捉拿。

②趣(qū):趋向,归向。

【译文】

取,来源于"趣"。

12.48　名①,明也②,名实事使分明也③。

【注释】

①名：起名，命名。又指事物的名称。

②明：明白，清楚。

③实事：真实存在的事物或情况。分明：明确，清楚。

【译文】

名，来源于"明"，给真实存在的事物命名使它显得清楚明白。

　12.49　号①，呼也②，以其善恶呼名之也③。

【注释】

①号（hào）：给以称号或取号。又指名称，名号。

②呼：称谓，称呼。

③善恶：好坏。呼名：定名，命名。

【译文】

号，来源于"呼"，根据人或事物的好坏为之命名。

　12.50　善①，演也②，演尽物理也③。

【注释】

①善：善行，善事。又指擅长，善于。

②演：推演，阐发。

③物理：事理。事物的道理、规律。

【译文】

善，来源于"演"，推演穷尽有利于事物顺利发展的道理和规律。

　12.51　恶①，扼也②，扼困物也③。

【注释】

①恶:罪过,罪恶。

②扼:掐住,握住。

③扼:阻塞,拦阻。困:阻碍。

【译文】

恶,来源于"扼",阻碍事物顺利发展。

12.52　好①,巧也②,如巧者之造物③,无不皆善④,人好之也⑤。

【注释】

①好(hǎo):善,优良。

②巧:机巧,灵巧。

③造物:制造器物。

④善:好,美好。

⑤好(hào):喜爱,爱好。

【译文】

好,来源于"巧",就像灵巧的人制造器物,没有不是各方面都好的,都是人们喜欢的。

12.53　丑(醜)①,臭也,如臭秽也②。

【注释】

①丑(醜):凶,邪恶。

②臭:秽恶之气。秽:脏物,污物。

【译文】

丑(醜),来源于"臭",就像肮脏发臭的东西那样。

12.54　迟①,颓也②,不进之言也。

【注释】

①迟:缓慢。也指迟滞。

②颓:萎靡不振貌。

【译文】

迟,来源于"颓",说的是不前进。

12.55　疾①,截也②,有所越截也③。

【注释】

①疾:快速。也指急剧而猛烈。

②截:直渡,跨越。

③越截:越过,超越。

【译文】

疾,来源于"截",直截了当地跨越某地。

12.56　缓①,浣也,断也②,持之不急,则动摇浣断③,自放纵也④。

【注释】

①缓:迟,慢。

②浣(huàn)也,断也:此将联绵词"浣断"分开解释。在"浣断"中,"浣"和"断"单字无义,合起来才有意义。又疑"浣""断"中"也"字衍。

③动摇:摇摆晃动。浣断:犹"輐断""宛转"。回旋盘曲,随顺变化。

④放纵:放任而不受约束。

【译文】

缓,来源于"浣",也就是"断",拿到手了不着急,就摇摆晃动随意改变,自我放任而没有约束。

12.57　急^①,及也^②,操切之^③,使相逮及也^④。

【注释】

①急:迫切,急需。

②及:追上,赶上。

③操切(qiè):切,原作"功",据吕柟《重刊〈释名〉后序》、王宗炎等校改。操切,胁迫,劫持。

④逮(dài)及:至,达到,赶上。

【译文】

急,来源于"及",胁迫他,使他赶上。

12.58　巧,考也^①,考合异类^②,共成一体也^③。

【注释】

①考:省(xǐng)察,研求。又指完成,制成。

②考合:研究综合。异类:不同种类的事物。

③一体:谓关系密切或协调一致,犹如一个整体。

【译文】

巧,来源于"考",研究综合不同种类的事物,使它们协调为一个整体。

12.59　拙^①,屈也^②,使物否屈不为用也^③。

【注释】

①拙（zhuō）：笨拙，迟钝。

②屈：压抑，屈抑。又音 jué，竭尽，穷尽。

③否（pǐ）屈：困顿受挫。

【译文】

拙，来源于"屈"，使物品困顿穷尽不堪使用。

12.60　燥①，燋也②。

【注释】

①燥：缺少水分，干燥。

②燋：通"焦"。烧焦。

【译文】

燥，来源于"燋"。

12.61　湿，浥也①。

【注释】

①浥（yì）：湿，湿润。又指沾湿，浸渍。

【译文】

湿，来源于"浥"。

12.62　强，畺也①。

【注释】

①畺：同"疆"，通"强"。强大。

【译文】

强,来源于"疆"。

12.63　弱,衄也①,言委衄也②。

【注释】

①衄(nù):挫折,挫伤,失败。

②言委衄也:原作"言委也",另起,据吴志忠校使上下合并,并增补"衄"字。委衄,挫败。委,通"萎"。委顿,衰败。

【译文】

弱,来源于"衄",说的是委顿衰败。

12.64　能①,该也②,无物不兼该也③。

【注释】

①能:能够。

②该:具备,充足。

③兼该:兼备,包括各个方面。

【译文】

能,来源于"该",没有什么不是充足兼备的。

12.65　否①,鄙也②,鄙劣不能有所堪成也③。

【注释】

①否(fǒu):不可。又音pǐ,通"鄙"。鄙陋,卑微。

②鄙:粗俗,低贱。

③鄙劣:浅陋低劣。堪成:胜任,成就。

【译文】

否,来源于"鄙",浅陋低劣不能胜任成就任何事情。

12.66　躁①,燥也,物燥乃动而飞扬也②。

【注释】

①躁:动乱,不安定。

②飞扬:飘扬,飞腾。

【译文】

躁,来源于"燥",物品干燥就会动乱不安甚而飞扬。

12.67　静①,整也②。

【注释】

①静:静止,不动。

②整:端方,端庄,严肃。

【译文】

静,来源于"整"。

12.68　逆①,遻也②,不从其理③,则生殿遻不顺也④。

【注释】

①逆:违背,拂逆。

②遻(è):抵触。

③不从:"不从"前原空缺一字,蔡天祐刊本、疏证本等此处有一"遻"
　　字;《古今逸史》本、吴志忠本等作"言"。王先谦《释名疏证补》
　　曰:"吴校作'言不从其理'。"不从,不顺从,不服从。理:纹路。

④生殿遻(è)：形容高起而边界明显的形状。殿遻，犹"垠堮"。边
　际，悬崖。

【译文】

递，来源于"遻"，不顺从纹理，就会凸凹不平地不顺畅。

12.69　顺，循也①，循其理也。

【注释】

①循：沿着，顺着。

【译文】

顺，来源于"循"，顺从它的纹理。

12.70　清，青也①，去浊远秽②，色如青也。

【注释】

①青：近于绿色、蓝色或黑色的颜色，如青草、青天、青丝等。

②去浊远秽：去除污浊，远离肮脏。

【译文】

清，来源于"青"，去除污浊远离肮脏，颜色就像青色那样。

12.71　浊①，渎也②，汁滓演渎也③。

【注释】

①浊：液体肮脏浑浊。与"清"相对。

②渎(dú)：败乱，混杂。

③汁滓：汁液与渣滓。演渎：漫延杂乱。演，传布，延及。

【译文】

浊，来源于"渎"，汁液与渣滓漫延杂乱。

12.72　贵,归也,物所归仰也①。汝颍言"贵",声如"归往"之"归"也②。

【注释】

①物:人。归仰:归附仰仗。

②归往:归附,向往。

【译文】

贵,来源于"归",是人们所归附向往的。汝南、颍川一带说"贵",发音好像"归往"的"归"。

12.73　贱,践也①,卑下见践履也②。

【注释】

①践:踩,踩踏。

②卑下:低贱。见:被,受到。践履:踩,踏。

【译文】

贱,来源于"践",低贱的东西会受到践踏。

12.74　荣犹茨也①,茨茨照明貌也②。

【注释】

①荣:光荣,荣耀。茨:指光亮。

②茨茨:光闪烁貌。照明:明亮,照亮。

【译文】

荣犹如"茨",光彩闪烁明亮。

12.75　辱,衄也,言折衄也①。

【注释】

①折衄（nù）：挫折，挫败。

【译文】

辱，来源于"衄"，说的是挫折失败。

12.76　祸，毁也，言毁灭也①。

【注释】

①毁灭：摧毁消灭。

【译文】

祸，得名于"毁"，说的是摧毁消灭。

12.77　福，富也①，其中多品②，如富者也③。

【注释】

①富：充裕，丰厚，多。

②品：物品，物件。

③富者：富裕的人。

【译文】

福，得名于"富"，里面有很多物品，像富翁那样。

12.78　进，引也①，引而前也②。

【注释】

①引：引导，带领。

②前：向前行进，前去。

【译文】

进,来源于"引",引导前进。

12.79　退,<u>坠</u>也^①。

【注释】

①坠:落下。

【译文】

退,来源于"坠"。

12.80　羸^①,累也^②,恒累于人也。

【注释】

①羸(léi):衰病。

②累:拖累,连累,牵累。

【译文】

羸,来源于"累",经常拖累别人。

12.81　健^①,建也^②,能有所建为也^③。

【注释】

①健:强有力,健康。

②建:建立,创立。

③建为:建树,作为。

【译文】

健,来源于"建",能够有所建树作为。

12.82　哀①,爱也,爱乃思念之也②。

【注释】

①哀:悲痛,悲伤。又指怜悯,怜爱。

②思念:想念,怀念。

【译文】

哀,来源于"爱",因为爱才想念去世的人。

12.83　乐①,乐也②,使人好乐之也③。

【注释】

①乐(lè):快乐,欢乐。也指使其欢乐。

②乐(yào):喜好。

③好乐(hào yào):喜好,嗜好。

【译文】

乐,来源于"乐",使人喜欢它。

12.84　委①,萎也②,萎蕤就之也③。

【注释】

①委:弯曲,屈曲。又指随顺,顺从。

②萎:(植物)枯槁、凋谢。引申为软弱,虚弱。

③萎蕤(ruí):柔弱貌,柔软貌。就:就近,凑近。

【译文】

委,来源于"萎",植物屈曲柔软地靠近地面。

12.85　曲①,局也②,相近局也③。

【注释】

①曲（qū）：弯曲，不直。

②局：弯曲，委屈。

③近局：因弯曲而接近。

【译文】

曲，来源于"局"，物体两端因弯曲而互相接近。

12.86　踪①，从也②，人形从之也③。

【注释】

①踪：脚印，踪迹。又指追随，追踪。

②从（cóng）：跟从，跟随。

②人形：人的形状、模样。

【译文】

踪，得名于"从"，人的模样跟随着他。

12.87　迹①，积也②，积累而前也③。

【注释】

①迹：脚印，足迹。

②积：积聚，累积。

③积累：逐渐增多。

【译文】

迹，来源于"积"，一步一步地逐渐增多而前进。

12.88　扶①，傅也②，傅近之也③。

【注释】

①扶:扶持,帮助。

②傅:迫近,靠近。

③傅近:靠近。

【译文】

扶,来源于"傅",靠近要扶助的人。

12.89　将^①,救护之也^②。

【注释】

①将:扶助,扶持。按,本条原与上条相合,据卢文弨、疏证本、吴志

　忠本分开。

②救护:求助保护。

【译文】

将,救助保护他。

12.90　缚^①,薄也^②,使相薄著也^③。

【注释】

①缚:束,捆绑。

②薄:逼近,靠近。

③薄著(zhuó):紧贴。著,接触,贴近。

【译文】

缚,来源于"薄",使被绑的物体互相紧贴。

12.91　束^①,促也^②,相促近也。

【注释】

①束:捆缚。

②促:靠近,迫近。

【译文】

束,来源于"促",使被捆的物体互相逼近。

12.92　覆①,孚也②,如孚甲之在物外也③。

【注释】

①覆:覆盖,遮蔽。

②孚(fū):谷粒的壳。后作"稃"。

③孚甲:植物籽实的外皮。物外:物体的外表,事物本体以外。

【译文】

覆,来源于"孚",如同植物籽实的皮壳处在外表。

12.93　盖,加也①,加物上也。

【注释】

①加:谓置此于彼之上,覆盖。

【译文】

盖,来源于"加",覆加在物体的上面。

12.94　威①,畏也,可畏惧也。

【注释】

①威:威严。

【译文】

威,来源于"畏",能够使人害怕。

12.95　严,俨也①,俨然人惮之也②。

【注释】

①俨(yǎn):恭敬庄重,庄严。

②俨然:严肃庄重的样子。惮(dàn):畏惧,敬畏。

【译文】

严,来源于"俨",严肃庄重得令人畏惧。

12.96　政①,正也②,下所取正也③。

【注释】

①政:政治,政事。

②正:直,不弯曲。引申为标准,准则。

③下:臣下,百姓。取正:用作典范。

【译文】

政,得名于"正",下属和百姓用来作为典范。

12.97　教①,效也②,下所法效也③。

【注释】

①教(jiào):政教,教化。

②效:效法,模仿。

③法效:效法。

【译文】

教,得名于"效",是下属和小辈效法的。

12.98　侍①,时也②,尊者不言③,常于时供所当进者也④。

【注释】

①侍:陪从或伺候尊长、主人。又指奉养,赡养。

②时:按时。

③尊者:称辈分或地位高的人。不言:不说。

④常:固定不变。于时:在一定的时刻,按时。供(gòng):奉献,进献。
　　进:进奉,奉献。

【译文】

　　侍,来源于"时",辈分或地位高的人不用说话,下属和晚辈就会固定不变地按时献上应当进奉的东西。

12.99　御①,语也②,尊者将有所欲③,先语之也。亦言职卑,尊者所勒御④,如御牛马然也⑤。

【注释】

①御:驾驭。比喻统治、治理。

②语(yù):告诉。

③所欲:想要的,希望的。

④勒(lè)御:驾驭,统治。勒,拉紧缰绳以止住牲口。御,驾驭车马。

⑤牛马:牛和马。

【译文】

　　御,来源于"语",辈分或地位高的人想要什么,就先告诉晚辈或下属。又说的是下属的职位低下,被地位高的人统治,就像驾驭牛马那样。

12.100　雅①，雒也②，为之难，人将为之③，雒雒然惮之也④。

【注释】

①雅：正，合乎规范、标准的。又指高雅不俗，优美。

②雒：通"詻（è）"。严肃的样子。

③为：做，干。此指施行，实现。

④雒雒：犹"詻詻"。严肃貌。

【译文】

雅，来源于"雒"，施行起来困难，有人要实现它，会因它显得十分严肃而心存畏惧。

12.101　俗①，欲也②，俗人所欲也③。

【注释】

①俗：庸俗，不高雅。又通"欲"。想要，希望。

②欲：欲望，愿望。

③俗人：庸俗的人，鄙俗的人。

【译文】

俗，来源于"欲"，是庸俗的人想要的。

12.102　艰①，根也②，如物根也③。

【注释】

①艰：困难，不容易。

②根：植物生长于土中或水中吸收营养的部分。

③如物根也：吴志忠本、佚名分别于"物根"后增一"引"字。译文

从之。

【译文】

艰,来源于"根",像植物的根牵连难除。

12.103　难,惮也,人所忌惮也①。

【注释】

①忌惮:顾虑畏惧。

【译文】

难,来源于"惮",是人们顾忌畏惧的状况。

12.104　吉①**,实也**②**,有善实也。**

【注释】

①吉:善,美。又指吉利,吉祥。与"凶"相对。

②实:实惠,实利。又指财物,物资。

【译文】

吉,来源于"实",有好的实惠。

12.105　凶①**,空也,就空亡也**②**。**

【注释】

①凶:祸殃,不吉利。与"吉"相对。

②空亡(wú):占卜用语。古代用干支纪日,十干配十二支,所余二
　　支,谓之"空亡"。又称孤虚。迷信者谓为凶辰(坏日子),做事
　　不利。亡,无,没有。

【译文】

凶，来源于"空"，接近不利的坏日子。

12.106　停，定也①，定于所在也②。

【注释】

①定：稳定，固定。

②所在：所处或所到之地。

【译文】

停，来源于"定"，定在了所处的地方。

12.107　起，启也①。启，一举体也②。

【注释】

①启：跪，危坐。古人铺席于地，两膝着席，臀部压在脚后跟上，谓之
　　"坐"，耸起上身为"危坐"，即正身而跪，表示严肃恭敬。

②一：忽然，忽而。"一"字吴志忠本改在"举"字之后，校曰："各本
　　'举一'二字倒，今乙。"按，吴氏亦觉"一举"难解。综合本书他
　　条，疑"一"仍在"举"前，为"上"之形讹。"一举体"应为"上举
　　体"。详见8.106条注释②。举体：耸起身体。举，升起，耸起。

【译文】

起，来源于"启"。启，一下子升起上身。

12.108　翱①，敖也②，言敖游也③。

【注释】

①翱（áo）：飞翔。

②敖：游玩，游逛。

③敖游：嬉游，游逛。

【译文】

翱，来源于"敖"，说的是四处游玩。

12.109　翔①，佯也②，言仿佯也③。

【注释】

①翔：回旋而飞，高飞。又指行步，游翱。

②佯（yáng）：即倘佯。徘徊，安闲自在地步行。

③仿（páng）佯：周游，游荡，遨游。

【译文】

翔，来源于"佯"，说的是漫步周游。

12.110　出，推也①，推而前也②。

【注释】

①推：向外用力使物体移动。

②前：向前行进，前去。

【译文】

出，来源于"推"，推动而前进。

12.111　入，纳也①，纳使还也。

【注释】

①纳：入，使入。

【译文】

入,来源于"纳",纳入使之回还。

12.112　候①,护也②,司护诸事也③。

【注释】

①候:伺望,侦察。

②护:监视,监督,监察。

③司(sì):同"伺"。守候,等待。

【译文】

候,来源于"护",守候监察各种事务。

12.113　望①,惘也②,视远惘惘也③。

【注释】

①望:期盼,守望。篆字疏证本曰:"案《释姿颂》篇有云:'望,茫也,远视茫茫也。'谊与此同,此似重出。""颂(róng)"即"容"的古字。

②惘:恍惚貌,失意貌。

③视远:看得远,望远。惘惘:犹"罔罔"。心神不定、无所适从貌。

【译文】

望,来源于"惘",看着远方心神不定。

12.114　狡①,交也②,与物交错也③。

【注释】

①狡:猜疑。

②交:错杂,交错。

③交错：交叉，错杂。

【译文】

狡，来源于"交"，与事物错杂纠缠。

12.115　夬^①，决也^②，有所破坏决裂也^③。

【注释】

①夬（guài）：坚决，果断。

②决：决断，决定。

③破坏：摧毁，毁坏。决裂：毁坏，败坏。也：原书无，据吴志忠本校补。吴翊寅校议："吴云'决裂'下脱'也'字，案：此当别为条，补'也'字是。"

【译文】

夬，来源于"决"，有摧毁和败坏的东西。

12.116　终，充也，充之于终始也^①。

【注释】

①终，充也，充之于终始也：原作"之于终始也"并连接上条，据吴志忠本校补并另分为条。吴翊寅曰："吴本作'终，充也，充之于始也'，云：'各本"之"上脱"终，充也，充"四字，又"于"下衍"终"字，又误连上条，今正。'案：毕云与'始'对文，当言'终'，故据谊补。《仪礼·士冠礼》'广终幅'，郑注云：'终，充也。'本书多从郑训。又《尔雅·释言》：'终，竟也。'《小尔雅·广诂》：'充，竟也。'则当云'充之于终始也'，'终'字非衍文。"按，《尔雅·释言》"弥，终也"郭璞注："终，竟也。"吴氏误引。充，充足，充满。

【译文】

终，来源于"充"，充满于从开始到结束的整个过程。

12.117　始,息也①,言滋息也②。

【注释】

①息:滋息,生长。

②滋息:繁殖,增生。

【译文】

始,来源于"息",说的是繁殖生长。

12.118　消①,削也②,言减削也③。

【注释】

①消:减耗,损耗。与"息"相对。

②削:削除,削减。

③减削:降低,减少。

【译文】

消,来源于"削",说的是降低削减。

12.119　息,塞也①,塞满也。

【注释】

①塞:充塞,充满。

【译文】

息,来源于"塞",充塞满满。

12.120　奸(姦)①,奸也②,言奸正法也③。

【注释】

①奸（姦）：奸邪，罪恶。

②奸：干犯，扰乱。

③正法：准则法度。正，标准，准则。

【译文】

奸（姦），来源于"奸"，说的是干犯扰乱准则法度。

12.121　宄①，佹也②，佹易常正也③。

【注释】

①宄（guǐ）：作乱或盗窃的坏人。

②佹（guǐ）：乖戾，悖逆。

③易：轻视。常正：法度准则。常，典章法度。

【译文】

宄，来源于"佹"，违背藐视法度准则。

12.122　谁①，相也②，有相择③，言不能一也④。

【注释】

①谁：什么，哪个。

②相（xiàng）：篆字疏证本曰："'相'字疑误，似当为'择'。"相，选择。

③相择：选择。

④一：专一。

【译文】

谁，来源于"相"，有所选择，说的是不能专一。

12.123　往，暀也①，归暀于彼也②。故其言之，印头以指远也③。

【注释】

①暀（wǎng）：往，去。

②归暀：同"归往"。归附，向往。

③卬（yǎng）头：原作"于卬头"，据卢文弨、疏证本等删"于"字。卬头，即"仰头"。抬头。卬，同"仰"。

【译文】

往，来源于"暀"，去向另一方归附。所以人们在说"往"的时候，抬头向上以指向远方。

12.124　来，哀也①，使来入，己哀之②。故其言之，低头以招之也③。

【注释】

①哀：怜悯，怜爱。

②入：特指入门，在家。

③低头：垂下头。招：以打手势、点头等动作示意人过来。

【译文】

来，来源于"哀"，让别人来到家中，自己怜爱他。所以人们在说"来"的时候，低头向下示意别人过来。

12.125　粗①，错也②，相远之言也③。

【注释】

①粗：粗糙，粗劣。

②错：粗糙。

③相远：间隙远，孔隙大。

【译文】

粗，来源于"错"，说的是间隙较远。

12.126　细①，弭也②，弭弭两致之言也③。

【注释】

①细：原作"纳"，据卢文弨、疏证本等校改。疏证本曰："本皆作'纳'，误也。此篇皆两两反对，'粗'之对当作'细'。"

②弭（mǐ）：通"弥"。

③弭弭：犹"弥弥"。有光泽貌。两：王先谦《释名疏证补》曰："'两'无义，盖讹字。"按，疑"两致"即"致致"之误。抄者或刻工谓有两"致"字，而误作"两致"。致致，细润光滑貌。正与"弭弭"同义。致：精致，坚密。

【译文】

细，来源于"弭"，说的是物品光滑细致。

12.127　疏①，索也②，获索相远也③。

【注释】

①疏：稀疏，稀少。

②索：散，空。

③获索：空隙，空廓。获，恢廓，空廓。相远：间隙远，缝隙大。

【译文】

疏，来源于"索"，孔隙较大。

12.128　密①，蜜也②，如蜜所涂，无不满也。

【注释】

①密:稠密。按,本条起头正逢行首,刻工忘记空一格,致使该条看
　似与上条相合。卢文弨、段玉裁等分别将以下另分为条。《古今
　逸史》本、《逸雅》本以下另起。据改。

②蜜:蜂蜜。蜜蜂用所采的花蜜酿成的黏稠液体。

【译文】

密,来源于"蜜",就像用蜂蜜涂抹缝隙,没有不充满的。

12.129　甘,含也①,人所含也。

【注释】

①含:置物于口中,既不咽下也不吐出。

【译文】

甘,来源于"含",是人爱含着的味道。

12.130　苦,吐也①,人所吐也。

【注释】

①吐(tǔ):使物从口中出来。

【译文】

苦,来源于"吐",是人要吐出的味道。

12.131　安,晏也①,晏晏然和喜②,无动惧也③。

【注释】

①晏(yàn):安定,安宁,恬适。

②晏晏:和悦貌。和喜:和洽喜悦。

③动:通"恸(tòng)"。悲痛。惧:恐惧,害怕。

【译文】

安,来源于"晏",喜气洋洋,没有悲伤和恐惧。

12.132　危①,阢也②,阢阢不固之言也③。

【注释】

①危:按,本条起头正逢行首,刻工忘记空一格,致使该条看似与上
　条相合为一条。卢文弨、段玉裁将此分开。疏证本、吴志忠本等
　另分为条。据改。

②阢(wù):阢陧(niè),动摇不安。形容危险。

③阢阢:犹"兀兀"。摇晃貌。固:稳固,牢固。

【译文】

危,来源于"阢",说的是摇摇晃晃不稳固。

12.133　成,盛也①。

【注释】

①盛(shèng):旺盛,兴盛,茂盛。

【译文】

成,来源于"盛"。

12.134　败,溃也①。

【注释】

①溃:败逃,散乱。

【译文】

败,来源于"溃"。

12.135　乱①,浑也②。

【注释】

①乱:无秩序,混乱。引申指政治昏乱,社会动荡。与"治"相对。

②浑(hùn):混杂,混淆。

【译文】

乱,来源于"浑"。

12.136　治①,值也②,物皆值其所也。

【注释】

①治:有规矩,严整。引申指政治清明,社会安定。与"乱"相对。

②值:当,对。

【译文】

治,来源于"值",事物都各得其所。

12.137　烦①,繁也②,物繁则相杂挠也③。

【注释】

①烦:众多,繁杂。与"省"相对。

②繁:多。

③杂挠:混杂扰乱。挠,扰乱,阻挠。

【译文】

烦,来源于"繁",事物繁多就互相混杂干扰。

12.138　省^①，眚也^②，臞眚约少之言也^③。

【注释】

①省:简,少。与"繁"相对。

②眚(shěng):原作"嗇",吴志忠本校作"瘠"。然而"嗇""瘠"形不近,受其启发改为"眚"。"眚"与"嗇"形近,且与"省"音近,符合《释名》音训条例。本书1.91条:"眚,瘠也,如病者瘠瘦也。"以"眚"释"省",正如以"瘠"释"眚"。眚,减省,消瘦。下同。

③臞(qú)眚:原作"曜嗇",据篆字疏证本、吴志忠本、胡玉缙校改。臞眚,消瘦。臞,消瘦。约少:简约瘦小。约,少,省减,简约。

【译文】

省,来源于"眚",说的是简约瘦小。

12.139　闲^①,简也^②,事功简省也^③。

【注释】

①闲:原作"间",同"閒"。"閒"又同"闲",今简作"闲"。故据疏证本改作"闲"。闲,闲暇。与"剧"相对。

②简:简省,稀少。

③事功:事情,功夫。简省:节约,省略。

【译文】

闲,来源于"简",事情和功夫简化省略了。

12.140　剧^①,巨也,事功巨也^②。

【注释】

①剧:繁多,繁忙。与"闲"相对。

②事功：职责，任务。

【译文】

剧，来源于"巨"，工作任务量大。

12.141　贞①，定也，精定不动惑也②。

【注释】

①贞：稳定，安定。又指操守坚定不移，端方正直。与"淫"相对。

②精：精神，精力。动惑：动摇惑乱。

【译文】

贞，来源于"定"，精神坚定不动摇不惑乱。

12.142　淫①，浸也，浸淫旁入之言也②。

【注释】

①淫：沉湎，放纵。与"贞"相对。

②浸（qīn）淫：逐渐蔓延、扩展。旁入：从旁边侵入。

【译文】

淫，来源于"浸"，说的是逐渐蔓延扩展从旁边侵入。

12.143　沉①，澹也②，澹然安著之言也③。

【注释】

①沉：没入水中，沉没。

②澹（dàn）：安定，安静。

③澹然：安定貌，安静貌。安著（zhuó）：安放，安置。

【译文】

沉,来源于"澹",说的是沉着冷静地安置。

12.144　浮,孚也①,孚甲在上称也②。

【注释】

①孚(fū):谷粒的壳。后作"稃"。

②孚甲:植物籽实的外皮。

【译文】

浮,来源于"孚",说的是像植物籽实的外皮那样浮在上边。

12.145　贪,探也①,探入他分也②。

【注释】

①探:取,摸取。

②他分(fèn):别人那一份。他,别的,另外的。

【译文】

贪,来源于"探",摸到别人那一份里面去。

12.146　廉,敛也①,自检敛也②。

【注释】

①敛:约束,节制。

②检敛:检点约束。

【译文】

廉,来源于"敛",自己检点约束。

12.147 洁,确也①,确然不群貌也②。

【注释】

①确:坚定,坚决。

②确然不群:志节坚定,不同流俗。确然,刚强,坚定。不群,不平
　凡,不合群。

【译文】

洁,来源于"确",刚强坚定不同流俗。

12.148 污①,洿也②,如洿泥也③。

【注释】

①污:贪赃,不廉洁。

②洿(wū):污秽,不廉洁。

③洿泥:污泥。

【译文】

污,来源于"洿",贪污就像洿泥一样污秽。

12.149 公①,广也②,可广施也③。

【注释】

①公:朝廷,国家,公家。

②广:大。指规模、范围、程度等超过一般。

③广施:广泛施予。施,给予,施舍。

【译文】

公,得名于"广",能够广泛地施舍恩惠。

12.150　私^①,恤也^②,所恤念也^③。

【注释】

①私:私情,私心,属于个人的。

②恤(xù):体恤,怜悯。又指顾及,顾念。

③恤念:体恤,顾念。念,爱怜。

【译文】

私,得名于"恤",是体恤顾念的对象。

12.151　勇^①,踊也^②,遇敌踊跃^③,欲击之也^④。

【注释】

①勇:勇敢,勇猛。

②踊:向上跳,跳跃。

③踊跃:跳跃。也形容情绪高涨、热烈,争先恐后。

④击:攻打,进攻。

【译文】

勇,来源于"踊",遇到敌人就情绪高涨,要击退他们。

12.152　怯^①,胁也^②,见敌恐胁也^③。

【注释】

①怯(qiè):胆小,懦弱。

②胁:恐惧。

③恐胁:恐惧,害怕。

【译文】

怯,来源于"胁",见到敌人就恐惧害怕。

12.153　断,段也①,分为异段也。

【注释】

①段:分段,截断。

【译文】

断,来源于"段",分成不同的各段。

12.154　绝①,截也②,如割截也③。

【注释】

①绝:断,分成两段或几段。

②截:断,割断。

③割截:割断,截断。

【译文】

绝,来源于"截",就像切割截断。

12.155　骂,迫也①,以恶言被迫人也②。

【注释】

①迫:逼迫,强迫。

②恶言:无礼、中伤的言语。被迫:强加逼迫、压迫。被,加,施加。

【译文】

骂,来源于"迫",用恶毒的语言逼迫别人。

12.156　詈①,历也②,以恶言相弥历也③。亦言离也,以此挂离之也④。

【注释】

①詈(lì)：骂，责备。

②历：乱，紊乱。引申为扰乱，触犯。

③恶言：无礼、恶毒的言语。弥历：犹"灭裂"。败坏，毁灭。

④挂：划分，界画。

【译文】

詈，来源于"历"，用恶毒的语言冒犯对方。也说的是"离"，用恶言分离他人。

12.157　祝①，属也②，以善恶之词相属著也③。

【注释】

①祝(zhòu)：诅咒，发誓。又音 zhù。祝祷，祝颂。"咒（呪）"与
　"祝"同，一正一反，本为一事，即向上天、神灵等寄托意愿。

②属(zhǔ)：依托，寄托。

③善恶：好坏，褒贬。词：言辞。属著(zhǔ zhuó)：寄托附着。

【译文】

祝，来源于"属"，把好的或坏的言辞寄托依附于人。

12.158　诅①，阻也②，使人行事阻限于言也③。

【注释】

①诅(zǔ)：诅咒，咒骂。又指盟誓。

②阻：阻止，障隔。

③行事：办事，从事。限：阻隔，限制。

【译文】

诅，来源于"阻"，让别人办事为语言所阻碍限制。

12.159　盟①,明也,告其事于神明也②。

【注释】

①盟:古代诸侯为释疑取信而对神立誓缔约的一种仪礼。多杀牲歃(shà)血。泛指发誓、起誓。

②告:上报,报告。神明:天地间一切神灵的总称。

【译文】

盟,来源于"明",把约定的事报告给神灵。

12.160　誓①,制也②,以拘制之也③。

【注释】

①誓:盟约,誓言。

②制:管束,控制。

③拘制:约束,限制。

【译文】

誓,来源于"制",用盟誓来控制约束他。

12.161　佐①,左也②,在左右也③。

【注释】

①佐:辅助,帮助。

②左:左边。

③左右:左边和右边。泛指旁边。

【译文】

佐,来源于"左",在旁边辅佐。

12.162　助,乍也①,乍往相助②,非长久也。

【注释】

①乍(zhà):暂时,短暂。

②助:原作"阻",据卢文弨、疏证本等校改。疏证本曰:"相助,本皆作'相阻',讹。今从段校本校改。"译文从之。

【译文】

助,来源于"乍",暂时前往相助,不是很长久。

12.163　饰①,拭也②,物秽者③,拭其上使明。由他物而后明④,犹加文于质上也⑤。

【注释】

①饰:刷洗清洁,拭。

②拭:揩,擦。

③秽:污浊,肮脏。

④由:使用。他物:别的物体。而后:然后。

⑤文:彩色交错。亦指彩色交错的图形。质:质地,底子。

【译文】

饰,来源于"拭",物体肮脏了,擦拭它的上面使它变得明亮。通过使用别的物体擦拭然后明亮了,就好像在物体底子上添加交错的色彩。

12.164　荡①,盪也②,排盪去秽垢也③。

【注释】

①荡:冲洗,清除。

②盪(dàng):移动,摇动。又指洗涤,清除。

③排盪：激荡，冲激。秽垢：污浊。

【译文】

荡，来源于"盪"，摇摆激荡清除污秽泥垢。

12.165　啜①，惙也②，心有所念③，惙然发此声也④。

【注释】

①啜（chuò）：哭泣，抽噎。

②惙（chuò）：忧愁。

③念：思考，考虑。引申为忧虑。

④惙然：叹气貌。

【译文】

啜，来源于"惙"，心里有所思虑，唉声叹气地发出这种声音。

12.166　嗟①，佐也，言之不足以尽意②，故发此声以自佐也③。

【注释】

①嗟（jiē）：叹息。

②不足以：不够格，不能够。尽意：充分表达心意。

③自佐：辅助自己。

【译文】

嗟，来源于"佐"，说话不能够充分表达心意，所以发出"嗟"声用以辅佐自己。

12.167　噫①，忆也②，忆念之③，故发此声忆之也。

【注释】

①噫（yī）：叹词。表示悲痛或叹息。

②忆：思念，想念。

③忆念：思念。

【译文】

噫，来源于"忆"，想念他，所以发出"噫"声来表达对他的思念。

12.168　呜①，舒也②，气愤满③，故发此声以舒写之也④。

【注释】

①呜（wù）：哀伤。

②舒：抒发，发泄。

③气：指精神状态，情绪。愤满：充盈于内而发于外。

④舒写（xiè）：同"舒泻"。抒发，发泄。写，同"泻"。倾泻。

【译文】

呜，来源于"舒"，情绪充盈，所以发出"呜"声用以发泄出去。

12.169　念①，黏也②，意相亲爱③，心黏著不能忘也④。

【注释】

①念：思念，怀念。

②黏（nián）：胶附，黏合。

③意：情意，感情。亲爱：亲近喜爱。

④黏著（zhuó）：黏连在一起。

【译文】

念，来源于"黏"，个人的情意对另一人亲近喜爱，心里牵挂着对方难以忘怀。

12.170　忆①,意也②,恒在意中也③。

【注释】

①忆:思念,想念。

②意:胸怀,内心。

③恒:长久,固定。意中:心里。

【译文】

忆,来源于"意",长久地存留在心里。

12.171　思,司也①,凡有所司捕②,必静思③。"忖"亦然也④。

【注释】

①司(sì):同"伺"。窥伺,窥探。暗中观察或监视。

②司捕:犹"伺捕"。暗中侦察并抓捕。

③静思:沉静地思考、省察。

④忖(cǔn):思量,揣度。

【译文】

思,来源于"司",凡是要侦察并抓捕什么人,必定沉静地思考省察。"忖"也是这样。

12.172　克①,刻也②,刻物有定处③,人所克念有常心也④。

【注释】

①克:通"刻"。铭记。

②刻:雕镂。

③定处：固定之处。

④克念：记念，怀念。常心：固定不变的心。

【译文】

克，来源于"刻"，雕刻物品有固定的地方，人对怀念的人和事物有长久不变的心迹。

12.173　虑①，旅也②。旅，众也。《易》曰："一致百虑。"③虑及众物④，以一定之也⑤。

【注释】

①虑：思考，谋划。

②旅：众，众多。

③一致百虑：语见《周易·系辞下》。趋向虽然相同，却有各种考虑。常指虑虽百端，理归于一。致，指思想的趋归。《周易·系辞下》："天下同归而殊涂，一致而百虑。"孔颖达疏："'一致而百虑'者，所致虽一，虑必有百。言虑虽百种，必归于一致也。"

④众物：万物，诸物。

⑤一：相同，一样。定：确定，规定。

【译文】

虑，来源于"旅"。旅，就是众多。《周易》里说："趋向虽然相同，却有各种思虑。"考虑到万事万物，用一个道理确定下来。

释饮食第十三

【题解】

　　饮食,既是动词,指吃喝,如《尚书・酒诰》:"尔乃饮食醉饱。"又是名词,指饮料和食品,如《诗经・小雅・楚茨》:"苾芬孝祀,神嗜饮食。"本篇解释饮食相关词语的得名之由,包括饮食动作词语,主食名称及主食烹制方法词语,调料名称及烹制方法词语,肉类名称及储存、烹制方法词语,饮品名称及加工方法词语,果蔬的腌制等加工储存方法词语,海鲜的再加工烹制方法词语以及借用的非本族食品名称词语,堪称古代烹饪文化的小百科全书。

　　13.1　饮^①,奄也^②,以口奄而引咽之也^③。

【注释】

①饮:喝。

②奄:覆盖。引申为尽,包括。又同"掩"。关闭,掩藏。

③引:收纳,引进。

【译文】

饮,来源于"奄",用口掩盖然后吸纳吞咽下去。

13.2　食①,殖也②,所以自生殖也③。

【注释】

①食:吃饭,进餐。

②殖:增加,增长。

③生殖:孳生,生长。

【译文】

食,来源于"殖",是保障自身生长发育的行为。

13.3　啜①,绝也②,乍啜而绝于口也③。

【注释】

①啜(chuò):食,饮。

②绝:断绝,净尽。也指竭,尽。

③乍:暂,短暂。引申为初,刚刚。

【译文】

啜,来源于"绝",刚刚吃进去不久就从嘴里消失了。

13.4　餐①,干也②,干入口也③。

【注释】

①餐:吃,吞食。

②干(gān):没有水分或水分很少。

③入口:进入嘴中。此指饮食。

【译文】

餐,来源于"干",干巴巴的食物进入嘴里。

13.5　吮[1]，循也[2]，不绝口[3]，稍引滋液[4]，循咽而下也[5]。

【注释】

①吮（shǔn）：用嘴吸。

②循：沿着，顺着。

③绝口：闭口，住口。

④稍：略微，稍微。滋液：唾液。液，原作"汋"，为"液"的形讹。详见8.19"液，泽也，有润泽也"条注释①。

⑤咽（yān）：咽喉。

【译文】

吮，来源于"循"，不闭口，稍微吸引一些唾液，顺着咽喉吞下。

13.6　嗽[1]，促也[2]，用口急促也[3]。

【注释】

①嗽（suō）：吮吸。

②促：急速，紧迫。

③急促：快而短促。

【译文】

嗽，来源于"促"，用嘴急促地吸食。

13.7　含[1]，合也，合口停之也[2]。衔亦然也[3]。

【注释】

①含：置物于口中，既不咽下也不吐出。

②合口：闭口，使嘴合拢。

③衔：含在嘴里，用嘴咬着。

【译文】

含，来源于"合"，闭上嘴让物品停留。"衔"也是这样。

13.8　咀①，藉也②，以藉齿牙也③。

【注释】

①咀（jǔ）：嚼，嚼食。

②藉（jiè）：以物衬垫。

③齿牙：牙齿。

【译文】

咀，来源于"藉"，用食物衬垫在上下牙齿之间。

13.9　嚼①，削也②，稍削也③。

【注释】

①嚼（jiáo）：用牙齿磨碎食物，咀嚼。

②削（xiāo）：分，割裂。

③稍：渐，逐渐。

【译文】

嚼，来源于"削"，逐渐地割裂食物。

13.10　鸟曰"啄"①，如啄物②，上复下也③。

【注释】

①啄：鸟用嘴取食。

②啄物：叩击物品。啄，叩击。

③复：又，更，再。

【译文】

鸟吃食叫作"啄"，就像叩击物品，一上又一下。

13.11　兽曰"啮"①。啮，齾也②，所临则秃齾也③。

【注释】

①啮（niè）：咬。

②齾（yà）：缺齿。引申为残缺、挫损。

③临：碰上，逢着。则：立即，马上。秃：脱落。又指物体失去尖端。

【译文】

兽吃食叫作"啮"。啮，来源于"齾"，碰上的东西立马破损脱落。

13.12　饼①，并也②，溲面使合并也③。

【注释】

①饼：古称烤熟或蒸熟的面食。后专指扁圆形的用面粉、米粉等做成的食品。

②并：合并，并合。

③溲（sǒu）面：和面。溲，以液体调和粉状物。

【译文】

饼，得名于"并"，加水和面使它们结合到一起。

13.13　胡饼①，作之大漫沍也②。亦言以胡麻著上也③。蒸饼、汤饼、蝎饼、髓饼、金饼、索饼之属④，皆随形而名之也。

【注释】

①胡饼：指经烘烤制成的面饼。由西域胡人传入，故名。

②漫沍(hú)：囫囵模糊的样子。

③胡麻：即芝麻。相传得其种于西域胡人，故名。著(zhuó)：依附，附着。

④蒸饼：蒸制而成的面饼。即馒头。汤饼：水煮的面片之类的食品。蝎饼：一种面食，又称"蝎子""截饼"。北魏贾思勰《齐民要术·饼法·细环饼截饼》："截饼一名'蝎子'，皆须以蜜调水溲面。若无蜜，煮枣取汁。牛羊脂膏亦得，用牛羊乳亦好，令饼美脆。"髓饼：用骨髓油等和面做成的饼。《齐民要术·饼法·髓饼法》："以髓脂、蜜合和面，厚四五分，广六七寸，便著胡饼炉中令熟，勿令反覆，饼肥美可经久。"金饼：外面有一层黄豆之类细粉的饼，因色黄而得名。又，经油煎炸后的面饼色泽金黄，也可能是油煎之饼。索饼：即面条，以其细长如线索而得名。

【译文】

胡饼，做出的是囫囵一团。也说的是用芝麻附着在上面。蒸饼、汤饼、蝎饼、髓饼、金饼、索饼之类的，都是根据它们的形状命名的。

13.14　糁①，敆也②，相黏敆也③。

【注释】

①糁(sǎn)：以米和羹。

②敆(rǔ)：黏。

③黏敆：黏着，黏连在一起。

【译文】

糁，得名于"敆"，互相黏连在一起。

13.15　饵①，胹也②，相黏胹也③。兖、豫曰"糖餰"④，就形名之也⑤。

【注释】

① 饵(ěr)：糕饼。

② 胹(ér)：原作"而"，段玉裁校作"濡(ér)"，据此改作"胹"(同"濡")。下同。胹，以汁调和烹煮。

③ 黏胹：调和黏着在一起。

④ 兖(yǎn)：即兖州。汉武帝所置十三刺史部之一。约当今山东西南部及河南东部地区。豫：豫州。约当今淮河以北、伏牛山以东河南东部、安徽北部地区。糖䬰(tí)：原作"溏浃"，据《原本玉篇残卷》及成蓉镜、许克勤等校改。《原本玉篇残卷》收罗振玉影印《玉篇》残卷，"餹(糖)"字条引《释名》作："兖、豫谓饵曰餹䬰也。"(中华书局1985年版，95页)成蓉镜补证："案'溏浃'疑即'餹䬰'之讹。《集韵》：'䬰，饵也，兖、豫谓之餹䬰。'当本此。"糖䬰，一种甜饼。按，此条原书另起，据卢文弨、段玉裁、疏证本等与上条合并。

⑤ 就：依从，按照。

【译文】

饵，得名于"胹"，互相调和黏连在一起。兖州、豫州叫作"糖䬰"，是按照它的形状命名的。

13.16　糍①，渍也②，烝糁屑③，使相润渍④，饼之也⑤。

【注释】

① 糍(cí)：用稻米、黍米的粉粒制成的糕饼。现在叫"糍粑""糍糕"。

② 渍(zì)：浸润，湿润。

③ 烝：原作"丞"，据疏证本、吴志忠本校改。疏证本曰："今本讹作'丞'，据《太平御览》引改。"烝，用蒸汽加热，后作"蒸"。糁

(sǎn):原作"燥",林海鹰《〈太平御览〉引〈释名·释饮食〉考》:"糁,《说文》:'以米和羹也。'故有粘性,以'糁'先讹为'燦'又讹为'燥'。"按,"燦"非"燥"之讹,实为"燥"之俗写。"燥"又有俗写作"燦"的,《释名》此条之"糁(糁)"应是讹为"燦",而成为"燥"的。或者,"糁"又可写作"糅",而讹为"燥"。糁,米粒,粮食碎屑。

④润渍:滋润。饼:此指做饼,使成饼。

⑤饼:做饼,使成饼。

【译文】

糤,得名于"渍",蒸谷米的碎屑,使它们滋润,做成饼。

13.17   饙①,分也,众粒各自分也。

【注释】

①饙(fēn):蒸饭,米煮半熟后漉出再蒸熟。

【译文】

饙,得名于"分",谷米的众多碎粒各自分散。

13.18   飧①,散也②,投水于中解散也。

【注释】

①飧(sūn):熟食品,用水泡饭。

②散(sàn):分散,由聚集而分离。

【译文】

飧,得名于"散",把水浇到饭里让饭分散。

13.19   羹①,汪也②,汁汪郎也③。

【注释】

①羹:原作"嘆",据卢文弨、疏证本等校改。疏证本曰:"羹,今本讹作'叹',据《初学记》《太平御览》引改。《仪礼·士昏礼》有'大羹湆(qì)',湆,汁也。则羹,多汁者也,故曰'汁汪郎'。"羹,用肉类或菜蔬等制成的带浓汁的食物。

②汪:池,水或其他液体停积处。又指液体聚积。

③汪郎:犹"汪汪"。汁水或其他液体聚积、充盈貌。

【译文】

羹,得名于"汪",汁水汪汪。

13.20　臛^①,蒿也^②,香气蒿蒿也^③。

【注释】

①臛(hè):同"臛"。肉羹。

②蒿:通"歊(xiāo)"。气蒸发的样子。

③香气:芳香的气味。蒿蒿:犹"歊歊"。气体浮生貌。

【译文】

臛,得名于"蒿",气味香喷喷的。

13.21　糜^①,煮米使糜烂也^②。

【注释】

①糜(mí):稠粥。

②米:去皮的谷实。糜(mí)烂:碎烂。糜,碎烂,毁坏。

【译文】

糜,烹煮谷米使之碎烂。

13.22　粥①,濯于糜②,粥粥然也③。

【注释】

①粥:稀饭。也泛指用粮食或粮食加其他东西煮成的半流质食物。
　引申为软弱,柔弱。

②濯(zhuó):本是清洗之义,引申为明净义。这里指粥稀。

③粥粥:柔弱无能貌。此指粥柔烂。

【译文】

粥,比糜更稀,柔烂的样子。

13.23　浆①,将也②,饮之寒温、多少③,与体相将顺也④。

【注释】

①浆(jiāng):古代一种微酸的饮料。

②将:顺从。

③寒温:冷热。

④将顺:顺势,顺应。

【译文】

浆,得名于"将",喝它时的冷热、多少,要与身体相适应。

13.24　汤①,热汤汤也。

【注释】

①汤:沸水,热水。

【译文】

汤,热腾腾的样子。

13.25　酪①,泽也②,乳汁所作③,使人肥泽也④。

【注释】

①酪(lào):用牛、羊、马等的乳汁炼制成的食品,有干、湿二种,干者
　成块,湿者为浆。

②泽:光亮,润泽。

③乳汁所作:原作"乳作汁所",据疏证本校改。疏证本曰:"乳汁所
　作,今本误作'乳作汁所',据《艺文类聚》《太平御览》引改。"

④肥泽:肌肉丰润。

【译文】

酪,得名于"泽",用牛、羊、马等的乳汁炼制而成,能够使人肌肉丰
满皮肤光润。

13.26　齑①,济也②,与诸味相济成也③。

【注释】

①齑(jī):调味用的姜、蒜、葱、韭等菜的碎末。

②济(jì):救助,补益。

③诸:众,各种。济成:相助促成。

【译文】

齑,得名于"济",与各种味道相助促成。

13.27　菹①,阻也②,生酿之③,遂使阻于寒温之间④,不
得烂也。

【注释】

①菹(zū):腌菜。

②阻:隔绝,断绝。可能指封坛。

③酿:切割拌和,糅合。

④遂(suì):于是,就。寒温之间:不冷不热的中等温度。

【译文】

菹,得名于"阻",把生的蔬菜切割拌和,于是使它们隔绝封闭在不冷不热的温度中,不致于烂掉。

13.28　酴①,投也②,味相投成也③。

【注释】

①酴(tú):酱名。

②投:合,投合。

③投成:合成。

【译文】

酴,得名于"投",味道互相投合而成。

13.29　醢①,晦也②,冥也③。封涂使密④,冥乃成也。醢多汁者曰"醓"⑤。醓,潭也⑥,宋、鲁人皆谓汁为"潭"⑦。醢有骨者曰"臡"如吮反⑧。臡,胒也⑨,骨肉相搏胒无汁也⑩。

【注释】

①醢(hǎi):肉酱。

②晦(huì):原作"海",据段玉裁、疏证本等校改。晦,昏暗,不明亮。
　　也指掩蔽。

③冥:昏暗。也指隐藏,幽深。

④封涂:用泥土堵塞孔穴。

⑤醓:原作"醯(xī)",据蔡天祐刊本、《逸雅》本等校改。醓(tǎn):

原作"醯",据疏证本、吴志忠本等校改,下同。疏证本校作"监",
曰:"郑注《周礼·醢人职》云:'醢,肉汁也。'今本'监'作'醯',
误。""监"同"醢"。吴志忠本校作"醢"。醢,肉汁。

⑥渖(shěn):汁。

⑦宋:周代诸侯国名。故地在今河南商丘。鲁:周代诸侯国名。故
地在今山东兖州东南至江苏沛县、安徽泗县一带。

⑧齯(ní):有骨的肉酱。亦泛指肉酱。

⑨胒(nì):油腻,黏腻。

⑩搏胒:粘附,胶着。搏,通"傅"。附着。

【译文】

醢,得名于"晦",昏暗不明。用泥土涂抹坛口使坛子密封,幽闭掩
藏才能成功。肉酱多汁的叫作"醢"。醢,得名于"渖",宋国、鲁国一带
的人都把汁叫作"渖"。肉酱有骨头的叫作"齯"。齯,得名于"胒",骨
头与肉互相粘附胶着而没有汁水。

13.30　豉①,嗜也②,五味调和③,须之而成④,乃可甘嗜
也⑤。故齐人谓"豉"⑥,声如"嗜"也。

【注释】

①豉(chǐ):即豆豉。用煮熟的大豆发酵后制成,有咸、淡两种,供调
味用,淡的也可入药。也有用小麦制成的。

②嗜:爱好,喜爱。

③五味:指酸、甜、苦、辣、咸五种味道。调和:烹调,调味。

④须:等待。

⑤甘嗜:嗜好。甘,嗜好,爱好。

⑥齐:古国名。在今山东泰山以北黄河流域和胶东半岛地区。

【译文】

豉,得名于"嗜",酸、甜、苦、辣、咸五种味道调和,等待一段时间而

成,就可以甜美地品尝了。所以齐国一带的人说"豉",发音如同"嗜"。

13.31　曲（麴）^①,朽也,郁之使生衣朽败也^②。

【注释】

①曲（qū,麴）:酒曲,酿酒用的发酵剂。

②郁:蕴蓄,蕴藏。生衣:即俗称的发霉长毛。衣,蒙覆在表面的东西,这里指酒曲表面茂盛的菌丝。朽败:腐烂,朽坏。

【译文】

曲（麴）,得名于"朽",蕴藏起来让它长毛腐败。

13.32　蘖^①,缺也^②,渍麦覆之^③,使生牙开缺也^④。

【注释】

①蘖（niè）:原作"蘖",据邵晋涵校改。邵晋涵曰:"以意改。"蘖,酒曲。

②缺:破损,残缺。

③渍（zì）:浸泡。麦:原作"麦",据疏证本、吴志忠本等校改。胡楚生《释名考》曰:"慧琳《音义》卷五十四引此条,'麦'作'麦'。"按,"麦"字俗写或作"麦",形近而讹为"麦"。

④生牙:生芽。牙,通"芽",植物的幼芽。

【译文】

蘖,得名于"缺",浸泡麦子并且覆盖,让它打开缺口生出芽来。

13.33　鲊^①,菹也^②,以盐米酿之如菹,熟而食之也。

【注释】

①鲊（zhǎ）:用腌、糟等方法加工的鱼类食品。泛指腌制食品。

②菹（zū）：原书此处空缺一字，蔡天祐刊本、瑞桃堂刻本等作"渀"，据段玉裁、疏证本等校改。疏证本曰："今本作'渀'也，据《广韵》《太平御览》引改。"按，疏证本所谓"今本"，指蔡天祐刊本。菹，腌菜。

【译文】

鲊，得名于"菹"，用盐和米拌和就像腌菜那样，煮熟后吃它。

13.34　腊①，干昔也②。

【注释】

①腊（xī）：干肉。

②昔：同"腊"。晒干，制成干肉，保持干燥。

【译文】

腊，晒干制成。

13.35　脯①，搏也，干燥相搏著也②。又曰"脩"③。脩，缩也，干燥而缩也。

【注释】

①脯（fǔ）：干肉。

②搏著（zhuó）：附着。搏，通"傅"。

③脩（xiū）：干肉。

【译文】

脯，得名于"搏"，干巴巴的紧贴着。又叫作"脩"。脩，得名于"缩"，干巴巴的紧缩着。

13.36　膊①，迫也②，薄掠肉③，迫著物使燥也④。

【注释】

①脯（pò）:（捶打后）晒干的肉。

②迫:逼近,接近。

③挔（zhuó）:敲打,槌击。

④迫著（zhuó）:犹"薄著"。紧贴。

【译文】

脯,得名于"迫",薄薄地捶打肉,贴在物体上使它干燥。

13.37　脍①,会也,细切肉令散②,分其赤白异切之③,已乃会合和之也④。

【注释】

①脍（kuài）:细切的鱼肉。

②散（sàn）:分散,由聚集而分离。

③赤白:红色与白色。异:区别,分开。

④已:完毕。会合:聚集,聚合。和（huò）:掺合,混杂。

【译文】

脍,得名于"会",细细地切开肉使它们散开,区分红肉与白肉的不同来切,切完后再聚拢掺和到一起。

13.38　炙①,炙也②,炙于火上也。

【注释】

①炙（zhì）:烤熟的肉食。

②炙:烤。

【译文】

炙,得名于"炙",在火上炙烤。

13.39　脯炙^①,以饧密、豉汁淹之^②,脯脯然也^③。

【注释】

①脯炙:用晒干的肉烤成的食品。

②饧(táng)密:即"饧蜜"。蜜糖。饧,同"糖"。密,通"蜜"。豉汁:淡豆豉加入椒、姜、盐等的加工制成品。淹:用盐、香料等浸渍食物以利保藏。后作"醃",同"腌"。

③脯脯然:干巴巴的。黎锦熙《"巴"字十义及其复合词和成语》:"'脯脯然'者,即近代语之'巴巴的'也。(详下释训。按:顾千里校《释名》,后六字改作'淹而炙之,如脯然也';王先谦曰:'脯脯,无义。'皆不明古音,不证方俗,致失审谛。)'脯'本干肉,引申得为'凡物之干而腊者'之称,北京特产有'果脯'者(即枣杏桃李之类,以饧蜜淹而干之者),其名可谓雅训。"

【译文】

脯炙,把晒干的肉用蜜糖、豆豉汁腌浸然后烤熟,干巴巴的。

13.40　釜炙^①,于釜汁中和熟之也。

【注释】

①釜炙:在釜中用汤汁煮熟的肉食。釜,古炊器。敛口,圆底,或有二耳。其用如鬲,置于灶口,上置甑以蒸煮。

【译文】

釜炙,在釜里盛装的汁水中掺和煮熟。

13.41　脂^①,衔也^②,衔炙^③。细宓肉^④,和以姜、椒、盐、豉^⑤,已乃以肉衔裹其表而炙之也^⑥。

【注释】

①脴（hàn）：烤肉。

②衔（xián）：包含，藏。

③衔炙：一种烤炙鹅鸭等家禽的方法。

④细宓：犹"细密"。细小而密集。宓，同"密"。

⑤椒：花椒。芸香科，落叶灌木或小乔木，具有香气。果实可做调味
　的香料，也可供药用。其种子亦用以和泥涂壁。

⑥衔裹：包裹，包含。表：外边，外面。

【译文】

　　脴，得名于"衔"，也就是衔炙。细小密集的肉丝，拌和姜丝、花椒、
食盐、豆豉，完成后用鹅鸭的肉包裹在外表炙烤。

　　13.42　貊炙①，全体炙之②，各自以刀割，出于胡貊之
为也③。

【注释】

①貊（mò）炙：流行于胡人和貊人中的将整个羊或猎物在火上烧烤
　熟后用刀割取而吃的食品。貊，古代北方部族。

②全体：指整个身体。

③胡貊：亦作"胡貉"，古代称北方各民族。胡，古代对北方和西方
　民族的称呼。

【译文】

　　貊炙，把整个羊或猎物在火上烧烤熟，再各自用刀割取而吃，是出自
北方民族的行为。

　　13.43　脍炙①，细切猪、羊、马肉，使如脍也②。

【注释】

①脍炙:原作"脍",吴志忠本、佚名增"炙"字连上,据补。脍炙,炙烤并细切的肉。脍,泛指切割。

②脍:细切的鱼肉。

【译文】

脍炙,细细地切割猪肉、羊肉、马肉,使它们像细切的鱼肉那样。

13.44　生脠①,以一分脍、二分细切合和②,挺搅之也③。

【注释】

①生脠(shān):生肉酱。《齐民要术·作酱法》:"生脠法:羊肉一斤,猪肉白四两,豆酱清渍之,缕切。生姜、鸡子,春秋用苏、蓼(liǎo)著之。"

②细切:将生姜、橘皮、紫苏、香蓼等切成细丝做配料。合和(huò):掺合,混合。

③挺(shān)搅:搅和。挺,揉,和。

【译文】

生脠,用一份细切的肉、两份切成细丝的配料混合在一起,并揉和搅拌它们。

13.45　血䏑①,以血作之,增其酢、豉之味②,使甚苦③,以消酒也④。

【注释】

①血䏑(kàn):血羹。䏑,原作"胎",据疏证本、苏舆校改。䏑,凝血制成的食品。

②酢(cù):同"醋"。一种酸味的液体调料。多以粮食经发酵酿制

而成。

③甚:原作"苦",为"甚"之形讹,据蔡天祐刊本等改。

④消酒:解酒,醒酒。

【译文】

血䐌,用血做成,添上醋、豆豉的味道,使它变得很苦,用来解酒。

13.46　膏饡①,消膏而加菹其中②,亦以消酒也。

【注释】

①膏饡(zàn):原书无,据卢文弨、疏证本校补。疏证本曰:"今本脱此二字。案,下文有'如膏饡'之语,即谓此也。今据补。"按,"如膏饡"见13.52条。膏饡,油脂拌米饭。膏,脂肪,油脂。饡,以羹浇之饭。

②消:通"销"。熔化。

【译文】

膏饡,熔化油脂并且加腌菜到里面,也可以用来解酒。

13.47　生渝葱、薤曰"兑"①,言其柔滑②,兑兑然也③。

【注释】

①渝(yuè):浸渍。薤(xiè):多年生草本植物。地下有圆锥形鳞茎,叶丛生,细长中空,断面为三角形,伞形花序,花紫色。鳞茎又叫"藠(jiào)头",新鲜者可作蔬菜,干燥者可入药。兑:通"䵮(duì)"。切碎的腌菜。

②柔滑:柔软润滑。

③兑兑:柔滑貌。

【译文】

生腌的葱、薤头叫作"兑",说的是它们柔软滑润,滑溜溜的样子。

13.48　韩羊、韩兔、韩鸡①,本法出韩国所为也②,犹酒言"宜成醪""苍梧清"之属也③。

【注释】

①韩羊:以韩国烹饪法制作的羊肉。"韩兔""韩鸡"例此。一说韩羊即寒羊。

②韩国:周朝的诸侯国之一,战国七雄之一,国君为姬姓韩氏,是晋国大夫韩武子(晋武公叔父)的后代。前230年被秦国所灭,所在地设置颍川郡。或指朝鲜半岛。周武王战胜商纣,封箕子于朝鲜,肃慎、燕、亳(貊)等归周武王之子治下的韩国统治。后韩国被晋国所灭,其所统治的貊受猃狁所逼,逃到中国东北以及朝鲜半岛。汉朝建立后,在朝鲜半岛南部出现马韩、辰韩、弁韩,合称"三韩"。辰韩人是秦朝时逃避秦役的黔首,马韩割让东部土地给予他们,弁韩人和辰韩人杂居。马韩是三韩中最大的一个,后被百济统一。弁韩发展为后来的加罗。辰韩发展为后来的新罗。三韩是现在朝鲜族的直系祖先,也是如今韩国国名得来的原因。所为:所做。

③宜成醪(láo):酒名。也称"宜城酒"。古代襄州宜城(今湖北宜城)所产美酒。据《方舆胜览》记载,宜城县东一里有金沙泉,造酒极美,世谓宜城春,又名竹叶酒。醪,汁渣混合的酒,又称浊酒,也称"醪糟"。又为酒的总称。苍梧清:酒名。苍梧,郡名。西汉元鼎六年(前111)置。治所在广信县(今广西梧州)。辖今广西都庞岭、大瑶山以东,广东肇庆、罗定以西,湖南江永、江华以南,广西藤县、广东信宜以北。清,滤去汁滓的甜酒。

【译文】

韩羊、韩兔、韩鸡，本来是韩国创造的烹饪法，就好像酒叫作"宜成醪""苍梧清"之类。

13.49　腤①，奥也②，藏肉于奥内③，稍出用之也④。

【注释】

①腤（ào）：贮藏肉类。字或作"奥"。

②奥：室内西南隅。泛指室内深处。

③奥内：室内隐奥的地方。内，内室。

④稍：渐，逐渐。

【译文】

腤，得名于"奥"，把肉贮藏在室内隐蔽的地方，逐渐地拿出食用。

13.50　脬①，赴也②，夏月赴疾作之③，久则臭也。

【注释】

①脬（pāo）：鼓起而松软的食品，如鱼鳔之类。

②赴：急速。

③夏月：夏天。赴疾：急疾。

【译文】

脬，得名于"赴"，夏天的时候要急急忙忙地做，时间一长就臭了。

13.51　粉干①，切猪肉以梧②，粉干其中而和之也。

【注释】

①粉干：猪肉食品名。疑即今之粉蒸肉。粉，原作"分"，据篆字疏

证本校改。篆字疏证本曰："粉,今本作'分',据谊改,下同。"

②梧:叶德炯曰："'梧'当读为'枝梧'之'梧',谓斜解也。《史记·项羽纪》:'莫敢枝梧。'集解引臣瓒曰:'斜柱曰梧。'"梧,支撑。此指堆放。

【译文】

粉干,切好猪肉块堆放着,用米粉等配料掺杂在里面搅和在一起。

13.52　肺腿①,腿②,鑽也,以米糁之③,如膏鑽也。

【注释】

①肺腿(sǔn):肉类食品名。

②腿:将熟肉切了再煮。

③糁(sǎn):杂,混和。

【译文】

肺腿,腿,得名于"鑽",用米掺杂,就像用猪油和稻米粉制作的膏鑽那样。

13.53　鸡纤①,细擗其腊令纤②,然后渍以酢也③。兔纤亦如之④。

【注释】

①鸡纤(xiān):鸡肉丝。纤,细小,微细。

②擗(pǐ):分开,剖裂,擗开。腊(xī):干肉。

③渍(zì):腌渍,浸泡。酢(cù):同"醋"。

④兔纤:兔肉丝。如之:如此,像这样。

【译文】

鸡纤,把鸡肉干细细地切成丝,然后用醋浸渍。兔纤也像这样。

13.54　饧①,洋也②,煮米消烂③,洋洋然也④。

【注释】

①饧(xíng):用麦芽或谷芽熬成的饴糖。

②洋:用同"烊(yáng)"。熔化,融化。

③消烂:糜烂。

④洋洋:充满的样子,义同"汪汪"。

【译文】

饧,得名于"洋",把米煮得稀烂,汁水汪汪的样子。

13.55　饴①,小弱于饧②,形怡怡也③。

【注释】

①饴(yí):饴糖。用米、麦芽熬成的糖浆。

②小弱:弱小。这里指与"饧"相比,饴较稀、软。

③怡怡:和顺的样子。

【译文】

饴,形体比饧弱小,软绵绵的样子。

13.56　餔①,哺也②,如饧而浊,可哺也。

【注释】

①餔(bù):原作"哺",据段玉裁、疏证本等校改。餔,用糖渍的干果。

②哺:原作"餔",据段玉裁、疏证本等校改,下同。哺,给幼儿喂食。

【译文】

餔,得名于"哺",像饧那样而更浓稠,可以喂给幼儿吃。

13.57　酒,酋也①,酿之米、曲（麴）②,酋泽久而味美也③。亦言"蹴"也④,能否⑤,皆强相蹴待饮之也⑥;又入口咽之,皆蹴其面也⑦。

【注释】

①酋（qiú）:原作"酉",据段玉裁校及篆字疏证本校改,下同。酋,陈酒,久酿的酒。引申指久熟、精熟。

②之:介词。相当于"以"。曲（qū,麴）:酒曲。

③酋泽（yì）:指酿造精熟的酒。泽,原作"释",据蔡天祐刊本、疏证本等以及13.63"醳酒,久酿酋泽也"校改。泽,通"醳（yì）"。醇酒。

④蹴（cù）:通"麆"。聚拢,收拢。

⑤能否:能够或不能够。此指不管能不能喝酒。

⑥强（qiǎng）:劝勉,强迫。待:通"持"。执持,拿着。

⑦蹴（cù）:通"麆"。皱缩。

【译文】

酒,得名于"酋",用谷米、酒曲酿造,酿造精熟的酒时间越久味道越好。也说的是"蹴",不管能喝不能喝的人,大家都劝勉着相互聚拢端起喝掉它;又形容喝进嘴里并咽下时,都皱着脸皮。

13.58　缇齐①,色赤如缇也②。

【注释】

①缇齐（tí jì）:五齐之一。古代按酒的清浊,将之分为五等,合称"五齐"。由浊至清排列,依次是:泛齐、醴齐、盎齐、缇齐、沉齐。缇齐因颜色赤红如缇而得名。齐,带糟的浊酒。

②缇:橘红色的丝织物。一说赤色的丝织物。

【译文】

缇齐,酒的颜色红得像缇那样。

13.59　盎齐^①,盎^②,滃滃然浊色也^③。

【注释】

①盎齐(àng jì):五齐之一。呈白色。

②盎:浊酒。

③滃滃(wěng):犹"翁翁(wěng)"。形容葱白色。

【译文】

盎齐,盎,白花花的酒颜色浑浊。

13.60　泛齐^①,浮蚁在上^②,泛泛然也^③。

【注释】

①泛齐(jì):五齐之一。因酒色最浊,上有浮沫,故名。

②浮蚁:此指酒面上的浮沫。

③泛泛:漂浮貌,浮行貌。

【译文】

泛齐,浮沫在酒面上,漂漂荡荡的样子。

13.61　沉齐^①,浊滓沉下^②,汁清在上也。

【注释】

①沉齐(jì):五齐之一。指糟滓下沉的清酒。

②浊滓:浑浊的渣滓。

【译文】

沉齐,酒的渣滓沉淀下去,清的酒水在上面。

13.62　醴齐[①],醴,礼也[②],酿之一宿而成礼[③],有酒味
而已也。

【注释】

①醴齐(lǐ jì):五齐之一。醴酒,甜酒。

②礼:通"体"。整体,总体。《周礼·天官·酒正》"二曰醴齐"贾公
彦疏:"醴,体也。此齐孰时,上下一体,汁滓相将,故名'醴齐'。"

③一宿(xiǔ):一夜。成礼:成为一体。指酒汁与酒糟混合,糟滓既
不漂浮又不下沉的状态。

【译文】

醴齐,醴,得名于"礼",酿造一个夜晚使汁、滓混为一体,出点酒味
就完成了。

13.63　醳酒[①],久酿酋泽也[②]。

【注释】

①醳(yì)酒:旨酒,醇酒。

②酋泽(yì):犹"酋醳"。酿造精熟的酒。酋,原作"酉",据段玉
裁、疏证本等校改。疏证本曰:"此《礼记》所谓旧绎之酒也。
'醳'当作'绎(繹)',从糸(mì),睪声;俗从酉,非。酋泽,从《说
文》当作'酋绎'。"泽,通"醳"。

【译文】

醳酒,长期酿造而精熟的酒。

13.64　事酒①,有事而酿之酒也②。

【注释】

①事酒:古指"三酒"中冬酿春成的新酒。三酒,指事酒、昔酒和清酒。

②有事:有事情。事,指天子、诸侯的国家大事,如祭祀、盟会、兵戎等。

【译文】

事酒,为有事的时候特意酿造的酒。

13.65　苦酒①,淳毒甚者②,酢苦也③。

【注释】

①苦酒:苦酸味的酒。

②淳毒:义同"淳笃"。质朴厚重。淳,深厚,浓厚。毒,厚,多。

③酢(cù):酸涩。

【译文】

苦酒,酒味特别浓厚,又酸又苦。

13.66　寒粥①,末稻米投寒水中②,育育然也③。

【注释】

①寒粥:寒水杂和米物制成之粥。

②末:粉碎,研为细末。稻米:稻谷的米粒。寒水:凉水。

③育育:活泼自如貌。

【译文】

寒粥,粉碎稻米倒进凉水里,晃晃荡荡的样子。

13.67　干饭①,饭而暴干之也②。

【注释】

①干饭:用小米、大米等粮食做成的干硬米饭。

②饭:煮熟的谷类食品。此指将谷类食品煮熟。暴(pù):晒。

【译文】

干饭,做好饭以后再晒干它。

13.68　糗①,龋也②,饭而磨之③,使龋碎也④。

【注释】

①糗(qiǔ):炒(蒸)熟的米麦面粉。也泛指干粮。按,本条起头正

　　逢行首,刻工忘记空一格,致使该条看似与上条相合为一条。据

　　疏证本、吴志忠本等另分为条。

②龋(qǔ):齿朽。此指朽。参见26.21条:"龋,朽也。"

③磨(mò):用磨子碎物。

④龋碎:朽碎。

【译文】

糗,得名于"龋",把粮食做熟后再用磨加工,使它朽碎。

13.69　糇①,候也②,候人饥(饑)者以食之也③。

【注释】

①糇(hóu):干粮。

②候:等候,等待。

③饥(饑):通"饥(飢)"。肚子空,饥饿。以:而。

【译文】

糇,得名于"候",等候人们饥饿的时候吃它。

13.70　煮麦曰"麮"①。麮亦"䫯"也,煮熟亦䫯坏也。

【注释】

①麮(qù):原作"䴴(móu)",据篆字疏证本、吴志忠本校改,下同。篆字疏证本曰:"今本作'煮麦曰䴴,䴴亦䫯也',盖冡上'糗、䫯也'之训,故云'亦䫯'。《太平御览》引作:'煮麦曰麮,麮,炙䫯也。''炙'乃'亦'字之讹也。案《说文》云:'䴴,来䴴,麦也。''麮,麦甘鬻也。'又'麮''䫯'声相近,则作'麮'为是,据改。"麮,大麦粥。按,《太平御览》卷八百五十九实际作"麮灬䫯","灬"是"亦"的俗写,篆字疏证本认作"炙",并说是"亦"之讹,误。按,本条原与上条不分,据疏证本、吴志忠本另分为条。

【译文】

煮麦粒叫作"麮"。麮,得名于"䫯",煮熟了也就朽烂了。

13.71　枣油①,捣枣实②,和以涂缯上③,燥而发之④,形似油也。杏油亦如之⑤。

【注释】

①枣:原作"柰(nài)",据卢文弨、段玉裁校等改,下同。朱彬校曰:"柰,卢据《齐民要术》引郑康成说作'枣'。"

②捣:舂,捶。枣实:枣子。

③和(huó):在粉状物中加液体搅拌或揉弄,使黏在一起。缯(zēng):古代丝织品的总称。

④燥:使干燥。发:揭开。

⑤杏:原作"柰",据卢文弨、段玉裁校等改。段玉裁曰:"《齐民要术》说'杏'引《释名》:'杏可以为油。'然则此句'杏油亦如之'。"篆字疏证本曰:"今本末句'杏油'亦作'柰油',误也,据

《太平御览》引改正。《齐民要术》说'柰油法',称郑康成曰:'枣油,捣枣实,和以涂缯上,燥而形似油也,乃成之。'与此相似,但非引《释名》,不可据改,姑识于此。"

【译文】

枣油,捣碎枣子,搅和以后涂在丝织品上,让它干燥后揭下来,形状像是油脂。杏油也是这样。

13.72　桃滥①,水渍而藏之②,其味滥滥然酢也③。

【注释】

①滥(làn):以干果浸渍于水中做成的清凉饮料。

②渍(zì):浸泡。

③滥滥:酸涩貌。

【译文】

桃滥,用水浸泡后收藏起来,它的味道酸溜溜的。

13.73　柰脯①,切柰暴干之如脯也②。

【注释】

①柰(nài):指柰树的果实。近于圆形,黄色或红色,可供食用。通称"柰子",也称花红、沙果、林檎。段玉裁校作"枣",下同。疏证本曰:"《齐民要术》说'枣脯法':'切枣暴之,干如脯也。'又说'作柰脯法':'柰熟时中破,暴干即成矣。'二法相仿,此似当作'枣脯',据《太平御览》引则实是柰脯。"脯(fǔ):干制的果仁和果肉。

②干之:段玉裁校作"之干"。

【译文】

奈脯,切开奈子晒干它就像肉干似的。

13.74　鲍鱼^①,鲍,腐也,埋藏奄^②,使腐臭也。

【注释】

①鲍鱼:盐渍鱼,干鱼。其气腥臭。鲍,盐渍,腌制。

②埋藏(cáng):掩埋隐藏。藏在泥土或其他细碎物体之中。奄(yǎn):覆盖。

【译文】

鲍鱼,鲍,得名于"腐",埋藏掩盖起来,让它腐烂发臭。

13.75　蟹胥^①,取蟹藏之^②,使骨肉解之^③,胥胥然也^④。

【注释】

①蟹胥(xū):蟹酱。

②取:捕捉,捉拿。藏:收藏,储藏。

③骨肉:骨壳和肉。解:分裂,分散。

④胥胥:松散貌。

【译文】

蟹胥,抓蟹并把它储藏起来,使蟹壳和肉分解,松松散散的样子。

13.76　蟹𧅖^①,去其匡脐^②,熟捣之^③,令如𧅖也。

【注释】

①蟹𧅖(jī):蟹酱。

②匡:螃蟹的背壳。脐:螃蟹腹部的甲壳。脐,吴志忠本校作"齐"。

吴翊寅校议："吴本作'匡齐'。案：'匡'即'筐'，'齐'即'脐'，谓蟹背腹也。"按，"脐"字古作"斎"或"齏"，原作"斎（齏）"，后隶定作"脐"。"脐"之古字形更接近"斎"，而"齐"通假为"脐"，故在吴校基础上校改作"脐"。

③熟捣：谓捣烂。熟，仔细，周密。引申指程度深。

【译文】

蟹斎，去掉蟹的背壳和腹壳，捣得碎烂，使它像酱菜那样。

13.77　桃诸①，藏桃也。诸②，储也，藏以为储待③，给冬月用之也④。

【注释】

①桃诸：犹"桃菹"。经过淹渍晾晒，供冬天食用的桃果。

②诸：干果。

③储待：犹"储偫（zhì）"。储备，特指存储物资以备需用。

④给（jǐ）：供给，供应。冬月：指冬天。

【译文】

桃诸，储藏的桃子。诸，得名于"储"，收藏起来作为粮食储备，供给冬天食用。

13.78　瓠蓄①，皮瓠以为脯②，蓄积以待冬月时用之也③。

【注释】

①瓠（hù）蓄：以瓠瓜、葫芦等做的干菜。

②皮：通"披"。分割，劈开。瓠：蔬类名。即瓠瓜。

③蓄积：积聚，储存。

【译文】

瓠蓄，割开瓠瓜做成干脯，储存起来等到了冬天食用。

释采帛第十四

【题解】

采帛,即"彩帛",指彩色丝绸。本篇解释了诸多颜色的得名之由。布帛织品与颜色息息相关,有好些表示颜色的字就是"纟"旁的,比如本篇提到的红、绿、绌、绛、缥、素等等,这些字兼有颜色名和布帛名的"双重身份"。

14.1　青①,生也,象物生时色也。

【注释】

①青:近于绿色、蓝色或黑色的颜色,如青草、青天、青丝等。

【译文】

青,得名于"生",像植物长出时的颜色。

14.2　赤①,赫也②,太阳之色也③。

【注释】

①赤:浅著色。亦泛指红色。

②赫:红色鲜明貌。又指明亮。

③太阳之色也：吴志忠本、佚名于"太阳"前增"赫赫"二字。

【译文】

赤，得名于"赫"，是太阳的颜色。

14.3　黄，晃也①，犹晃晃②，象日光色也。

【注释】

①晃（huǎng）：明亮，光明闪耀。

②晃晃：明亮貌。

【译文】

黄，得名于"晃"，犹如说"明晃晃"，像太阳光的颜色。

14.4　白，启也①，如冰启时色也。

【注释】

①启：开，分开。王先谦《释名疏证补》曰："白、启声不近，俟考。"
　疑"启"当作"破"。"启"原作"啓"，又可作"啟"，与"破"形近。
　"破"或作"皵"，也与"啟"形近。

【译文】

白，得名于"启"，好像冰块分开时的颜色。

14.5　黑，晦也①，如晦冥时色也②。

【注释】

①晦：昏暗，不明亮。

②晦冥：昏暗，阴沉。

【译文】

黑,得名于"晦",好像阴沉昏暗时的颜色。

14.6　绛①,工也②,染之难得色,以得色为工也。

【注释】

①绛(jiàng):深红色。

②工:巧,精。

【译文】

绛,得名于"工",染颜色时难以得到满意的颜色,把得到理想的颜色视为工巧。

14.7　紫①,疵也②,非正色③,五色之疵瑕④,以惑人者也⑤。

【注释】

①紫:蓝与红合成的颜色。

②疵(cī):小病。引申为缺点。

③正色:指青、赤、黄、白、黑五种纯正的颜色,其他为间色。

④五色:青、赤、黄、白、黑五种颜色。古代以此五者为正色。疵瑕:
　毛病,缺点。

⑤惑人:迷惑人。

【译文】

紫,得名于"疵",不是纯正的颜色,而是青、赤、黄、白、黑这五种纯正颜色的瑕疵,是会迷惑人的。

14.8　红①,绛也②,白色之似绛者也。

【注释】

①红：浅红色。

②绛：深红色。

【译文】

红，得名于"绛"，红中泛白像是绛色。

14.9 缃①，桑也，如桑叶初生之色也。

【注释】

①缃（xiāng）：浅黄色。也指浅黄色的绢帛。

【译文】

缃，得名于"桑"，犹如桑树的叶子刚刚生出。

14.10 绿，浏也①，荆泉之水②，于上视之，浏然绿色，此似之也。

【注释】

①浏（liú）：水深而清澈的样子。

②荆泉：在山东滕州城东北的后荆沟和俞寨附近，水注成潭，面积亩许。一说荆泉即长沙郡之浏水，源出大围山，西流经长沙入湘。二水交汇之际，水色迥别若泾渭，浏水清澈碧绿，湘水色白如霜，命名者可能以色分别二水。

【译文】

绿，得名于"浏"，荆泉的水，从上面看它，清凌凌的绿色，这就像它。

14.11 缥犹漂漂①，浅青色也。有碧缥②，有天缥③，有骨缥④，各以其色所象言之也。

【注释】

①缥（piǎo）：淡青色,青白色。今所谓月白。也指青白色的丝织品。

　漂漂（piāo）：轻浅浮泛的色彩,浅青色。

②碧缥：接近碧玉的青白色。

③天缥：天青色。

④骨缥：青黄色。

【译文】

缥犹如"漂漂",是浅淡的青色。有色如碧玉的碧缥,有色如青天的天缥,有色如骨头的骨缥,各自根据它们所类似的物体来称呼。

14.12　缁①,滓也②,泥之黑者曰"滓",此色然也③。

【注释】

①缁（zī）：黑色。

②滓（zǐ）：污垢。

③然：如此,这样。

【译文】

缁,得名于"滓",黑色的泥土叫作"滓",缁这种颜色就是这样的。

14.13　皂①,早也,日未出时,早起视物皆黑,此色如之也。

【注释】

①皂：黑色。

【译文】

皂,得名于"早",太阳没有出来的时候,早早起来看什么都是黑的,皂这种颜色就像它。

14.14　布^①,布也^②,布列众缕为经^③,以纬横成之也^④。又太古衣皮^⑤,女工之始始于是施布其法^⑥,使民尽用之也。

【注释】

①布:用植物纤维织成的可制衣物的材料。

②布:展开,铺设。

③布列:分布陈列,遍布。缕(lǚ):线。经:织物的纵线。与"纬"相对。

④纬:织物的横线。

⑤太古:远古,上古。衣(yì):穿(衣服)。

⑥女工:指女子所作纺织、刺绣、缝纫等事。始始:前"始"指始祖,后"始"指开始。是:通"时"。此时,那时,当时。施布:传布,散布。

【译文】

可制衣物的布,得名于展开铺设义的"布",分布铺列众多竖着的经线,用纬线横着来织成布。又说的是远古的时候人们穿着兽皮,女工的始祖从那时开始传布编织缝纫的方法,让众民都用上它。

14.15　疏者^①,言其经纬疏也^②。

【注释】

①疏:粗布。

②经纬:织物的纵线和横线。疏:稀疏。

【译文】

疏,是说粗布的经线和纬线稀疏。

14.16　绢^①,綒也^②,其丝綒厚而疏也^③。

【注释】

①绢：平纹的生丝织物，似缣而疏，挺括滑爽。

②絸（jiān）：原作"絤"，为"絸"字之形讹，据段玉裁、疏证本等校改，下同。段玉裁曰："《初学记》两引。絸，'古千'切，古'坚'字也，当从'糸'，'臣'声。"絸，同"坚"。坚固，牢固。

【译文】

绢，得名于"絸"，绢中的丝坚固厚实而又稀疏。

14.17　缣①，兼也②，其丝细致③，数兼于布绢也。

【注释】

①缣（jiān）：双丝织的浅黄色细绢。

②兼：两倍或两倍以上。此指两倍。

③细致：细密精致。

【译文】

缣，得名于"兼"，缣的丝细密精致，数量是绢的双倍。

14.18　细致①，染缣为五色，细且致②，不漏水也。

【注释】

①细致：细密的缯、练等丝织品。按，本条原与上条不分，据徐复校分开另立为条。徐复《〈释名〉补疏》："《释名》原本'细致'分列，不误。毕沅改之非是。《广雅·释器》：'致，练也。'王念孙疏证：'致，一名细致。《释名》："细致，染缣为五色，细致不漏水也。"《潜夫论·浮侈篇》云："从奴仆妾，皆服葛子升越，简中女布，细致绮縠，冰纨锦绣。"'"按，徐先生所说的"分列"，指"细致"单独为一个词头而言，与我们说的"与上条不分"不矛盾。

②致：密致，精密。

【译文】

细致，把缣染成青、赤、黄、白、黑五种颜色，又细又密，不漏水。

14.19　练①，烂也②，煮使委烂也③。

【注释】

①练：柔软洁白的丝绢。

②烂：本指食物煮得很熟后的松软状态。此指丝绢煮后松软的状态。

③委：通"萎"。柔软。

【译文】

练，得名于"烂"，把蚕茧煮得松软熟烂。

14.20　素①，朴素也②，已织则供用③，不复加巧饰也④。又物不加饰，皆自谓之素⑤，此色然也。

【注释】

①素：白色生绢。

②朴素：质朴，无文饰。

③供用：供给使用。

④不复：不再。巧饰：工巧装饰。

⑤自：自然，当然。

【译文】

素，因其朴素而得名，已经织出的就供给使用，不再加以工巧的装饰。又说的是物品不加装饰，当然都可以叫作"素"，这种颜色就是这样。

14.21　绨①，似蝀虫之色②，绿而泽也③。

【注释】

①绨（tí）：厚实平滑而有光泽的丝织物。

②螓（tí）：螗（táng）螓，一种小蝉，背青绿色，头有花冠。

③泽：光滑，光润，光亮。

【译文】

绨，因其像螗螓的颜色而得名，发绿而有光泽。

14.22　锦①，金也，作之用功重②，其价如金③。故其制字④，"帛"与"金"也。

【注释】

①锦：有彩色花纹的丝织品。

②用功：下功夫。重（zhòng）：繁重，大。

③其：原书前有"于"，据段玉裁、疏证本等删去。段玉裁曰："《初学记》无'于'字。"

④制字：造字。

【译文】

锦，得名于"金"，制作时下的功夫大，它的价值像黄金。所以为它造的字，是"帛"加上"金"。

14.23　绮①，欹也②，其文欹邪③，不顺经纬之纵横也。有杯文④，形似杯也。有长命⑤，其彩色相间⑥，皆横终幅⑦，此之谓也。言"长命"者，服之使人命长⑧，本造者之意也⑨。有棋文者⑩，方文如棋也。

【注释】

①绮（qǐ）：有花纹的丝织品。

②攲（qī）：歪斜，倾斜。

③文：纹理，花纹。攲邪：歪斜，倾斜。邪，不正。

④杯文：杯形的花纹。此指一种有杯形花纹的丝织品。

⑤长命：长寿。此指一种彩色相间的长花纹的丝织品。

⑥彩色：多种颜色。相间（jiàn）：相互隔开，一个隔着一个。

⑦横：横贯。终：整个，由始至终的。幅：指布帛或纸张。

⑧服：穿。

⑨造者：原作"造意"，据卢文弨、疏证本等校改。疏证本曰："造者，今本讹作'造意'，据《太平御览》引改。"

⑩棋文：棋盘上的方格式花纹。此指有棋文的丝织品。

【译文】

绮，得名于"攲"，它的花纹是倾斜的，不顺从经线的竖向和纬线的横向路线。有种绮叫杯文，花纹的形状像杯子。有种绮叫长命，它的多种颜色相互间隔，横贯穷尽整幅绮的宽度，说的就是这个。之所以叫作"长命"，是说穿着它能够使人寿命延长，本来是织造者的意图。有种绮叫棋文，方形的花纹像棋盘。

14.24　绫①，凌也②，其文望之，如冰凌之理也③。

【注释】

①绫（líng）：一种薄而细、纹如冰凌、光如镜面的丝织品。

②凌（líng）：冰，积聚的冰。

③冰凌：冰。理：纹路。

【译文】

绫，得名于"凌"，它的花纹看上去，犹如冰凌的纹理。

14.25　绣①，修也②，文修修然也③。

【注释】

①绣:用彩色线在布帛上刺成花、鸟、图案等。

②修:美好。

③文:纹理,花纹。修修:美好貌。

【译文】

绣,得名于"修",花纹漂漂亮亮的样子。

14.26　罗①,文疏罗也②。

【注释】

①罗:稀疏而轻软的丝织品。

②疏罗:稀疏,疏散。罗,分布,分散。

【译文】

罗,因其纹理稀疏分散而得名。

14.27　纚①,簁也②,粗可以簁物也③。

【注释】

①纚(xǐ):束发用的帛。按,本条原与上条不分,据段玉裁、疏证本、吴志忠本分开另立为条。

②簁(shāi):犹"筛",将东西放在筛具中来回摇动,以别粗细,去尘土。

③粗:粗疏,粗略。

【译文】

纚,得名于"簁",粗疏得可以用来筛除细小的物品。

14.28　令辟①,经丝贯杼中②,一间并③,一间疏④,疏者苓苓然⑤,并者历辟而密也⑥。

【注释】

①令辟：布帛名。所指未详。按，本条原与上条不分，据卢文弨、疏证本、吴志忠本分开另立为条。

②经丝：编织时纵向的丝线。杼（zhù）：织机的梭子。疑当作"柚（zhóu）"，也就是筘（kòu），织机的主要部件，由薄长的钢片（筘齿）按一定的密度排列后予以固定，形状像梳子。经线从筘缝中依次穿过。纬线通过经线后，筘即将纬线并紧（也称"打纬"）而成织品。《诗经·小雅·大东》："小东大东，杼柚其空。"朱熹集传："杼，持纬者也；柚，受经者也。"

③间（jiān）：量词。格，片。并：通"傍"。依傍，紧挨。

④疏：分开，分散。

⑤苓苓：即"笒笒"。形容空疏的样子。

⑥历辟：严密貌。

【译文】

令辟，编织时纵向的丝线贯穿在梭子里，一格紧挨，一格稀疏，稀疏的玲珑明彻，紧挨的闭合严密。

14.29　纺粗丝织之曰"疏"①。疏，寥也②，寥寥然也③。

【注释】

①粗丝：絮，一种粗丝绵。疏：指粗布。

②寥（liáo）：空虚。

③寥寥：空虚貌。

【译文】

把粗糙的丝绵纺成线织成的布叫作"疏"。疏，得名于"寥"，空落落的样子。

14.30　縠①，粟也②，其形蹙蹙而踧③，视之如粟也。又谓"沙縠"④,亦取踧踧如沙也⑤。

【注释】

①縠(hú):绉(zhòu)纱,有皱纹的纱。

②粟(sù):谷粒。未去皮壳者为粟,已舂去糠则为米。引申可指皮
肤触寒而收缩起粒,这也接近縠的外形。

③蹙蹙(cù):原作"足足",据吴翊寅、王先谦校改。吴翊寅校议:
"原本作'足足',《御览》引作'戚戚',皆'蹙蹙'之讹,依本书例
作'蹙蹙'为是。"蹙蹙,皱缩的样子。踧(cù):通"蹙"。皱缩。

④沙縠:绉纱。

⑤踧踧:同"蹙蹙"。局缩不展的样子。

【译文】

縠,得名于"粟",它的形状皱巴巴地蹙缩,看起来像是小米粒。又
叫作"沙縠",也是选取它皱缩凸起如沙粒的特征而命名。

14.31　繐①,齐人谓凉谓"惠"②,言服之轻细凉惠也③。

【注释】

①繐(suì):细而稀疏的麻布。

②齐:古国名。在今山东泰山以北黄河流域和胶东半岛地区。谓:
卢文弨、吴志忠等校作"为"。吴志忠曰:"'为'依毕校。"惠:柔
和,此指凉爽。

③轻细:指薄而细致。凉惠:犹言"凉快"。凉爽。

【译文】

繐,齐国一带的人把凉说成"惠",说的是穿上它轻薄细致感觉凉快。

14.32　纨①,涣也②,细泽有光,涣涣然也③。

【注释】

①纨（wán）：白色细绢。

②涣：同"焕"。光明，灿烂。

③涣涣：犹"焕焕"。光彩闪耀的样子。

【译文】

纨，得名于"涣"，细致而有光泽，亮闪闪的样子。

14.33 蒸栗①，染绀使黄②，色如蒸栗然也。

【注释】

①蒸栗：黄色的丝织品。

②绀（gàn）：深青透红之色。此指这种颜色的丝织品。

【译文】

蒸栗，把深青透红的丝织品染成黄色，颜色像是蒸熟的栗子那样。

14.34 绀，含也，青而含赤色也。

【译文】

绀，得名于"含"，青色之中含有红色。

14.35 绵犹缅缅①，柔而无文也。

【注释】

①绵（mián）：丝绵。缅缅：原作"湎湎"，据胡吉宣《〈玉篇〉引书考异》校改。胡吉宣曰："六朝原本'湎湎'作'缅缅'，顾氏引刘兆注《穀梁传》云：'缅谓轻而薄也。'《说文》：'微丝也。'故成国以'缅缅'形况绵质之轻柔也。今作'湎'，讹字也。"缅缅，轻柔貌。

【译文】

绵犹如说"缅缅",轻柔而又没有花纹。

14.36　纶①,伦也②,作之有伦理也③。

【注释】

①纶(lún):丝绵。

②伦:条理,顺序。

③伦理:条理。

【译文】

纶,得名于"伦",制作它是有条理的。

14.37　絮①,胥也②,胥久故解落也③。

【注释】

①絮:粗丝绵。

②胥(xū):等待。

③故:必定,一定。解落:解散,散落。

【译文】

絮,得名于"胥",等待长久了就必定散落。

14.38　紬①,抽也,抽引丝端②,出细绪也③。又谓之"絓"④。絓,挂也,挂于杖端⑤,振举之也⑥。

【注释】

①紬(chóu):粗绸,用废茧残丝纺织成的织物,也指丝缕。

②抽引:抽取引出。

③绪：丝头。

④絓（kuā）：从废茧中抽缫出的粗丝，或缫茧时弄结了的丝。

⑤杖：原作"帐"，据卢文弨、疏证本、吴志忠本校改。疏证本曰："今
本'杖'作'帐'，据《太平御览》引改。"杖，棍棒或棒状物。

⑥振举：扬起，举起。

【译文】

紬，得名于"抽"，抽取拉出丝的一端，引出细的丝绪。又叫作
"絓"。絓，得名于"挂"，挂在棍棒的一端，举起它来。

14.39   著茧曰"莫"。莫，幕也①，贫者著衣②，可以幕
络絮也③。或谓之"牵离"④，煮熟烂⑤，牵引使离散⑥，如绵
然也。

【注释】

①著（zhuó）茧曰"莫（mì）"。莫，幕也：原作"茧曰幕也"，据卢文
弨、疏证本，结合吴翊寅校议增补。卢文弨、疏证本据《太平御
览》于"茧"前增一"煮"字，于"曰"后增两"莫"字。吴翊寅曰：
"'煮茧'当作'著襺'。《玉藻》：'纩为茧，缊为袍。'郑云：'衣有
著之异名也。纩谓新绵也。'《左传》'重茧'疏云：'茧谓新绵著
袍。'《说文》作'襺'，云：'以絮曰襺。'是'茧'即'襺'之叚借
字。又《说文》：'絮，敝绵也。'郑云'新绵'，许云'敝绵'，说虽
稍异，然则襺用新绵，著其表以幕络散絮，则二家之谊可通矣。"
著，用絮填充。茧，丝絮的疙瘩。莫，通"幦（mì）"。幦，覆盖。
此指里面铺摊丝茧的衣服。幕：覆盖，笼罩。

②著衣：在衣服里填充丝絮。

③幕络：犹"莫落"。缀结。

④牵离：系缡（lí），疙瘩。指打结的丝、劣等絮。

⑤熟烂:熟透。

⑥牵引:拉,拖。离散:分离,分散。

【译文】

在衣服里铺摊丝絮疙瘩叫作"莫"。莫,得名于"幕",贫穷的人在衣服里铺摊纤维物质,可以缀结丝絮疙瘩。又叫作"牵离",拉扯丝絮疙瘩使它松散,就像丝绵一样。

释首饰第十五

【题解】

首饰,本指戴在头上的装饰品,不过本篇所称的"首饰"涵盖的内容比较宽泛,包括冠帽,衣冠成套的盛装礼服,簪钗、珠玉等饰品,镜、梳、刷、镊等用具,还有假发、脂粉油膏等美妆物品,使人得以想见古人的衣着打扮和当时的社会时髦风尚。

15.1 冠^①,贯也^②,所以贯韬发也^③。

【注释】

①冠(guān):帽子的总称。

②贯:串连,连结。

③所以:用以,用来。韬(tāo)发:未成年者用帻(zé)巾包扎头发。韬,包扎,敛束。

【译文】

冠,得名于"贯",用来连贯包扎着的头发。

15.2 缨^①,颈也,自上而系于颈也。

【注释】

①缨（yīng）：系冠的带子。以二组系于冠，结在下巴的下面。

【译文】

缨，得名于"颈"，从上面垂下系在颈部。

15.3　笄^①，系（係）也^②，所以系（係）冠，使不坠也^③。

【注释】

①笄（jī）：簪。古时用以贯穿发髻或固定弁、冕。

②系（xì，係）：联结，维系。此指固定。

③不坠：不掉落。

【译文】

笄，得名于"系（係）"，用来固定住帽子，使它不坠落。

15.4　祭服曰"冕"^①。冕犹俯也^②。俯，平直貌也。亦言"文"也^③，玄上纁下^④，前后垂珠^⑤，有文饰也^⑥。

【注释】

①服：穿戴。冕（miǎn）：古代天子、诸侯、卿、大夫等行朝仪、祭礼时所戴的礼帽。冕冠主要由冠圈、玉笄、冕延、冕旒（liú）、充耳等部分组成，冕延是最上面的木板，又称冕板、延板，后面比前面高出一寸，使呈向前倾斜之势，即有前俯之状，象征君王应关怀百姓。

②俯：卧伏。

③文：彩色交错。也指花纹。

④玄：赤黑色。后多用以指黑色。在此指冕板的上面用赤黑色的细布帛包裹。纁（xūn）：浅绛色。在此指冕板的下面用浅绛色的细布帛包裹。浅绛色和黑色，古代以为象征天地之色。

⑤珠：此指冕旒，冕的前后有两段垂旒，用五彩丝线穿五彩圆珠而
　　成，象征君王有所见有所不见。

⑥文饰：彩饰。此指后文中的龙纹、鷩纹、藻纹等。

【译文】

祭祀时戴的叫作"冕"。冕，得名于"俯"。俯，平坦不弯曲的样子。
也说的是"文"，赤黑色在上面而浅绛色在下面，前面和后面都有下垂的
珠串，并且有花纹彩饰。

15.5　有衮冕①，衮②，卷也，画卷龙于衣也③。

【注释】

①衮（gǔn）冕：搭配衮衣的礼帽。

②衮：古代帝王与上公穿的绣有卷龙的礼服。

③画：绘，作图。此指以针线作图，即绣。卷龙：龙的躯干作卷曲状，
　　首尾相接，或者呈螺旋蟠卷状。

【译文】

有衮冕，衮，得名于"卷"，绣有蟠卷的龙在礼服上。

15.6　有鷩冕①，鷩②，雉之憋恶者③，山鸡是也④。鷩，
憋也，性急憋⑤，不可生服⑥，必自杀。故画其形于衣，以象
人执耿介之节也⑦。

【注释】

①鷩（bì）冕：搭配鷩衣的礼帽。鷩，绣有鷩形图案的礼服。

②鷩：雉的一种。即锦鸡。

③雉：通称野鸡、山鸡。雄者羽色美丽，尾长，可做装饰品。雌者尾
　　较短，灰褐色。善跑，不能远飞。憋恶：凶恶。憋，恶。也指急。

④山鸡:形似雉。雄者羽毛红黄色,有黑斑,尾长;雌者黑色,微赤,
尾短。古称鷩雉,今名锦鸡。

⑤急憋:急躁,猛烈。

⑥服:顺从,降服。

⑦象:象征。执:持守。耿介:正直不阿,廉洁自持。节:节操,气节。

【译文】

有鷩冕,鷩,是雉鸡里面脾性急躁凶恶的一种,也就是山鸡。鷩,得名于"憋",脾性急躁,不能活着降服,否则它一定会杀死自己。所以把它的形象画在衣服上,用来象征人秉持正直不阿和廉洁自持的节操。

15.7　毳冕①,毳②,芮也③,画藻文于衣④,象水草之毳芮温暖而洁也⑤。

【注释】

①毳(cuì)冕:搭配毳衣的礼帽。

②毳:鸟兽的细毛。也指毛皮或毛织品所制衣服。

③芮(ruì):草初生时鲜嫩柔软的样子。

④藻文:古代官员衣服上所绣作为标志用的水藻图纹。

⑤毳芮:细小柔软貌。

【译文】

毳冕,毳,得名于"芮",在衣服上画有水藻的图纹,象征水草的轻细柔软,暖和而又整洁。

15.8　黼冕①,黼②,紩也③,紩粉米于衣也④。此皆随衣而名之也⑤,所垂前后珠转减耳⑥。

【注释】

①黹(zhǐ)冕:原作"黻(fú)冕",据疏证本、吴志忠本校改,下同。
　黹冕,古代贵族用的有绣饰的礼帽。

②黹:做针线,刺绣。

③紩(zhì):缝,用针线连缀。

④紩粉米于衣也:本句前面原有"画黻"二字,据段玉裁、疏证本、吴
　志忠本删。疏证本曰:"'画黻'二字疑衍文。黹冕,衣刺粉米,一
　章,无画,裳刺黼黻,二章,故得'黹'名。《周礼》作'希冕',康成
　注云:'希刺粉米,无画也。……'案:此乃所谓'黻冕'。今并合
　二冕,无分别,似非。"粉米,原作"文彩",据吴志忠本改。粉米,
　古代贵族礼服上的白色米形绣文。

⑤此:指上述"衮冕""鷩冕""毳冕""黹冕"等。它们都是根据衣
　服所绣的图案而得名。名:起名字,命名。

⑥转(zhuǎn)减:递减,逐渐减少。转,渐渐。

【译文】

黹冕,黹,得名于"紩",在礼冠上缝上白色米形的花纹。这些冠冕
都依据衣服的不同而命名,前后垂挂的珠子也逐渐地减少。

15.9　章甫①,殷冠名也②。甫③,丈夫也④,服之所以表
章丈夫也⑤。

【注释】

①章甫:殷代一种常用的黑布礼冠,前方后圆,较高深。后亦泛指士
　大夫之冠。

②殷冠:殷代的礼冠。

③甫:古代为男子美称,多附于表字之后。

④丈夫:指成年男子。

⑤服：穿戴。表章：表明。

【译文】

章甫，是殷商时代的礼冠名称。甫，因丈夫而得名，戴上章甫用来表明已成为大男人。

15.10　牟追①，牟②，冒也③，言其形冒发追追然也④。

【注释】

①牟（móu）追：古冠名。形如覆杯，前高广，后卑锐。

②牟：通"鍪（móu）"。似头盔的帽子。

③冒：覆盖，笼罩。

④追追：堆高貌。追，通"堆"。小丘。

【译文】

牟追，牟，得名于"冒"，说的是它的形状是笼罩着头发而显得高高的样子。

15.11　收①，夏后氏冠名也②，言收敛发也③。

【注释】

①收：夏代对冠的称呼。

②夏后氏：指禹建立的夏王朝。

③收敛：收拢，聚敛。

【译文】

收，是夏朝的礼冠名称，说的是它能收拢头发。

15.12　委貌①，冠形又委曲之貌②，上小下大也。

【注释】

①委貌:古代冠帽的一种,用黑色丝绢缝制而成,高四寸,长七寸,形似覆杯。

②又:通"有"。委曲:原作"委貌",据卢文弨、疏证本、吴志忠本校改。疏证本曰:"委曲之貌,今本作'又委貌之貌',据《太平御览》引改。"委曲,弯曲。

【译文】

委貌,礼冠的形状有弯曲的面貌,上面小而下面大。

15.13　弁①,如两手相合抃时也②。以爵韦为之③,谓之"爵弁"④;以鹿皮为之,谓之"皮弁"⑤;以韎韦为之⑥,谓之"韦弁"也⑦。

【注释】

①弁(biàn):古代贵族穿礼服时用的一种帽子。赤黑色的布做的叫爵弁,是文冠;白鹿皮做的叫皮弁,是武冠。

②抃(biàn):鼓掌,拍手表示欢欣。

③爵韦(wéi):赤黑色的皮革。爵,通"雀"。赤黑色。

④爵弁:古代礼帽的一种,次冕一等。

⑤皮弁:用白鹿皮制成的帽子。

⑥韎(mèi)韦:染成赤黄色的皮子,用作蔽膝护膝。

⑦谓之"韦弁":原书无,据吴志忠本、巾箱本等增补。

【译文】

弁,戴时就像两只手合拍鼓掌时那样。用赤黑色的皮革做的,叫作"爵弁";用鹿皮做的,叫作"皮弁";用赤黄色的皮子做的,叫作"韦弁"。

15.14　纚①,以韬发者也②,以纚为之③,因以为名。

【注释】

①纚（xǐ）：束发的帛。

②以：用来。

③以纚为之：用纚这种布帛做的。按，14.27条："纚，筵也，粗可以筵
物也。""纚"这个词在《释采帛》和《释首饰》两篇中，前者指织
品，后者指饰品，意义各有侧重。

【译文】

纚，是用来包扎头发的，用丝帛做的，所以用"纚"作名称。

15.15   总^①，束发也^②，总而束之也^③。

【注释】

①总：束发的带子。

②束发：束扎发髻。也指用以束发的头饰。

③总：聚合，汇集。束：捆缚。

【译文】

总，是用来扎束头发的头饰，聚拢到一起再捆扎起来。

15.16   帻^①，赜也^②，下齐员^③，赜然也。

【注释】

①帻（zé）：包扎发髻的巾。

②赜（zé）：原作"蹟"，据《后汉书》及《太平御览》引改。《后汉
书·舆服志》："帻者，赜也，头首严赜也。"《太平御览》卷六百
八十七《服章四》引《释名》："帻，赜也，下齐眉，赜然也。"本书
19.26条："册，赜也，敕使整赜，不犯之也。"亦正作"赜"字。赜，
通"帻（zé）"。整齐。

③齐员：平齐而呈圆形。员，同"圆"。一说作"眉"，下同。齐眉，
　　与眉毛齐平。

【译文】

帻，得名于"赜"，下面平齐而呈圆形，很整齐的样子。

　　15.17　兑①，上小下大②，兑兑然也③。或曰"耴"④，耴
折其后也⑤；或曰"帻"，形似帻也。贱者所著曰"兑发"⑥，
作之裁裹发也⑦；或曰"牛心"⑧，形似之也。

【注释】

①兑（ruì）：上小下大。此指上小下大的尖形帽子。按，本条原与
　　上条不分，据吴志忠本分开另立为条。吴翊寅校议："吴本别为
　　条。案：毕本'兑'上有'或曰'二字，云：'据谊增。'今考本书，
　　'兑''帻'对文，各为一条。下言'兑或曰帻'，此不当作'帻或曰
　　兑'也。"

②上小下大：原作"上下小大"，据疏证本、吴志忠本等校改。

③兑兑：尖尖的样子。兑，同"锐"。尖，上小下大。

④耴（liè）：包发的头巾。

⑤耴：耳垂。此指像耳垂一样。

⑥贱者：地位低下的人。著（zhuó）：穿，戴。

⑦裁：通"才"。仅仅。

⑧牛心：形似牛的心脏的头巾。

【译文】

兑，上面小下面大，尖尖的样子。有人把它叫作"耴"，折叠在后面
像耳垂似的；有人把它叫作"帻"，因为形状像帻。地位低下的人戴的叫
作"兑发"，制作的大小刚刚掩盖住头发；有人把它叫作"牛心"，形状与
牛心相似。

15.18　帽,冒也^①。

【注释】

①冒:覆盖,蒙住。指戴帽。

【译文】

帽,得名于"冒"。

15.19　巾^①,谨也^②,二十成人^③,士冠^④,庶人巾^⑤,当自谨修于四教也^⑥。

【注释】

①巾:供擦拭、覆盖、包裹、佩带等用的一方布帛。古人以巾裹头,后即演变成冠的一种。按,本条原与上条不分,据疏证本、吴志忠本及卢文弨校分开另立为条。

②谨:谨慎,慎重。又指谨严,严格。

③成人:成年。

④士:介于大夫与庶人之间的阶层。亦泛称知识阶层。冠(guàn):戴帽子。古代男子到成年(一般在二十岁)则举行加冠(guān)礼,叫作冠(guàn)。

⑤庶人:平民,百姓。巾:指戴头巾。

⑥谨修:谓敬慎修习、守持。四教:旧时的四项教育科目。所指因教育对象而异。其一,孔子以文、行、忠、信为教人的四要目。其二,指儒家所传授的四门学科:诗、书、礼、乐。其三,指妇德、妇言、妇容、妇功。其四,指治家的四条准则:勤、俭、恭、恕。

【译文】

巾,得名于"谨",二十岁成为成年人,知识阶层举行加冠礼,平民戴上头巾,应当敬慎修习并守持四项教育科目了。

15.20　簪①,疌也②,以疌连冠于发也③。

【注释】

①簪(zān):古人用来绾定发髻或冠的长针。

②疌(jīn):同"尖"。

③连:连接,连缀。此指固定。

【译文】

簪,得名于"疌",用它的尖端把帽子固定到头发上。

15.21　叉①,权也②,因形名之也。

【注释】

①叉(chāi):原作"又",据吴志忠本、顾广圻校改。按,本条原与上条不分,据吴志忠本及顾广圻等校分开另立为条。顾广圻曰:"当作'叉,权也',另为一条。"吴翊寅校议:"吴本作'叉,权也',云各本误连上为条,今正。案:'叉权'与'又枝'形近,故讹。《艺文类聚》引本书:'叉,枝(当作"权")也,因形名之也。'即此条。古'钗'字皆作'叉',与'簪'对文,故系'簪'下。毕移补'爵钗'上,非是。各本合'簪'为条,亦非是。"叉,同"钗"。妇女头上所戴的首饰,形似叉(chā),用金、玉制成。

②权:原作"枝",据吴志忠本、顾广圻等校改。权,树干的歧枝或植物的权桠。借指叉状。

【译文】

叉,得名于"权",是根据它的形状命名的。

15.22　搚①,摘也②,所以摘发也③。

【注释】

①掃（tì）：搔头的簪。

②搚（zhì）：搔头，也指搔。

③掃发：刮梳头发。

【译文】

掃，得名于"摘"，是用来刮梳头发的。

15.23 导①，所以导栎鬓发②，使入巾帻之里也③。或曰"栎鬓"④，以事名之也⑤。

【注释】

①导：引头发入冠帻的器具。栉（zhì，梳篦的总称）的一种，常以玉为之，也作为首饰。

②栎（lì）：刮擦。鬓（bìn）发：鬓角的头发，是在耳朵前面的一绺（liǔ）头发或一簇卷发。

③巾帻：头巾，以幅巾制成的帽子。

④栎鬓：梳理鬓发的梳子。

⑤事：才能。此指功能、作用。

【译文】

导，是用来引导头发或刮擦鬓发的，使它们进入头巾的里面。有人叫作"栎鬓"，是根据它的作用命名的。

15.24 镜①，景也②，言有光景也③。

【注释】

①镜：用来反映物体形象的器具。古代用铜、铁等金属磨光制成。

②景（jǐng）：亮光，日光。一读yǐng，同"影"。影子。

③光景：光辉，光亮。

【译文】

镜，得名于"景"，说的是有亮光。

15.25　梳，言其齿疏也①。数言比②，比于疏③，其齿差数也④。比，言细相比也⑤。

【注释】

①疏：稀疏，稀少。

②数（cù）：细密，稠密。比：篦（bì）子。用竹子制成的梳头、洁发用具。中间有一梁，两侧有密齿。

③比：紧密，细密。疏：通"梳"。梳子。

④差（chā）：比较，略微。

⑤相比：互相靠拢。比，近，靠近。

【译文】

梳，说的是它的齿稀疏。齿稠密的叫作"比"，比起梳子来，它的齿略微密一些。比，说的是齿细密而互相靠拢。

15.26　刷①，帅也②，帅发，长短皆令上从也③。亦言瑟也④，刷发令上，瑟然也。

【注释】

①刷：刷子。涂抹、刷刮用具。

②帅：引导。

③上从：跟着向上。从，跟从，跟随。

④瑟：洁净、明亮貌。

【译文】

刷,得名于"帅",引导头发,无论长的短的都让它跟着向上。也说的是"瑟",刷刮头发使它们朝上,显得洁净明亮。

15.27　镊①,摄也②,摄取发也③。

【注释】

①镊:拔除毛发或夹取细小东西的钳子,又指用镊子拔除或夹取。

②摄:捉拿,提起,执持。

③摄取:捉取,夹取。

【译文】

镊,得名于"摄",夹取头发。

15.28　绡头①,绡②,钞也③,钞发使上从也。或曰"陌头"④,言其从后横陌而前也⑤。齐人谓之"幧"⑥,言幧敛发使上从也。

【注释】

①绡（xiāo）头:古代束发的头巾。

②绡:薄的生丝织品,轻纱。

③钞:同"抄"。抓取,拿。

④陌头:古代男子束发的头巾。

⑤陌:通"帕（mò）"。裹扎。

⑥齐:古国名。在今山东泰山以北黄河流域和胶东半岛地区。幧（yé）:古代男子束发的头巾。

【译文】

绡头,绡,得名于"钞",收敛头发使它们向上。有人叫它"陌头",说的是从后面横向裹扎到前面。齐国一带的人把它叫作"悔",是说悔收敛头发使它们朝上。

15.29　王后首饰曰"副"①。副,覆也②,以覆首。亦言"副贰"也③,兼用众物成其饰也④。

【注释】

①王后:天子的嫡妻。副:假髻。假发所做之髻。古代贵族妇女头饰。

②覆:覆盖,遮蔽。

③副贰:古时妇女以假发制成的发髻。

④众物:万物,诸物。

【译文】

王后的首饰叫作"副"。副,得名于"覆",用来覆盖头部。也说的是"副贰",同时使用众多物品制成这种首饰。

15.30　编①,编发为之②。

【注释】

①编(biàn):结发为辫。后作"辫"。这里作名词,指辫子。

②编(biān):交织,编结。

【译文】

编,编结头发成为辫子。

15.31　次①,次第发也②。

【注释】

①次:原书无,据疏证本、吴志忠本等校补。疏证本曰:"今本脱此

字,据《周礼》注增。"篆字疏证本所补为"髭(cì)"字,曰:"'髭',
《周礼》作'次'。郑注《追师》云:'次,次第发长短为之,所谓鬓
鬄(bì dì)。'"次,同"髭"。发饰。古时以受髡(kūn)刑者或贱
民的头发编成紒(jì,髻),供贵族妇女饰用。按,本条原与上条不
分,据吴志忠本分开另立为条。

②次第:排比编次。

【译文】

次,排比编次头发。

15.32　髲①,被也②,发少者得以被助其发也③。

【注释】

①髲(bì):原作"发",据疏证本、吴志忠本等校改。髲,假发。

②被:加上。

③得以:可以,赖以。

【译文】

髲,得名于"被",头发少的人可以用假发补助他的头发。

15.33鬄①,剔也②,剔刑人之发为之也③。

【注释】

①鬄(dì):原作"髻(qián)",据卢文弨、吴志忠本等校改。鬄,又作
　"髢"或"髢",形近而讹为"髻"。鬄,假发。

②剔(tì):同"剃"。用刀刮去毛发。

③刑人:受刑之人,古代多以刑人充服劳役的奴隶。

【译文】

鬄,得名于"剔",剃掉受刑之人的头发做成假发。

15.34　步摇①，上有垂珠②，步则摇也③。

【注释】

①步摇：古代妇女附在簪钗上的一种首饰。

②垂珠：悬挂的珠串。

③步：行走。

【译文】

步摇，上面有悬挂的珠串，走路就会摇动。

15.35　簂①，恢也②，恢廓覆发上也③。鲁人曰"頍"④。頍，倾也⑤，著之倾近前也⑥。齐人曰"帼"⑦，饰形貌也⑧。

【注释】

①簂（guó）：妇女覆于发上的饰物。

②恢：弘大，宽广。

③恢廓：宽宏，宽阔。

④鲁：周代诸侯国名。故地在今山东兖州东南至江苏沛县、安徽泗县一带。頍（kuǐ）：古代用以束发固冠的发饰。

⑤倾：偏斜，倾斜。

⑥著（zhuó）：戴。近前：靠近前方。

⑦帼（mào）：原作"幌"，据段玉裁、疏证本等校改。段玉裁曰："《广雅》：'簂谓之帼。'音'兒'，《玉篇》《广韵》皆云：'帼，幗也。'亡教切。'帼''兒'于同音求之。"帼，古代妇女的发饰，覆于发上。

⑧形貌：外形容貌。

【译文】

簂，得名于"恢"，形体宽大覆盖在头发上。鲁国一带的人把它叫作"頍"。頍，得名于"倾"，戴在头上倾斜靠近前方。齐国一带的人把它叫作"悦",用它来装饰外形容貌。

15.36　华胜①:华②,象草木华也;胜③,言人形容正等④,一人著之则胜也⑤。蔽发前为饰也⑥。

【注释】

①华(huā)胜:原书无,据卢文弨、疏证本、吴志忠本增补。疏证本曰:"今本脱此二字,据《太平御览》引增。"华胜,即花胜。古代妇女的一种花形首饰。

②华:花。按,原书"华"与上条连接,据疏证本、吴志忠本等分开提行另起。

③胜:胜过,超过。按,"胜"及以下原书另起,据疏证本、吴志忠本等与上文相连。

④形容:外貌,模样。正等:相当,相同。

⑤著(zhuó):戴。

⑥蔽发前为饰也:按,此句原书另起,据疏证本、吴志忠本等与上文相连。

【译文】

华胜:华,是说它像草木的花;胜,说的是人们的外貌相当,有一个人戴上它就胜出了。华胜遮蔽头发前面作为装饰。

15.37　爵钗①,钗头及上施爵也②。

【注释】

①爵钗:饰以雀形的发钗。

②钗头:钗的首端。施:设置,安放。爵:通"雀"。麻雀等小鸟。此指鸟形装饰物。

【译文】

爵钗,钗的头部及其上面安放有雀鸟型的装饰。

15.38　瑱①,镇也②,悬当耳旁③,不欲使人妄听④,自镇重也⑤。或曰"充耳"⑥,充,塞也,塞耳亦所以止听也⑦。故里语曰⑧:"不瘖不聋⑨,不成姑公⑩。"

【注释】

①瑱(tiàn):古人垂在冠冕两侧用以塞耳的玉坠。

②镇:用重物压在上面,向下加重量。

③当(dāng):遮蔽,阻挡。

④妄听:乱听,偏听。

⑤镇重:镇定,庄重。

⑥充耳:古代挂在冠冕两旁的饰物,下垂及耳,可以塞耳避听。

⑦塞耳:堵住耳朵。谓有意不听。

⑧里语:民间谚语。里,乡村的庐舍、宅院。后泛指乡村居民聚落。

⑨瘖(yīn):失音病,哑。

⑩姑公:丈夫的父母,即公婆。

【译文】

瑱,得名于"镇",垂挂在冠冕两侧挡住耳朵两旁,不想让人乱听,自己庄重一些。有人把它叫作"充耳",充,就是塞,堵住耳朵也是用来止住听闻的。所以民间谚语说:"不哑不聋,当不成婆婆和公公。"

15.39　穿耳施珠曰"珰"①,此本出于蛮夷所为也②。蛮夷妇女轻浮好走③,故以此琅珰锤之也④。今中国人效之耳⑤。

【注释】

①穿耳:在耳朵上穿孔,饰以珠环。珰(dāng):古代妇女的耳饰。

②蛮夷:古代中原地区对四方边远地区少数民族的泛称。亦专指南方少数民族。为:穿,着。此指戴。

③轻浮:轻佻浮夸。浮,原作"淫",据卢文弨、疏证本校改。疏证本曰:"今本'浮'误作'淫',据《太平御览》引改。"好(hào):喜欢,爱好。走:疾趋,奔跑。

④琅珰(láng dāng):同"锒铛"。象声词,形容金属撞击的声音。锤(chuí):锻打,敲击。

⑤中国:上古时代,我国华夏族建国于黄河流域一带,以为居天下之中,故称中国,而把周围其他地区称为四方。后泛指中原地区。效:效法,模仿。

【译文】

在耳朵上穿孔装上珠环叫作"珰",本来是出自少数民族地区的穿戴。少数民族地区的妇女轻佻浮夸喜欢乱跑,所以用这个物品琅琅珰珰敲打作响。现在中原地区的人也都效法这种做法了。

15.40　脂①,砥也②,著面柔滑③,如砥石也。

【注释】

①脂:指面脂、唇脂一类含油脂的化妆品。

②砥(dǐ):质地较细的磨刀石。

③著(zhuó):附着。此指涂抹。

【译文】

脂,得名于"砥",涂抹在脸上使之柔滑,就像质地细腻的磨刀石那样。

15.41　粉①,分也,研米使分散也②。

【注释】

①粉：妆饰用的白色粉末，亦有染成红色者。

②研：研磨，研细。分散：分开，散开。

【译文】

粉，得名于"分"，研磨谷米使它分散开来。

15.42　胡粉①，胡，糊也②，脂和以涂面也③。

【注释】

①胡粉：古时用来搽脸或绘画的铅粉，由西域传入。

②糊：指粉加水调和煮成的胶状物。又指涂抹。

③和（huó）：在粉状物中加液体搅拌或揉弄，使黏在一起。涂面：涂
　饰面部。

【译文】

胡粉，胡，得名于"糊"，用油脂搅拌细粉用来抹脸。

15.43　黛①，代也，灭眉毛去之②，以此画代其处也。

【注释】

①黛：青黑色的颜料。古时女子用以画眉。

②灭：除尽，使不存在。去：去掉，除去。

【译文】

黛，得名于"代"，除尽眉毛不要它，用黛颜料涂画代替眉毛的地方。

15.44　唇脂①，以丹作之②，象唇赤也。

【注释】

①唇脂：用以涂唇的化妆品。

②丹：丹砂等赤色的矿石，可以制成颜料。

【译文】

唇脂，用丹砂等做成，像是嘴唇的红色。

15.45　香泽者①，人发恒枯悴②，以此濡泽之也③。

【注释】

①香泽：指发油一类的化妆品。

②恒：经常，常常。枯悴（cuì）：犹"枯萎"。

③濡泽：沾润。

【译文】

香泽，人的头发常常干枯，用香泽来沾湿润泽它。

15.46　强①，其性凝强②，以制服乱发也③。

【注释】

①强：古代妇女刷发的发胶。

②凝强：固定，坚硬。凝，坚定，巩固。强，坚硬。

③以：可以，能够。

【译文】

强，它的性质坚硬，能制服凌乱的头发。

15.47　以丹注面曰"勺"①。勺，灼也②。此本天子、诸侯群妾当以次进御③，其有月事者④，止而不御⑤，重以口说⑥，故注此于面，灼然为识⑦，女史见之⑧，则不书其名于第录也⑨。

【注释】

①注：涂抹。勺（dì）：同"的"。古代妇女的面饰。

②灼（zhuó）：明显，明亮，鲜明。

③妾：旧时男子在妻以外娶的女子。以次：按次序。进御：指为君王所御幸。

④月事：月经。

⑤御：与女子交合。

⑥重（zhòng）：不轻易，难。

⑦识（zhì）：标志，记号。

⑧女史：古代职官名。以知书妇女充任。掌管有关王后礼仪等事。

⑨书：书写，记录，记载。第：编次。录：簿籍，册籍。

【译文】

用丹砂等制成的颜料叫作"勺"。勺，得名于"灼"，这本来是帝王、各国君主的成群姬妾按照次序当值为君王所御幸，其中有来月经的，停止而不能御幸，难以开口说明，所以把这颜料涂抹在脸上，明明白白地作为标志，女官见到了，就不把她的名字编写到当晚当值的次序名单里。

15.48　赪粉①，赪，赤也，染粉使赤，以著颊上也②。

【注释】

①赪（chēng）：原作"䞓"，为"赪"之形讹。赪，浅红色。

②颊：脸的两侧从眼到下颌部分。

【译文】

赪粉，赪，是浅红色，给妆粉染色使它变红，用来涂抹在脸颊上。

释衣服第十六

【题解】

衣服,指衣裳,服饰。本篇介绍了两汉时期的服饰和履制,其中服饰包括部件、配饰,还有两种主要的衣制:上衣下裳制和上下连属制的深衣。本篇所列词条涵盖了上衣、下裳、鞋袜之类,大体上按从上至下的顺序编排,解释了这些当时日常衣着的得名之由。

16.1　凡服①,上曰"衣"②。衣,依也③,人所依以芘寒暑也④。

【注释】

①服:衣服,服装。

②衣:上衣。

③依:倚仗,仰赖。

④芘(bì):通"庇"。隐避,躲藏。寒暑:冷和热,寒气和暑气。

【译文】

凡是衣服,上身的叫作"衣"。衣,得名于"依",是人们所赖以躲避严寒酷暑的物品。

16.2　下曰"裳"①。裳,障也②,所以自障蔽也③。

【注释】

①裳（cháng）：古代称下身穿的衣裙,男女都穿。

②障：遮挡,遮蔽。

③所以：用以,用来。障蔽：遮蔽,遮盖。

【译文】

下身的叫作"裳"。裳,得名于"障",是用来遮蔽自己身体的。

16.3　领①,颈也②,以壅颈也③。亦言总领衣体④,为端首也⑤。

【注释】

①领：衣领。

②颈：颈项。头部与躯干连接的部分。又称脖子。

③壅（yōng）：障蔽,遮盖。

④总领：统领,统管。总,总揽。

⑤端首：高位,首要。

【译文】

领,得名于"颈",是用来遮蔽脖子的。也说的是总揽衣服的全体,是上衣最高的部位。

16.4　襟①,禁也②,交于前③,所以禁御风寒也④。

【注释】

①襟（jīn）：古代指衣的交领。也指衣的前幅。

②禁（jìn）：阻止,限制。

③交:交叉,会合。

④禁御:阻止,抵御。风寒:冷风寒气。

【译文】

襟,得名于"禁",在胸前交叉,用来抵御冷风寒气。

16.5　袂①,掣也②。掣,开也,开张之③,以受臂屈伸也④。

【注释】

①袂(mèi):衣袖。

②掣(chè):牵引,牵动。疑"掣"应是"擘(bò)"。擘,分开。

③开张:张开,舒展。

④屈伸:屈曲与伸舒。

【译文】

袂,得名于"掣"。掣,是"开"的意思,张开衣袖,用来承受手臂的屈曲和伸展。

16.6　祛①,虚也②。

【注释】

①祛(qū):袖口。亦泛指衣袖。

②虚:空无所有,空虚。

【译文】

祛,得名于"虚"。

16.7　袖,由也①,手所由出入也②。亦言"受"也③,以受手也。

【注释】

①由:途经,经过。

②出入:外出与入内。

③受:盛(chéng),容纳。

【译文】

袖,得名于"由",是手进出经由的地方。也说的是"受",是用来容纳手臂的地方。

16.8　衿亦禁也①,禁使不得解散也②。

【注释】

①衿(jīn):衣上代替纽扣的带子。亦:前文16.4有"襟,禁也",所以这里说"亦"。禁(jìn):牵制,约束。

②不得:不能,不可。解散:离散,分散。

【译文】

衿也得名于"禁",约束衣服使它不能解开。

16.9　带①,蒂也②,著于衣③,如物之系蒂也④。

【注释】

①带:腰带。起约束衣服的作用。

②蒂(dì):本指花或瓜果与枝茎相连的部分。在此指带钩一类的连结物。

③著(zhuó):放置,安放。

④系(xì):连缀。

【译文】

带,得名于"蒂",放置在衣服上,就像植物果实连缀着蒂把儿。

16.10　系^①,系(繫)也^②,相连系(繫)也^③。

【注释】

①系(xì):粗丝带子。

②系(jì,繫):拴缚,扣,结。

③连系(繫):连接,联结。

【译文】

系,得名于"系(繫)",互相连缀着。

16.11　衽^①,襜也,在旁襜襜然也^②。

【注释】

①衽(rèn):上衣两旁形如燕尾的掩裳际(下裳与上衣接合处)。

②襜襜(chān):张开、宽松的样子。

【译文】

衽,得名于"襜",在上衣两旁张开宽松的样子。

16.12　裾^①,倨也^②,倨倨然直^③。亦言在后,常见踞也^④。

【注释】

①裾(jū):衣服的前后襟。此专指衣服的后襟。

②倨(jù):直。

③倨倨:直貌。

④见:被,受到。踞(jù):坐,蹲。

【译文】

裾,得名于"倨",直通通的不拐弯。也说的是它在后面,经常被蹲坐。

16.13　玄端①，其幅下正直端方②，与要接也③。

【注释】

①玄端：古代的一种黑色礼服。祭祀时，天子、诸侯、士大夫皆服之。天子晏居时亦服之。玄，黑色。端，古代的礼服。多用于丧祭场合。

②幅：原作"袖"，据吴志忠本、佚名本校改。幅，衣裳的缘饰。正直：不偏斜，不弯曲。端方：端庄方正。

③要（yāo）：同"腰"。接：连接。

【译文】

玄端，是黑色的衣服，它整幅下边的缘饰不偏不弯端庄方正，与腰部相接。

16.14　素积①，素裳也②，辟积其要中使蹴③，因以名之也。

【注释】

①素积：腰间有褶裥（zhě jiǎn，褶子）的素裳（cháng），是古代的一种礼服。

②素裳：白色的下衣。

③辟积：衣服上的褶子。在此用为动词，指在衣服上做褶裥。辟，通"襞（bì）"。折叠衣物。积，衣裙的褶子。蹴（cù）：通"蹙"。皱缩。

【译文】

素积，是白色的下身礼服，在它的腰部中间做褶子使之皱缩，因而用它命名。

16.15　王后之上服曰"袆衣"①，画翚雉之文于衣也②。伊洛而南③，雉素质五色备曰"翚"④。

【注释】

①王后:天子的嫡妻。亦称"皇后"。上服:礼服,上等服装。袆(huī)衣:古代王后六服之一。是绘有野鸡图纹的祭服。

②画:作图。此指绣。翚(huī)雉:即翚。五彩山鸡。文:花纹。

③伊洛:伊水与洛水。两水汇流,多连称。也指伊洛流域。而南:以南。

④雉:通称野鸡、山鸡。雄者羽色美丽,尾长,可做装饰品。雌者尾较短,灰褐色。善跑,不能远飞。素质:素,原作"青",据疏证本、吴志忠本等校改。疏证本曰:"素,今本与下'青'字互讹,据《尔雅》及《周礼·内司服》注改。"素质,白色质地。五色:青、赤、黄、白、黑五种颜色。备:完备,齐备。

【译文】

王后的礼服叫作"袆衣",是因为绣了翚雉的花纹在衣服上。伊水与洛水一带以南,有着白色质地而青、赤、黄、白、黑五种颜色齐备的山鸡叫作"翚"。

16.16　鹞翟①,画鹞雉之文于衣也②。江淮而南③,雉青质五采皆备成章曰"鹞"④。

【注释】

①鹞翟(yáo dí):即"揄狄(yáo dí)",也作"揄翟"。古代王后六服之一。是一种彩绘有长尾雉形纹饰的礼服。按,本条原与上条相连,据邵晋涵校分开另起。

②鹞雉:即鹞。青质五彩的野鸡。

③江淮:长江和淮河。泛指长江与淮河之间的地区。

④青质:青,原作"素",据疏证本、吴志忠本等校改。篆字疏证本曰:"青,今本讹作'素',据《尔雅》改。"青质,青色底子。章:彩色,花纹。

【译文】

鹞翟,得名于在衣服上画了鹞雉的花纹。长江与淮河一带以南,有着青色质地而且青、赤、黄、白、黑五种颜色都齐备而形成彩色花纹的山鸡叫作"鹞"。

16.17　阙翟①,翦阙缯为翟雉形②,以缀衣也③。

【注释】

①阙翟(què dí):也作"阙狄"。古代王后六服之一。是一种祭服。

②翦(jiǎn):同"剪"。阙(quē):削减。此指修剪。缯(zēng):古代丝织品的总称。翟雉:长尾山鸡。

③缀:装饰,点缀。

【译文】

阙翟,裁剪丝帛成为长尾巴山鸡的形状,用来点缀在衣服上。

16.18　鞠衣①,黄如菊花色也②。

【注释】

①鞠(qū)衣:古代王后六服之一,黄色。九嫔及卿妻也穿。

②菊花:多年生草本植物,秋季开花。

【译文】

鞠衣,黄黄的就像菊花的颜色。

16.19　襢衣①,襢②,坦也③,坦然正白④,无文采也⑤。

【注释】

①襢(zhàn)衣:古代王后六服之一,白色。亦为世妇和卿大夫妻的

礼服。

②襢:衣名。

③坦:显豁,光亮。

④正白:纯白。

⑤文采:即"文彩"。艳丽而错杂的色彩。

【译文】

襢衣,襢,得名于"坦",明亮的纯白色,没有彩色花纹。

16.20　褖衣①,褖然黑色也②。

【注释】

①褖(tuàn)衣:古代王后六服之一。闲居或进御时穿。

②褖:饰有边沿的衣服。

【译文】

褖衣,是黑黑的颜色。

16.21　韠①,蔽也②,所以蔽膝前也。妇人蔽膝亦如之③,齐人谓之"巨巾"④。田家妇女出自田野⑤,以覆其头⑥,故因以为名也⑦。又曰"跪襜"⑧,跪时襜襜然张也⑨。

【注释】

①韠(bì):皮制的蔽膝,古代朝觐或祭祀时用以遮蔽在衣裳前面。

②蔽:遮挡,障蔽。

③妇人:古代士之妻,又为成年女子的通称,多指已婚者。蔽膝:围于衣服前面蔽护膝盖的大巾。

④齐:古国名。在今山东泰山以北黄河流域和胶东半岛地区。巨巾:大巾。用以蔽膝或盖头。

⑤田家:农家。自:在,于。

⑥覆:覆盖,遮蔽。

⑦故:所以,因此。因:依照,根据。为名:用作名称。

⑧襜(chān):系在衣服前面的围裙。

⑨张:张开,展开。

【译文】

韠,得名于"蔽",是用来遮蔽膝盖前面的。妇女衣服前面蔽护膝盖的大巾也像这样,齐国一带的人把它叫作"巨巾"。农家妇女出门到田野里,用来遮蔽她的头部,所以根据这个用途而用"巨巾"作为名称。又叫作"跪襜",跪的时候张开来。

16.22 　佩^①,倍也^②,言其非一物,有倍贰也^③:有珠、有玉、有容刀、有帨巾、有觿之属也^④。

【注释】

①佩:古代系于衣带的装饰品,常指珠玉、容刀、帨巾、觿之类。

②倍(péi):同"陪"。伴随。

③倍贰:犹"陪贰"。副手,助手。此指其他的。

④容刀:作装饰品用的佩刀。帨(shuì)巾:佩巾。用以擦拭不洁,古代女子出嫁时母亲所授,在家时挂在门右,外出时系在身左。觿(xī):用兽骨制成的锥子。可解开绳结,也用作佩饰。属:种类。

【译文】

佩,得名于"倍",说的是它不止一件物品,而是有其他的配件:有珍珠、有玉石、有佩刀、有佩巾、有兽骨锥子之类。

16.23 　襦^①,奥也^②,言温奥也^③。

【注释】

①襦(rú)：短衣，短袄。襦有单、复，单襦近乎衫，复襦近乎袄。

②耎(ruǎn)：同"软"。柔软。

③温耎：温软，温暖柔软。

【译文】

襦，得名于"耎"，说的是温暖柔软。

16.24　裤①，跨也②，两股各跨别也③。

【注释】

①裤：古代指左右各一、分裹两胫而没有裤裆的套裤。

②跨：两腿分开坐或立。

③股：大腿。别：分开。

【译文】

裤，得名于"跨"，穿的时候两条大腿各自跨开。

16.25　褶①，袭也②，覆上之言也③。

【注释】

①褶(xí)：裤褶服(上身着褶，下身着裤)中的上衣。

②袭：穿衣加服。亦专指古代盛礼时掩上敞开的外服。

③覆上：遮盖上身。

【译文】

褶，得名于"袭"，说的是遮蔽上身的部分。

16.26　禪衣①，言无里也②。

【注释】

①襌（dān）衣：单层的衣服。

②无里：没有里层。里，衣服的内层。

【译文】

襌衣，说的是衣服没有里层。

16.27   襡①，属也②，衣裳上下相连属也③。荆州谓襌衣曰"布襡"亦是④。

【注释】

①襡（shǔ）：长襦，连腰衣。

②属（zhǔ）：连接。

③衣裳（cháng）：古时上衣称衣，下裙称裳，故衣服合称为"衣裳"。连属（zhǔ）：连接，连续。

④荆州：古九州之一。在荆山、衡山之间，亦为汉武帝所置十三刺史部之一。辖境约相当于今湖南、湖北二省及河南、广西、云南、广东的一部分，汉末以后辖境渐小。亦：也是。是：这个。

【译文】

襡，得名于"属"，上部的衣和下部的裳互相连接。荆州把襌衣叫作"布襡"也是这个。

16.28   襜襦①，言其襜襜弘裕也②。

【注释】

①襜襦（chān rú）：内衣，汗衣。按，本条原与上条相连，据吴志忠本、王先谦校等分开另起。

②弘裕：宽阔，宏大。

【译文】

襜褕，是说它开阔宽大。

16.29　褠^①，禅衣之无胡者也^②，言袖夹直形如沟也^③。

【注释】

①褠（gōu）：袖子狭窄而直如沟的单衣。

②胡：兽颔下垂肉。引申指器物下垂的部分。此指袖子下边下垂的
　部分。

③夹（xiá）：通"狭"。窄。

【译文】

褠，单层衣服里袖子没有下垂部分的那种，是说它的袖子又窄又直形
状像一条水沟。

16.30　中衣^①，言在小衣之外、大衣之中也^②。

【注释】

①中（zhōng）衣：古时穿在祭服、朝服内的里衣。

②小衣：内衣。多指裤子、亵衣。大衣：长衣，礼服。

【译文】

中衣，是说它在内衣的外边、长大礼服的里边。

16.31　裲裆^①，其一当胸^②，其一当背也。

【注释】

①裲裆（liǎng dāng）：裲，原作"䘿"，据邵晋涵、疏证本等校改。邵
　晋涵曰："以意改。"裲裆，也写作"两裆"。古代一种长度仅至腰

而不及于下,且只蔽胸背的上衣,形似今之背心,军士穿的称"裲
裆甲",一般人穿的称"裲裆衫"。

②当(dāng):遮蔽,阻挡。

【译文】

裲裆,它的一面对着胸前,一面对着后背。

16.32   帕腹①,横帕其腹也②。

【注释】

①帕(mò)腹:即抹(mò)胸。古代内衣的一种,有前片无后片,仅
遮胸腹。俗称肚兜。

②横帕:横向裹扎。帕,裹扎,缠裹。

【译文】

帕腹,横向裹扎人的腹部。

16.33   抱腹①,上下有带,抱裹其腹上②,无裆者也③。

【注释】

①抱腹:即肚兜。挂束在胸腹间的贴身小衣。

②抱裹:环绕包裹。

③裆(dāng):此指背裆,裲裆当背的那片。

【译文】

抱腹,上边和下边都有带子,环绕包裹在肚子上,没有背裆。

16.34   心衣①,抱腹而施钩肩②,钩肩之间施一裆,以
奄心也③。

【注释】

①心衣：上掩胸下掩腹的贴身小衣。犹今之肚兜。

②施：设置，安放。钩肩：勾连肩部的两条背带。钩，绕，围绕。

③奄（yǎn）：覆盖，遮蔽。心：胸。

【译文】

心衣，包裹在肚子上又设置有背带，两条背带中间设置有一片布，用来掩盖胸部。

16.35　衫①，芟也②，芟末无袖端也③。

【注释】

①衫：古代指无袖头的开衩上衣。

②芟（shān）：刈除，除去。

③芟：原作"衫"，据段玉裁、疏证本等校改。末：物的端、稍。此指袖子的末端，即袖头。袖端：袖子的末端。

【译文】

衫，得名于"芟"，除去袖子末梢而没有袖头。

16.36　有里曰"复（複）"①，无里曰"单"②。

【注释】

①里：衣服的内层。复（複）：夹衣。

②无里曰"单"：此句原书另起，据卢文弨、吴志忠校与上合并。吴翊寅校议："毕依原本各为条，亦误。"单，单层无里子的衣服。即禪。

【译文】

有里层的夹衣叫作"复（複）"，没有里层的衣服叫作"单"。

16.37　反闭①,襦之小者也②,却向著之③,领反于背后闭其襟也④。

【注释】

①反闭:在背后合襟的短衣。

②襦(rú):短衣,短袄。

③却向:反向,向后。却,后退,返回。著(zhuó):穿。

④背后:身后,身体的后面。襟:衣的前幅。

【译文】

反闭,是衣服里边短小的,朝后穿着它,领子反向在背后闭合衣襟。

16.38　妇人上服曰"袿"①,其下垂者上广下狭②,如刀圭也③。

【注释】

①上服:上衣。袿(guī):长襦,较长的短衣。

②广:宽。狭:窄。

③刀圭:古时量取药末的用具。

【译文】

妇女的上衣叫作"袿",它向下垂挂的部分上面宽阔下面狭窄,就像刀圭似的。

16.39　襈①,撰也②,青绛为之缘也③。

【注释】

①襈(zhuàn):衣服的缘饰,衣裳的边饰。

②撰:编定,编纂(zuǎn)。

③青绛：青红色。此指青红色的布帛衣料。为（wèi）：给，替。缘
　（yuàn）：给衣履等物镶边或绲（gǔn）边。

【译文】

禩，得名于"撰"，用青红色的布帛衣料给它镶边。

16.40　裙①，下裳也。裙②，群也③，连接群幅也④。

【注释】

①裙：古谓下裳，男女同用。今专指妇女的裙子。

②裳（cháng）也。裙：原书无此三字，据卢文弨、疏证本校增补。

③群：众，许多。

④群：原作"裾"，据卢文弨、疏证本、吴志忠校改。疏证本曰："今本
　作：'裙，下群也，连接裾幅也。'文有脱误，据《太平御览》及《广
　韵》参订补正之。"幅：布帛。此指裙子的分幅。

【译文】

裙，是下身穿的衣服。裙，得名于"群"，连接众多分幅而成。

16.41　缉下①，横缝缉其下也②。

【注释】

①缉（qī）下：一种裙的名称，形制未详。缉，缝衣边，一针连一针密
　密地缝。

②横：此指横着，从左到右或从右到左。缝（féng）缉：缝纫。

【译文】

缉下，横着缝纫衣裳的下边。

16.42　缘裙①，裙施缘也②。

【注释】

①缘（yuàn）裙：镶边的裙子。

②施缘（yuàn）：镶边，在衣物边缘缝上带状物。缘，衣服边上的镶
　　绲（gǔn），衣服的边。

【译文】

缘裙，裙子镶边加饰。

16.43　缘襦①，襦施缘也。

【注释】

①缘襦（yuàn shǔ）：镶边的连腰衣。

【译文】

缘襦，连腰衣上镶边加饰。

16.44　帔①，披也②，披之肩背③，不及下也④。

【注释】

①帔（pèi）：古代妇女披在肩上的衣饰。即披肩。

②披：覆盖或搭衣于肩。

③肩背：肩与背。

④不及：不到。

【译文】

帔，得名于"披"，把它披在肩膀和背部，达不到下边。

16.45　直领①，邪直而交下②，亦如丈夫服袍方也③。

【注释】

①直领：也作"直衿"。古代外衣领式之一，即对襟式。制为长条，

下连衣襟,从颈后沿左右绕到胸前,平行地直垂下来,有别于圆
领,多用于礼服。

②邪直:偏斜而直。邪,偏斜,不正。交下:即"交于下"。在下面交
会。交,接触,会合。

③丈夫:男子。指成年男子。服:穿着。袍:长衣。

【译文】

直领,又斜又直而在下面交会,也好像成年男子穿长袍的方法。

16.46　交领①,就形名之也②。

【注释】

①交领:交叠于胸前的衣领。左襟掩于右襟之上,其领口两襟相交。

②就:依从,按照。

【译文】

交领,是根据它的形状命名的。

16.47　曲领①,在内以禁中衣领上横壅颈②,其状曲也。

【注释】

①曲领:圆领。施于内衣之上、外衣之下,以防内衣之领上拥颈,因
其状阔大而曲得名。

②禁:原书无,据疏证本、吴志忠本等增补。衣:原作"襟",据疏证
本等校改。疏证本曰:"禁中衣,今本作'中襟',误也。颜师古注
《急就篇》云:'曲领者,所以禁中衣之领,恐其上壅颈也。'盖本诸
此,兹据以改正。"横:交错,纷杂。壅(yōng):堆积,堵塞。此指
拥挤。

【译文】

曲领,在里边用来禁止中衣的领子往上交错而挤着脖子,它的形状是弯曲的。

16.48　单襦①,如襦而无絮也②。

【注释】

①单襦(rú):单层短衣。单襦近乎衫,复襦近乎袄。

②絮:粗丝绵。

【译文】

单襦,像襦的样子但没有丝绵。

16.49　要襦①,形如襦,其要上翘,下齐要也②。

【注释】

①要(yāo)襦:齐腰的短衣短袄。要,同"腰"。

②齐要:与腰平齐。

【译文】

腰襦,形状像襦,它的腰部向上翘着,下边与人的腰平齐。

16.50　半袖①,其袂半襦而施袖也。

【注释】

①半袖:短袖衣。

【译文】

半袖,它的袖子相当于短衣设置的袖子的一半。

16.51　留幕①,冀州所名"大褶"②,下至膝者也。留,牢也③;幕,络也④,言牢络在衣表也⑤。

【注释】

①留幕:长夹衣,下可至膝。

②冀州:汉武帝所置十三刺史部之一。辖境大致为河北中南部,山东西端和河南北端。大褶(dié):短于袍而长于襦的夹衣。褶,夹衣。

③牢:牢笼,笼络。

④络:包罗,笼罩。

⑤牢络:笼罩,覆盖。

【译文】

留幕,就是冀州所称名的"大褶",下面长到膝盖的夹衣。留,来源于"牢";幕,来源于"络",说的是笼盖在衣服的外表。

16.52　袍①,丈夫著②,下至跗者也③。袍,苞也④,苞内衣也⑤。妇人以绛作衣裳⑥,上下连,四起施缘⑦,亦曰"袍",义亦然也⑧。齐人谓如衫而小袖曰"侯头"⑨,"侯头"犹言"解渎"⑩,臂直通之言也。

【注释】

①袍:长衣。

②丈夫:指成年男子。

③跗(fū):脚背。

④苞:通"包"。裹。

⑤内衣:指衬衣、裤裈、衬衫等贴身穿的衣服。

⑥妇人:成年女子的通称。绛(jiàng):一种丝织品。

⑦四起：四方，四围。施缘（yuàn）：镶边，在衣物边缘缝上带状物。

⑧义：道理。亦然：也是如此。卢文弨、邵晋涵于此后画一分隔线，使以下分开另起。范惟一玉雪堂刻本、疏证本、吴志忠本以下另起。

⑨侯头：一种近身穿的小袖衫。

⑩犹言：好比说，等于说。解：通彻，通达。渎：沟渠。

【译文】

袍，是成年男子穿的，下垂到脚背的长衣。袍，得名于"苞"，包裹着内衣。妇女用绛做衣裳，上衣和下裳互相连接，四周镶边，也叫作"袍"，也是这个道理。齐国一带的人把像开衩上衣而袖子短小的叫作"侯头"，"侯头"如同说"解渎"，说的是手臂直通的意思。

16.53　被①，被也②，被覆人也③。

【注释】

①被：被子。睡眠时用以覆体。

②被：覆盖。

③被覆：覆盖，掩蔽。

【译文】

被，得名于"被"，是覆盖人体的意思。

16.54　衾①，广也②，其下广（廣）大③，如广受人也④。

【注释】

①衾（qīn）：被子，特指大被。

②广（yǎn）：依山崖建造的房屋。

③广（guǎng，廣）大：宽广（廣），宽阔。

④受：容纳。

【译文】

衾,得名于"广",它的下面宽广(廣)空阔,就像依山崖建造的房屋那样能容纳人。

16.55 汗衣①,近身受汗垢之衣也②。《诗》谓之"泽"③,受汗泽也④。或曰"鄙袒"⑤,或曰"羞袒"⑥,作之用六尺,裁足覆胸背⑦,言羞鄙于袒而衣此耳⑧。

【注释】

①汗衣:汗衫,吸汗的贴身短衣。

②汗垢:混和污垢的汗。

③《诗》谓之"泽":语见《诗经·秦风·无衣》:"岂曰无衣? 与子同泽。"郑玄笺:"泽,亵衣,近污垢。"泽,汗衣,内衣。后作"襗(zé)"。

④汗泽:汗水,汗液。

⑤鄙袒:指汗衫背心。

⑥羞袒:贴身背心。

⑦裁足:仅够。裁,通"才"。仅仅。足,足够。胸背:胸与背。

⑧羞鄙:以为耻辱,以为羞耻。袒:脱衣露出上身。衣(yì):穿着。

【译文】

汗衣,贴近身体承受汗水和污垢的衣裳。《诗经》把它叫作"泽",是承受汗水的。有人叫它"鄙袒",有人叫它"羞袒",制作它用六尺布,仅够覆盖胸膛和背部,说的是羞于袒露上身才穿它。

16.56 裈①,贯也②,贯两脚,上系要中也③。

【注释】

①裈(kūn):满裆裤。以别于无裆裤而言。按,此条原与上条相连,

据范惟一玉雪堂刻本、疏证本等分开另起。

②贯：通，贯通。

③要（yāo）：同"腰"。

【译文】

裈，得名于"贯"，贯穿到两只脚，上面系在腰中。

16.57 偪①，所以自逼束②。今谓之"行縢"③，言以裹脚④，可以跳腾轻便也⑤。

【注释】

①偪（bī）：绑腿的布帛带。又作"幅（bī）"，斜缠于小腿的布帛，自足至膝，似今之绑腿布，古称行縢（téng）。

②逼束：逼迫约束。

③行縢（téng）：绑腿布。

④裹脚：缠裹小腿。脚，小腿。

⑤跳腾：跳跃升腾。轻便：轻健，轻捷。

【译文】

偪，是用来逼迫约束自己的。现在叫作"行縢"，说的是用来缠裹小腿，可以跳跃升腾得轻快便捷。

16.58 袜，末也，在脚末也①。

【注释】

①脚末：小腿的末端。

【译文】

袜，得名于"末"，在小腿的末端。

16.59　履①,礼也②,饰足所以为礼也③。

【注释】
①履:鞋。
②礼:礼节,礼貌。
③饰:被覆,覆盖。

【译文】
履,得名于"礼",覆盖脚部用来作为礼节。

16.60　复其下曰"舄"①。舄,腊也②,行礼久立③,地或泥湿④,故复其末下⑤,使干腊也⑥。

【注释】
①复:重复,重叠。下:下面。此指鞋底。舄(xì):以木为复底的鞋。
②腊(xī):干燥。
③行礼:按一定的仪式或姿势致敬。
④或:有时。泥(nì):污,沾污。
⑤末下:下部,下面。此指鞋底。末,下部,下面。
⑥干腊:干燥。

【译文】
重叠鞋底的叫作"舄"。舄,得名于"腊",施行礼节时间长久,地面有时泥泞潮湿,所以重叠鞋底,使它干燥。

16.61　屦①,拘也②,所以拘足也。

【注释】
①屦(jù):单底鞋。后亦泛指鞋。

②拘（gōu）：遮蔽。

【译文】

屦，得名于"拘"，是用来遮挡脚的。

16.62　齐人谓韦屦曰"扉"①。扉，皮也②，以皮作之。

【注释】

①韦（wéi）屦：熟牛皮鞋。韦，去毛熟治的兽皮，柔软的皮革。扉（fèi）：用皮革做的鞋。

②皮：兽皮。

【译文】

齐国一带的人把皮鞋叫作"扉"。扉，得名于"皮"，是用皮革做成的。

16.63　不借①，言贱易有②，宜各自蓄之③，不假借人也④。齐人云"搏腊"⑤，"搏腊"犹"把鲊"⑥，粗貌也⑦。荆州人曰"粗"⑧，麻、韦、草皆同名也⑨。粗，措也⑩，言所以安措足也⑪。

【注释】

①不借：麻鞋。按，从"不借"至"不假借人也"原与上条相连，据吴志忠本分开另起。

②贱：价格低，便宜。易有：容易拥有。

③宜：应当，应该。蓄：收藏，怀有。

④假借：借。此指借给。

⑤搏腊（xī）：麻鞋。按，从"齐人云"至"安措足也"原单独成条，据疏证本、吴志忠本等与上合并。疏证本曰："今本'齐人'又提行别起，亦据《太平御览》引并合。"

⑥把鲊（zhǎ）：即"搏腊""不借"。麻鞋。

⑦粗：粗糙，粗劣。

⑧粗：草鞋、麻鞋之类。

⑨麻：古代专指黄麻。茎皮纤维长而坚韧，可供纺织等。同名：名称
　相同。

⑩措：安放。

⑪安措：安置。

【译文】

　　不借，说的是价格便宜容易拥有，应该各人自己储备，不借给别人。
齐国一带的人把它叫作"搏腊"，"搏腊"犹如"把鲊"，粗糙的样子。荆
州一带的人叫"粗"，麻编的、皮编的、草编的都是同一个名称。粗，得名
于"措"，说的是用来安放脚的地方。

16.64　屩①，蹻也②，出行著之③，蹻蹻轻便④，因以为名也。

【注释】

①屩（juē）：草鞋。

②蹻（jiǎo）：举足轻捷。

③出行：出外行远。

④蹻蹻：壮健勇武、举足轻捷貌。

【译文】

　　屩，得名于"蹻"，出外行远时穿上它，快捷轻便，因此用它作名称。

16.65　屐①，搘也②，为两足搘，以践泥也③。

【注释】

①屐（jī）：木制的鞋，底下有前后两齿，便于在雨天泥地上行走。

②搘（zhī）：支撑，支持。

③践：踩，踩踏。

【译文】

屐，得名于"搘"，作为两脚的支撑，用来踩踏泥土地。

16.66　靴①，跨也，两足各以一跨骑也②。

【注释】

①靴：靴子，高到踝骨以上的长筒鞋。

②跨骑：跨坐，乘骑。

【译文】

靴，得名于"跨"，两只脚跨着各穿一只。

　16.67　鞻鞮①，靴之缺前壅者，胡中所名也②。"鞻鞮"犹"速独"③，足直前之言也。

【注释】

①鞻鞮（suǒ duó）：古代少数民族的一种鞋头不加护套的靴子。

②胡：古代称北方和西方的民族如匈奴等。中：指一个地区之内。

③速独：犹"束躅"。频频踏足前进。

【译文】

鞻鞮，是前头缺少护套的靴子，是少数民族地区命名的东西。"鞻鞮"犹如"速独"，说的是两脚径直向前。

　16.68　鞋①，解也②，著时缩其上如履然③，解其上则舒解也④。

【注释】

①鞋：脚上的低筒穿着物。

②解：松开，松脱。

③缩：收敛，收缩。履：浅帮的鞋子。

④舒解：舒展，解散。

【译文】

鞋，得名于"解"，穿的时候收缩上面的鞋帮就像浅帮的履那样，解开上面的时候鞋帮就舒展开了。

16.69　帛屐①，以帛作之②，如屩者。不曰"帛屩"者，屩不可践泥也。屐③，践泥者也。此亦可以步泥而浣之④，故谓之"屐"也。

【注释】

①帛屐：以帛为面、木板为底且下有二齿的鞋。

②帛：丝织物的通称。

③屐：原作"也"，疑因上"也"字而误，据疏证本改。

④步：踏。浣（huàn）：洗涤。

【译文】

帛屐，用丝帛做成，如同草鞋。不叫它"帛屩"，是因为草鞋不能踩踏在泥水之上。而屐，是踩踏泥水的鞋。这种帛屐也能够踏泥并能洗涤，所以把它叫作"屐"。

16.70　晚下如舄①，其下宛宛而危②，妇人短者著之③，可以拜也④。

【注释】

①晚下：即"鞔（wǎn）下"。鞋名。晚，通"鞔"。

②宛宛：原作"晚晚"，据疏证本校改。吴翊寅校议："毕校……'晚晚'作'宛宛'，似亦可从。"宛宛，屈曲貌。危：高，高耸。

③短：矮小。

④拜：表示恭敬的一种礼节，行礼时下跪，低头与腰平，两手至地，后用为行礼的通称。

【译文】

晚下与舄相似，它的底下弯曲而高耸，矮个的妇女穿着它，可以跪拜。

16.71　靸①，韦履深头者之名也②。靸，袭也③，以其深袭覆足也。

【注释】

①靸（sǎ）：前帮深而无后帮的鞋子，后也指形制与之类似的拖鞋。

②韦履：皮鞋。

③袭：遮盖，掩藏。

【译文】

靸，头部较深的皮鞋的名称。靸，得名于"袭"，因为它前帮深而掩盖了脚。

16.72　仰角①，屦上施履之名也②。行不得蹶③，当仰履角举足乃行也④。

【注释】

①仰角：指鞋底有齿的木头鞋，字也写作"卬角""靰角"。

②施：施加。

③不得：不能，不可。蹶（jué）：颠仆（pū），跌倒。

④举足:提脚,跨步。

【译文】

仰角,是木屐上套加鞋子这种穿着的名称。走路不能跌倒,应当仰起鞋子的前角抬起脚来才能行走。

释宫室第十七

【题解】

　　宫室,是房屋的通称。《周易·系辞下》:"上古穴居而野处,后世圣人易之以宫室,上栋下宇,以待风雨。"本篇解释建筑词语,内容包括建筑材料类的瓦、泥,建筑构件类的梁、柱、欂、望、栋、楣、橡、榱、梠、檐、门、障、户、窗、茨,建筑类型有居室类的宫、室、宅、舍、屋、寝、廷、殿、堂、房、蒲、庵、庑、庌,祭祀类的宗庙、寺,储物类的仓、库、廪、囷、庾、囤、圈,厨房类的灶、爨,拘禁类的狱、牢、圜土、囹圄,圈养类的厩,取水类的井、澜沟,厕所类的厕、溷、圂、轩,驿站休息类的亭、传、庐,建筑布局类的阙、观、楼、台、城、郭,空间方位类的奥、屋漏、突、宦、中霤,空间隔断类的屏、萧墙、宁、罘罳,粉刷装饰类的涂、垩、墍,涉及人所需居室的方方面面,编排得详细而系统。

　　17.1　宫①,穹也②,屋见于垣上③,穹隆然也④。

【注释】

①宫:古代通称房屋、居室。

②穹（qióng）:物体中间隆起四周下垂的样子。

③屋:指屋顶。见（xiàn）:同"现"。显现,显露。垣（yuán）:矮墙。

④穹隆：中间隆起四周下垂的样子。

【译文】

宫，得名于"穹"，屋顶显露在墙垣上，中间隆起四周下垂的样子。

17.2　室①，实也②，人物实满其中也③。

【注释】

①室：堂后之正室。

②实：充实，充满。

③人物：人与物。实满：充实。

【译文】

室，得名于"实"，人和物充实占满正室。

17.3　室中西南隅曰"奥"①，不见户明②，所在秘奥也③。

【注释】

①隅：角，角落。奥：室内西南角落。

②见：遇到，接触。户：门。明：光亮。

③秘奥：犹"奥秘"。隐秘，秘密深奥。

【译文】

正室里西南的角落叫作"奥"，接触不到由房门照进来的光亮，所处的地方隐秘深奥。

17.4　西北隅曰"屋漏"①，礼②：每有亲死者③，辄撤屋之西北隅薪④，以爨灶煮沐⑤，供诸丧用⑥。时若值雨则漏⑦，遂以名之也⑧。必取是隅者⑨，礼：既祭⑩，改设馔于西北隅⑪；今撤毁之⑫，示不复用也⑬。

【注释】

①屋漏:古代室内西北隅施设小帐,安藏神主,为人所不见的地方。一说为光所漏入。后即用以泛指屋之深暗处。

②礼:礼文,礼书。《周礼》《仪礼》《礼记》皆古言礼之书,合称"三礼"。

③亲:父母。亦偏指父或母。

④辄:立即,就。撤:拆除。薪:草。

⑤爨(cuàn):烧火煮饭。沐:米汁,古人常用以洗头。

⑥诸:代词"之"和介词"于"的合音。

⑦时:当时。值:遇到,碰上。

⑧遂(suì):于是,就。

⑨必:必然,一定。是:此,这,这里。

⑩既:完了,结束。又指已经。

⑪设馔(zhuàn):在牌位前供设酒肴,为祭祀习俗。馔,食物,菜肴。

⑫今:原作"令",据段玉裁、疏证本、吴志忠本校改。撤毁:拆毁。

⑬不复:不再。

【译文】

正室里西北的角落叫作"屋漏",礼书规定:每当有父亲或母亲去世,就抽去屋顶西北角落的草,用来烧火煮米汤,提供给丧事使用。当时如果正赶上下雨就漏了,于是就用"屋漏"命名了。之所以一定要选取西北这个角落,是因为礼书规定:祭祀结束,改为在西北角落供奉菜肴;现在拆毁了,表示不再使用了。

17.5　东南隅曰"窔"①。窔,幽也②,亦取幽冥也③。

【注释】

①窔(yào):原作"窔",形讹。窔,同"窔"。正室里的东南隅。按,此条原书不另起,据《格致丛书》本、钟惺评本等分条另起。

②幽：暗，暗淡。

③幽冥：幽暗，黑暗。

【译文】

正室东南的角落叫作"突"。突，得名于"幽"，也是选取幽深黑暗的特点命名。

17.6　东北隅曰"宧"①。宧，养也②，东北阳气始出③，布养物也④。

【注释】

①宧（yí）：正室里的东北角。

②养：抚育，养育。

③阳气：暖气，生长之气。

④布：布施，施予。

【译文】

正室里东北的角落叫作"宧"。宧，得名于"养"，东北的暖阳之气开始出现，布施养育生物了。

17.7　中央曰"中霤"①。古者覆穴②，后室之③，霤当今之栋④，下直室之中⑤，古者霤下之处也⑥。

【注释】

①中霤（liù）：正室的中央。

②覆穴：覆，原作"寝"，据段玉裁、疏证本等校改。段玉裁曰："郑氏《月令》注云：'中霤犹中室也……古者复穴。是以名室为霤。'"覆穴，犹"复穴"。谓穴居，亦指穴居的土窟。平地曰复，高地曰穴。

③后：时间较迟或较晚，后来。室：建房，筑室，易之以宫室。

④霤：屋檐下滴水处。当（dāng）：对着，向着。今：原作"令"，据疏
　　证本、吴志忠本等校改。栋：屋的正梁。

⑤直：当，对着。中：中央。

⑥霤：屋檐水。

【译文】

　　正室的中央叫作"中霤"。上古时的人住在洞穴里，后来建成了房
屋，屋檐下滴水的地方正对着现在的正梁，下面对着正室的中央，正好是
古时屋檐水下滴的地方。

17.8　宅①，择也②，择吉处而营之也③。

【注释】

①宅：住宅，住所。

②择：挑选。

③营：建造，建设。

【译文】

宅，得名于"择"，选择吉利的地方来建造它。

17.9　舍①，于中舍息也②。

【注释】

①舍（shè）：房屋，居室。

②舍息：居住，休息。

【译文】

舍，可以在里面居住栖息。

17.10　宇^①,羽也^②,如鸟羽翼^③,自覆蔽也^④。

【注释】

①宇:房屋。

②羽:鸟毛。特指鸟的长毛。

③羽翼:禽鸟的翅膀。

④覆蔽:掩蔽,覆盖。

【译文】

宇,得名于"羽",就像飞鸟的翅膀,覆盖住自己。

17.11　屋^①,亦奥也^②,其中温奥也^③。

【注释】

①屋:房舍,房屋。

②奥(yù):后作"燠"。暖。

③温奥:温暖。

【译文】

屋,也就是"奥",里面温暖隐奥。

17.12　庙^①,貌也^②,先祖形貌所在也^③。

【注释】

①庙:旧时供祀先祖神位的屋舍。

②貌:面容,容颜。

③先祖:祖先。形貌:外形容貌。

【译文】

庙,得名于"貌",是祖先外形容貌存在的地方。

17.13　寝^①,寝也^②,所寝息也^③。

【注释】

①寝:寝宫,卧室。名词。

②寝:睡,卧。动词。

③寝息:睡卧休息。

【译文】

寝,得名于睡卧之"寝",是睡卧休息的地方。

17.14　城^①,盛也^②,盛受国都也^③。

【注释】

①城:都邑四周的墙垣,围绕某一区域以供防守的大围墙。

②盛(chéng):容纳,承受。

③国都:一国最高政权机关所在地。

【译文】

城,得名于"盛",是承受容纳国都的地方。

17.15　郭^①,廓也^②,廓落在城外也^③。

【注释】

①郭:外城,在城的外围加筑的一道城墙。

②廓:广大,空阔。

③廓落:广大辽阔的样子。

【译文】

郭,得名于"廓",宏阔空旷地矗立在城墙的外边。

17.16　城上垣曰"睥睨"①,言于其孔中睥睨非常也②。亦曰"陴"③。陴,裨也④,言裨助城之高也⑤。亦曰"女墙"⑥,言其卑小⑦,比之于城,若女子之于丈夫也⑧。

【注释】

①睥睨(pì nì):城墙上锯齿形的短墙。

②睥睨:窥视,侦伺。非常:突如其来的事变。

③陴(pí):城上女墙,城墙上呈凹凸形的小墙。

④裨(bì):增添,补助。

⑤裨助:增益,补益。

⑥女墙:城墙上呈凹凸形的小墙。

⑦卑小:卑小,矮小。

⑧女子:泛指女性。丈夫:男子。指成年男子。

【译文】

城墙上锯齿形的短墙叫作"睥睨",说的是在城墙的孔洞里窥视城外的异常情况。又叫作"陴"。陴,得名于"裨",说的是增加补助城墙的高度。又叫作"女墙",说的是它较为矮小,跟城墙比较,好像女子比较于大男人似的。

17.17　寺①,嗣也②,治事者嗣续于其内也③。

【注释】

①寺:衙署,官舍。

②嗣(sì):继承,接续。

③治事:管理政事,处理事务。嗣续:继续,接续。

【译文】

寺,得名于"嗣",管理政事的人在里面互相接续。

17.18　廷①,停也②,人所停集之处也③。

【注释】

①廷:朝廷,官舍,公堂。

②停:停留,停歇。

③停集:原书无"停"字,据疏证本、吴志忠校等补。疏证本曰:"今本脱下'停'字,据《广韵》引增。下文17.20条"亭,停也,亦人所停集也"有"停"字。停集,停留聚集。

【译文】

廷,得名于"停",是人们停留聚集的地方。

17.19　狱,确也①,实确人之情伪也②。又谓之"牢"③,言所在坚牢也④。又谓之"圜土"⑤,筑其表墙⑥,其形圜也⑦。又谓之"囹圄"⑧。囹,领也⑨;圄,御也⑩,领录囚徒禁御之也⑪。

【注释】

①确:真实,准确。

②实确:确定,使其确切信实。情伪:真假,真诚与虚伪。情,诚,真实。

③牢:监狱。

④坚牢:牢固,坚固牢靠。

⑤圜(yuán)土:牢狱。

⑥表墙:外围墙壁。

⑦圜(yuán):同"圆"。圆形。

⑧囹圄(líng yǔ):监狱。

⑨领:统率,管领。

⑩御:通"禦"。制止,阻止。"禦"今简化亦作"御"。

⑪领录：总领，全面掌管。录，统领，管领。囚徒：囚犯。禁御：禁止，
　　制止。

【译文】

狱，得名于"确"，确定人们的真诚与虚伪。又叫作"牢"，说的是它
那地方坚固牢靠。又叫作"圜土"，说的是它建筑的围墙，那形状是圆形
的。又叫作"囹圄"：囹，得名于"领"；圄，得名于"御"，统领囚犯并制止
他们。

17.20　亭①，停也，亦人所停集也。

【注释】

①亭：供旅客宿食的处所，后指驿亭。

【译文】

亭，得名于"停"，也是人们停留聚集的地方。

17.21　传①，传也②，人所止息而去③，后人复来④，转相
传⑤，无常主也⑥。

【注释】

①传（zhuàn）：驿站，客舍。

②传（chuán）：传授，继承。

③止息：休息，住宿。去：离开。

④后人：后面的人，后继的人。

⑤转（zhuǎn）：辗转。

⑥常主：主，原作"王"，形讹，据疏证本、吴志忠本等改。常主，固定
　　的主人。

【译文】

传,得名于"传",人们住宿休息后就走了,后边的人又来,辗转相互继承,没有固定的主人。

17.22　瓦①,踝也②。踝,确坚貌也③。亦言裸也④,在外裸见也⑤。

【注释】

①瓦:铺屋顶以遮蔽风雨的建筑材料。

②踝(huái):小腿与脚交接处左右两侧突起的部分。也指脚跟。

③确坚:犹"坚确"。坚硬。

④裸(luǒ):原作"腂(lěi)",据段玉裁、篆字疏证本校改,下同。篆字疏证本曰:"今本'裸'作'腂',《说文》所无,据'外见'之谊,字当作'裸袒'之'裸',故改。"裸,露出。

⑤裸见(xiàn):没有遮蔽,显露于外。

【译文】

瓦,得名于"踝"。踝,坚硬的样子。也说的是"裸",裸露在外。

17.23　梁①,强梁也②。

【注释】

①梁:木结构屋架中架在柱上支撑屋顶的横木。

②强梁:强劲有力。

【译文】

梁,因为强梁而得名。

17.24　柱①,住也②。

【注释】

①柱:支撑房屋的柱子。

②住:立。

【译文】

柱,得名于"住"。

17.25　檼①,隐也②,所以隐桷也③。或谓之"望"④,言高可望也。或谓之"栋"⑤。栋,中也,居屋之中也。

【注释】

①檼(yìn):脊檩。架在木结构屋架上面最高的一根横木。

②隐:安稳,稳定。也作"稳"。

③所以:用以,用来。桷(jué):方形的椽子。

④望:通"亲(máng)"。屋的正梁。

⑤栋:房屋的正梁。

【译文】

檼,得名于"隐",是用来稳定椽子的。有人把它叫作"望",说的是可以抬头望见。也有人把它叫作"栋"。栋,得名于"中",处在房屋的中间。

17.26　桷,确也①,其形细而疏确也②。或谓之"椽"③。椽,传也④,相传次而布列也⑤。或谓之"榱"⑥,在檼旁下列⑦,衰衰然垂也⑧。

【注释】

①确:坚固。

②疏确:粗糙而坚硬。

③椽(chuán):椽子,放在檩上架着屋顶的木条。

④传：延续。

⑤传次：依次延续。布列：分布陈列，遍布。

⑥榱（cuī）：屋椽。

⑦列：排列。

⑧衰衰（suī）：犹"蓑蓑"。下垂貌。

【译文】

桷，得名于"确"，它的形状细长却粗糙而坚固。有人把它叫作"椽"。椽，得名于"传"，依次延续而分布排列。也有人把它叫作"榱"，在檼的旁边向下排列，一条条地下垂。

17.27　梠①，旅也②，连旅旅也③。或谓之"棉"④。棉，绵也⑤，绵连榱头⑥，使齐平也⑦。上入曰"爵头"⑧，形似爵头也。

【注释】

①梠（lǚ）：安装在屋檐上的横木，用以连接屋椽，使之齐平。

②旅：次序。

③旅旅：次序严整的样子。

④棉（mián）：原作"樏"，据卢文弨、疏证本等校改，下同。疏证本曰："今本作'樏'，误也，据《太平御览》引改。"棉，屋檐的横板。

⑤绵：延续，连续。

⑥绵连：犹"连绵"。接连不断。榱头：屋椽的下端。

⑦齐平：整齐，平正。

⑧爵头：似指飞檐，向上翘起的屋檐。爵，通"雀"。鸟的一种。

【译文】

梠，得名于"旅"，连接得齐刷刷的。有人把它叫作"棉"。棉，得名于"绵"，接续榱头连绵不断，使榱头平正整齐。梠上端接入的地方叫

"爵头",像是鸟雀的头。

17.28　楣①,眉也②,近前各两③,若面之有眉也④。

【注释】

①楣(méi):房屋的次檩,即二檩。

②眉:眉毛。人的前额与上眼睑连接处横形生有细毛的部分。

③各两:原书无,据段玉裁、卢文弨、疏证本校补。段玉裁曰:"一本'近前'之下有'各两'二字。"许克勤曰:"《通鉴释文·十八》引作'楣,近前各两,若面之有眉',然则古本似有'各两'二字。"

④面:脸部,头的前部。

【译文】

楣,得名于"眉",靠近前面各有两个,就像脸上长有眉毛那样。

17.29　梲儒也①,梁上短柱也②。梲儒犹侏儒③,短,故以名之也。

【注释】

①梲儒(zhuō rú):即"梲檽"。在长梁上面支撑短梁或人字架的短柱。

②梁上短柱:中国古代建筑通常采用叠梁式结构,是在石础上立长柱,柱上架长梁(俗称"大梁"),再在长梁上重叠数层矮柱和短梁,构成木排架。在长梁上支撑短梁的矮柱,即梁上柱(梁上梲)。

③侏儒:身材异常短小者,矮子。

【译文】

梲儒,是长梁上面支撑短梁或人字架的短柱。梲儒犹如侏儒,它像侏儒一样短小,所以用"梲儒"命名。

17.30　梧^①,在梁上两头^②,相触悟也^③。

【注释】

①梧(wú):原作"悟",形讹,据疏证本、吴志忠本等校改。疏证本曰:"今本'梧''悟'皆从'牛'旁,讹也。"梧,屋梁上的斜柱。

②两头:两端。

③触悟(wǔ):抵触,违逆。

【译文】

梧,在大梁的两头,互相接触抵牾。

17.31　栾^①,挛也^②,其体上曲,挛拳然也^③。

【注释】

①栾(luán):建筑物立柱和横梁间成弓形的承重结构。

②挛(luán):卷曲不能伸展。

③挛拳:蜷曲貌。

【译文】

栾,得名于"挛",它的形体向上弯曲,蜷缩屈曲的样子。

17.32　卢^①,在柱端,都卢负屋之重也^②。

【注释】

①卢:柱上的斗拱。后作"栌"。斗栱,架在柱上以支撑屋梁的木构件。

②都(dū)卢:古代杂技名。今之爬竿戏。负:承受,担负。

【译文】

卢,在柱子的上端,像爬竿戏的竿子那样担负房屋的重量。

17.33　斗^①,在栾两头如斗也^②。斗,负上员檼也^③。

【注释】

①斗(dǒu):垫在拱与拱之间的方形木块。

②斗:量器。容量为一斗。

③员:同"圆"。圆形。檼(yìn):脊檩。

【译文】

斗,在栾的两头像量器斗那样。斗,是用来担负上面圆形脊檩的。

17.34　笮^①,迮也^②,编竹相连迫迮也^③。

【注释】

①笮(zé):铺在瓦下椽上的箔(bó)席。用竹或苇编成。

②迮(zé):迫,逼迫。

③编竹:用细竹竿或竹片编织。迫迮:密聚、紧靠貌。

【译文】

笮,得名于"迮",编织竹子互相连接密集紧迫。

17.35　屋脊曰"甍"^①。甍,蒙也^②,在上覆蒙屋也^③。

【注释】

①甍(méng):屋脊,屋栋。

②蒙:覆盖,遮蔽。

③覆蒙:覆盖,遮盖。

【译文】

屋顶中间高起的部分叫作"甍"。甍,得名于"蒙",在上面蒙盖着房屋。

17.36　壁①,辟也②,辟御风寒也③。

【注释】

①壁:墙垣。

②辟(bì):退避,躲避。

③辟御:躲避,抵御。风寒:冷风寒气。

【译文】

壁,得名于"辟",躲避抵御冷风寒气。

17.37　墙①,障也②,所以自障蔽也③。

【注释】

①墙:作间隔或屏障用的四围建筑。

②障:遮挡。

③障蔽:遮蔽,遮挡。

【译文】

墙,得名于"障",是用来遮挡自己的障碍物。

17.38　垣①,援也②,人所依阻③,以为援卫也④。

【注释】

①垣(yuán):围墙。

②援:帮助,救助。

③依阻:凭借,仗恃。阻,倚仗,凭借。

④援卫:救援,保卫。

【译文】

垣,得名于"援",人们倚仗它,用来救援保卫。

17.39　墉①,容也②,所以蔽隐形容也③。

【注释】

①墉(yōng):墙垣。

②容:仪容,相貌。

③蔽隐:隐藏,遮掩。形容:形体容貌。

【译文】

墉,得名于"容",是用来遮蔽隐藏形体容貌的。

17.40　篱①,离也②,以柴竹作之③,疏离离也④。青徐曰"椐"⑤。椐,居也⑥,居于中也。

【注释】

①篱:篱笆。

②离:分别,分开。

③柴竹:木柴或竹子。

④离离:空疏貌。

⑤青徐:青州和徐州的并称。椐(jū):藩篱。

⑥居:处在,处于。

【译文】

篱,得名于"离",用木柴或竹子制作,稀稀拉拉的样子。青州和徐州一带的人把它叫作"椐"。椐,得名于"居",人们居住在里边。

17.41　栅①,赜也②,以木作之,上平赜然也③。又谓之"撒"④。撒,紧也,诜诜然紧也⑤。

【注释】

①栅（zhà）：栅栏。用竹、木、铁条等围成的阻拦物。

②赜（zé）：原作"赜"，为"赜"之形讹。详见15.16条注释。赜，通"帻"。整齐。

③赜然：整齐貌。

④撤：用同"彻"。紧密貌。

⑤诜诜（shēn）：众多貌，紧密貌。

【译文】

栅，得名于"赜"，用木头制作，上面平均整齐。又叫作"撤"。撤，紧密的意思，密密麻麻地挨得很紧。

17.42　殿①，有殿鄂也②。

【注释】

①殿：高大的房屋。

②有殿鄂：形容高起而边际明显的样子。殿鄂，犹"垠堮"。边际，悬崖。

【译文】

殿，高起而边际明显。

17.43　陛①，卑也②，有高卑也③。天子殿谓之"纳陛"④，言所以纳人言之阶陛也⑤。

【注释】

①陛：台阶，阶梯。按，本条原与上条相合，据疏证本、吴志忠本分开另起。

②卑：低。与高相对。

③高卑:高低。

④纳陛:特凿的登殿陛级,使登升者不露身,犹贵宾专用通道。一说
　是阶高较矮的木阶梯,使登阶别太陡。

⑤纳:接受,接纳。阶陛:宫殿的台阶。

【译文】

陛,得名于"卑",有高有低。帝王宫殿有特别的阶梯叫作"纳陛",
说的是能在那里接纳人臣言论的台阶。

17.44　阶①,梯也②,如梯之有等差也③。

【注释】

①阶:台阶。用砖、石等砌成的梯形建筑物。

②梯:供上、下的用具或设备。

③等差:等级次序,等级差别。

【译文】

阶,得名于"梯",像梯子那样有等级差别。

17.45　陈①,堂涂也②,言宾主相迎陈列之处也③。

【注释】

①陈:堂下到院门的通道。

②堂涂:堂下至院门的道路。

③宾主:宾客与主人。陈列:排列。

【译文】

陈,是从堂下到院门的道路,说的是主人迎接宾客而排列的地方。

17.46　屏①,自障屏也②。

【注释】

①屏:照壁。对着门的小墙。

②障屏:犹"屏障"。保护,遮蔽。

【译文】

屏,是遮蔽自己的设施。

17.47　萧墙^①,在门内。萧,肃也^②,将入,于此自肃敬之处也^③。

【注释】

①萧墙:古代官室内作为屏障的矮墙。

②肃:原作"萧",据汪道谦、疏证本等校改。疏证本曰:"今本'肃也'讹作'萧也'……据《太平御览》引改。"肃,恭敬。

③肃敬:恭敬。

【译文】

萧墙,在大门里边。萧,得名于"肃",是将要进门的时候,在这里调整恭敬心态的地方。

17.48　宁^①,伫也^②,将见君,所伫立定气之处也^③。

【注释】

①宁(zhù):古代官室门屏之间的地方。

②伫(zhù):久立。

③伫立:久立。定气:平定心气,稳定情绪。

【译文】

宁,得名于"伫",是臣子将要见到君王的时候,长久站立以平定心气的地方。

17.49　序^①,次序也^②。

【注释】

①序:堂的东、西墙。又指堂两旁东西厢房。

②次序:顺序,次第。

【译文】

序,说的是顺序次第。

17.50　夹室^①,在堂两头^②,故曰"夹"也^③。

【注释】

①夹室:堂东西厢的后部。

②堂:建于高台基之上的厅房。古时,整幢房子建筑在一个高出地面的台基上。前面是堂,通常是行吉凶大礼的地方,不住人,堂后面是室,住人。

③夹:从两端相持或相对。

【译文】

夹室,在堂屋的两端,所以叫作"夹"。

17.51　堂犹堂堂^①,高显貌也^②。

【注释】

①堂堂:形容盛大。

②高显:宏大显敞。

【译文】

堂犹如说"堂堂",高大敞亮的样子。

17.52　房^①,旁也,在室两旁也^②。

【注释】

①房:古代指正室两旁的房间。

②室:原作"堂",据疏证本、邵晋涵等校改。疏证本曰:"今本作'在堂两旁也'。案:古者宫室之制,前堂后室,堂之两旁曰'夹室',室之两旁乃谓之'房',房不在堂两旁也。《太平御览》引作'室之两旁也',据改。"室,堂后之正室。

【译文】

房,得名于"旁",在正室的左右两边。

17.53　楹^①,亭也^②,亭亭然孤立^③,旁无所依也^④。齐鲁读曰"轻"^⑤。轻,胜也^⑥,孤立独处^⑦,能胜任上重也^⑧。

【注释】

①楹(yíng):厅堂的前柱。

②亭:直,直立貌。

③亭亭:直立貌,独立貌。孤立:独立,无所依傍或联系。

④无所依:没有什么可以倚靠的。

⑤齐鲁:春秋战国时期,以泰山为界分为齐国和鲁国。山北称为齐,山南则称为鲁。在今山东境内。

⑥胜:能够承受,禁得起。

⑦孤立:独立,无所依傍或联系。独处:不与众人共处。

⑧胜任:足以承受或担任。

【译文】

楹,得名于"亭",高高地孤零零地立着,旁边没有什么可以倚靠的。齐国和鲁国一带的人说成"轻"。轻,得名于"胜",孤孤单单地独自一个,能够承受上面的重量。

17.54　檐^①,檐也^②,接檐屋前后也^③。

【注释】

①檐(yán):屋檐,屋瓦边滴水的部分。

②檐(dān):同"担(擔)"。举,负荷。又疑"檐"是"擔"之形讹。

③接檐:承接并负荷。

【译文】

檐,得名于"檐",承接并担荷屋顶的前后两面。

17.55　霤^①,流也,水从屋上流下也。

【注释】

①霤(liù):屋檐下接水的长槽。

【译文】

霤,得名于"流",雨水从屋顶上流下来。

17.56　阙^①,在门两旁,中央阙然为道也^②。

【注释】

①阙(què):宫门、城门两侧的高台,台上起楼观(guàn)。

②阙(quē)然:空缺貌。

【译文】

阙,在大门的左右两边,中间空缺作为通道。

17.57　罘罳^①,在门外。罘,复也^②;罳,思也,臣将入

请事^③，于此复重思之也^④。

【注释】

①罘罳（fú sī）：设在门外或城角上的网状建筑，用以守望和防御。

②复：又，更，再。

③请事：请示，述职。

④复重（chóng）：重复。

【译文】

罘罳，在大门外边。罘，得名于"复"；罳，得名于"思"，臣子将要进门请示，在这里反复思考要说的事情。

17.58　观^①，观也^②，于上观望也^③。

【注释】

①观（guàn）：楼台。

②观（guān）：观看，观览。

③观望：眺望，观看，张望。

【译文】

观，得名于"观"，在上面观看张望。

17.59　楼^①，谓牖户之间有射孔^②，楼楼然也^③。

【注释】

①楼：城墙或土台上的建筑物。

②牖（yǒu）户：窗与门。射孔：射箭用的孔洞。

③楼楼：稀疏貌。也写作"娄娄"。疏，空。

【译文】

楼，是说窗户和门之间有射箭用的孔洞，空空的样子。

17.60　台①,持也②,筑土坚高③,能自胜持也④。

【注释】

①台:高而上平的方形建筑物。供观察眺望用。

②持:支撑。

③筑:捣土使坚实。坚高:坚固高耸。

④胜持:承受,支撑。

【译文】

台,得名于"持",堆筑的土堆坚固高耸,能够自行支撑。

17.61　橹①,露也②,露上,无屋覆也③。

【注释】

①橹(lǔ):城上供防御而没有顶盖的望楼。

②露:显露,暴露。

③覆:覆盖,遮蔽。

【译文】

橹,得名于"露",裸露着上边,没有屋顶覆盖。

17.62　门,扪也①,在外为人所扪摸也②。

【注释】

①扪(mén):抚摸。

②扪摸:触摸。

【译文】

门,得名于"扪",在房屋外侧被人们触摸。

17.63　障①,卫也②。

【注释】

①障:屏风,步障。

②卫:防守,护卫。引申为掩盖。

【译文】

障,掩护的意思。

17.64　户,护也,所以谨护闭塞也①。

【注释】

①谨护:严密遮护。闭塞:堵塞。

【译文】

户,得名于"护",是用来严密遮护堵塞房屋的。

17.65　窗,聪也①,于内窥外②,为聪明也③。

【注释】

①聪:听觉灵敏。

②窥:泛指观看。

③聪明:视听灵敏。

【译文】

窗,得名于"聪",从里面窥视外面,就视听灵敏了。

17.66　屋以草盖曰"茨"①。茨,次也②,次比草为之也③。

【注释】

①茨（cí）：用茅草、芦苇等盖屋。

②次：比并。

③次比：编次排列。

【译文】

房屋用茅草盖顶叫作"茨"。茨，得名于"次"，编次排列茅草而成。

17.67　寄止曰"庐"①。庐，虑也②，取自覆虑也③。

【注释】

①寄止：止，原作"上"，据疏证本、邵晋涵等校改。胡楚生《释名考》说："慧琳《音义》两引此条，卷九引作'寄止曰庐'。卷四十六所引，'上'作'止'。"邵晋涵曰："《御览》'上'作'此'，当作'止'。"寄止，寄住，寄居。庐：临时寄居或休憩所用的简易房舍。

②虑：通"露"。庇覆。

③覆虑：犹"覆露"。荫庇，庇覆。

【译文】

临时寄居简易房舍叫作"庐"。庐，得名于"虑"，取名于自我庇覆。

17.68　草圆屋曰"蒲"①。蒲，敷也②，总其上而敷下也③。又谓之"庵"④。庵，奄也⑤，所以自覆奄也⑥。

【注释】

①圆屋：圆顶棚屋。蒲（pú）：庵，用草盖的圆形屋。章太炎《成均图》："鱼部转泰者，如《释名》称'草圆屋曰蒲'，即草舍之'庲'字。"庲（bá），草舍，茅屋。

②敷：铺开。

③总：结，系。

④庵：用草盖的圆形屋。

⑤奄（yǎn）：覆盖。

⑥覆奄：犹"覆掩"。遮盖掩饰。

【译文】

用草盖的圆形房屋叫作"蒲"。蒲，得名于"敦"，捆扎上端而铺开下边。又叫作"庵"。庵，得名于"奄"，用来遮盖掩护自己。

17.69　大屋曰"庑"①。庑，幠也②。幠，覆也③。并冀人谓之"庌"④。庌，疋也⑤，屋之疋大者也⑥。

【注释】

①庑（wǔ）：高大的屋宇。

②幠（hū）：覆盖。又指大。

③覆：覆盖，遮蔽。

④并（bīng）：即并州。汉代为今山西及陕西的旧延安、榆林等府地。冀：即冀州。汉武帝所置十三刺史部之一。辖境大致为河北中南部，山东西部和河南北部。庌（yǎ）：大屋，厅堂，客堂。

⑤疋：同"雅"。高雅，美好。疋，原作"正"，形讹。吴志忠本在"正也"前增"雅也，雅"三字。按，吴校以"雅"训"庌"甚是，然亦迂曲。"正"即是"疋"之讹，不需另增"雅"。

⑥疋大：犹"雅大"。高雅宏大。

【译文】

大屋叫作"庑"。庑，得名于"幠"。幠，是"覆"的意思。并州和冀州一带的人叫作"庌"。庌，是"疋"的意思，在房屋类里是高雅宏大的。

17.70　井，清也，泉之清洁者也①。井一有水一无水曰

"灡沑"②。灡,竭也③;沑,有水声"沑沑"也④。

【注释】

①泉:地下水。清洁:洁净。

②一:一时,一会儿。灡沑(jì zhuó):"灡"原作"屬",据卢文弨校、疏证本、吴志忠本校改,下同。灡沑,井一时有水一时枯竭。

③竭:干涸。

④沑沑:水自然涌出声。

【译文】

井,得名于"清",洁净的地下水。井一时有水一时枯竭的叫作"灡沑"。灡,是"竭"的意思;沑,有水自然涌出声响"沑沑"。

17.71　灶①,造也②,造创食物也③。

【注释】

①灶:用来生火烹饪的设备。

②造:制作,制造。

③造创:创造。

【译文】

灶,得名于"造",创造吃的东西。

17.72　爨①,铨也②,铨度甘辛调和之处也③。

【注释】

①爨(cuàn):灶。按,此条原与上条相合,据卢文弨、疏证本、吴志忠本分开另起。

②铨(quán):衡量,鉴别。

③铨度（duó）：衡量测度。甘辛：甜辣。调和：烹调，调味。

【译文】

爨，得名于"铨"，是衡量测度甜辣并加以烹饪调味的地方。

17.73　仓①，藏也②，藏谷物也③。

【注释】

①仓：贮藏粮食的场所。后泛指屯聚物品的建筑物。

②藏：收藏，储藏。

③谷物：五谷之类的粮食。

【译文】

仓，得名于"藏"，是用来储藏粮食的。

17.74　库①，舍也②，物所在之舍也，故齐鲁谓库曰"舍"也。

【注释】

①库：储藏战车兵甲等物的屋舍。泛指贮物的屋舍。

②舍（shè）：房屋。

【译文】

库，得名于"舍"，是物资所在的屋舍，所以齐国和鲁国一带把库房叫作"舍"。

17.75　厩①，勼也②。勼，聚也，牛马之所聚也。

【注释】

①厩（jiù）：马房。

②勼（jiū）：聚集。

【译文】

厩，得名于"勼"。勼，有"聚"的意思，是牛马聚集的地方。

17.76　廪①，矜也②，宝物可矜惜者投之其中也③。

【注释】

①廪（lǐn）：粮仓。

②矜（jīn）：谨守，慎重。

③宝物：宝贵物品。矜惜：珍惜。投：置放。

【译文】

廪，得名于"矜"，宝贵物品类里值得珍惜的就放置在那里。

17.77　囷①，绻也②，藏物缱绻束缚之也③。

【注释】

①囷（qūn）：圆形谷仓。

②绻（quǎn）：收缩，屈曲。

③缱（qiǎn）绻：纠缠萦绕，固结不解。束缚：缠绕捆绑。

【译文】

囷，得名于"绻"，储藏物品时纠缠捆绑它。

17.78　庾①，裕也②，言盈裕也③，露积之言也④。盈裕不可称受⑤，所以露积之也。

【注释】

①庾（yǔ）：露天粮仓。指没有屋顶的粮仓。

②裕:充足,充裕。

③盈裕:充裕。

④露积:露天堆积。

⑤称(chèn):相当,符合。受:盛,容纳。

【译文】

庾,得名于"裕",说的是盈余充裕,是露天堆积的说法。盈余充裕得一般仓库不能相称地容纳,就用庾这种没有屋顶的仓库来露天堆积。

17.79　囤①,屯也②,屯聚之也③。

【注释】

①囤(dùn):用竹篾、荆条、稻草等编成的贮粮器具。

②屯(tún):聚集,积聚。

③屯聚:囤积,聚积。

【译文】

囤,得名于"屯",囤积聚集粮食。

17.80　圌①,以草作之,团团然也②。

【注释】

①圌(chuán):用竹篾或草制成的存放谷物的圆囤。

②团团:圆貌。

【译文】

圌,用草编制而成,圆圆的样子。

17.81　厕①,言人杂在上②,非一也③。或曰"溷"④,言溷浊也⑤。或曰"圊"⑥,至秽之处⑦,宜常修治⑧,使洁清也⑨。

或曰"轩"⑩,前有伏⑪,似殿轩也⑫。

【注释】

①厕:便所。又指杂置,参与。

②杂:混杂,掺杂。

③非一:不止一人。

④溷(hùn):厕所。

⑤溷浊:混乱污浊。

⑥圊(qīng):厕所。

⑦至秽:极为污秽。

⑧修治:修理整治。

⑨洁清:清洁。

⑩轩:厕所。

⑪伏:本指车前横木。此泛指横木。

⑫殿轩:宫殿的栏槛。

【译文】

厕,说的是人们错杂在厕所上面,不止一个人。有人把它叫作"溷",说的是厕所混乱污浊。有人把它叫作"圊",说厕所是极为污秽的地方,应该常常修理整治,使它保持清洁。有人把它叫作"轩",前面有横着的木棍,就像宫殿的栏槛那样。

17.82　泥①,迩也②。迩,近也,以水沃土③,使相黏近也④。

【注释】

①泥:和着水的土,水和土的混合物。

②迩(ěr):近。

③沃:浇,淹,漫泡。

④黏近:黏合,贴近。

【译文】

泥,得名于"迩"。迩,是"近"的意思,用水浸泡泥土,使它互相黏合贴近。

17.83　涂①,杜也②,杜塞孔穴也③。

【注释】

①涂:泥。又指用泥等涂抹。

②杜:堵塞,封闭。

③杜塞:堵塞。孔穴:孔洞,洞穴。

【译文】

涂,得名于"杜",堵塞孔隙洞穴的意思。

17.84　垩①,亚也②,次也③,先泥之④,次以白灰饰之也⑤。

【注释】

①垩(è):白色泥土。又指用白色涂料粉刷。

②亚:次,次于。表示时间或空间的先后。

③次:第二,其次。叙事时后项对前项之称。

④泥(nì):用稀泥或如稀泥一样的东西涂抹或封固。

⑤白灰:白色泥土。

【译文】

亚垩,得名于"亚",是其次的意思,先用稀泥或如稀泥一样的东西涂抹或封固,其次用白色泥土涂饰。

17.85　墍犹煟①。煟,细泽貌也②。

【注释】

①墍(jì)：以泥涂屋顶。熤(wèi)：光泽貌。

②细泽：细腻而有光泽。

【译文】

塈犹如说"熤"。熤，细腻而有光泽的样子。

释床帐第十八

【题解】

床帐，指坐卧用具及帐子，泛指家具。本篇词条涉及床、枕、几、筵、席、帷帐、屏风等二十余种日常家居用品，如坐卧类的床、榻、枰、筵、席，帘帐类的帷、幔、帐、斗、帖、屏风等，主要应用于休憩场所。

18.1　人所坐卧曰"床"①。床，装也，所以自装载也②。

【注释】

①床：供人睡卧的家具。

②所以：用以，用来。装载：盛放，承载。

【译文】

人坐和睡的家具叫"床"。床，得名于"装"，用来装载自己。

18.2　长狭而卑曰"榻"①，言其榻然近地也②。

【注释】

①长狭：细长，窄而长。卑：低。榻（tà）：狭长而矮的坐卧用具。

按，本条原与上条合并，据吴志忠本分开另起。

②榻然:"榻"前原有"鹤"字,据卢文弨、疏证本等校删。疏证本曰:
  "今本'其'下衍'鹤'字,据《北堂书钞》引删。"榻然,低矮貌。

【译文】

狭长而卑下的坐卧用具叫作"榻",形容它低矮接近地面的样子。

18.3   小者曰"独坐"①,主人无二②,独所坐也。

【注释】

①独坐:榻之小者。仅供一个人坐,故名。

②主人:拥有主权的人。无二:没有并列的人。二,并列。

【译文】

小的坐具叫作"独坐",因为它的主人没有并坐者,是单独坐的。

18.4   枰①,平也②,以板作③,其体平正也④。

【注释】

①枰(píng):独坐的板床。

②平:平坦。

③板:木板,片状木材。

④体:形体。平正:端正,平整。

【译文】

枰,得名于"平",用木板做成,它的形体端正平整。

18.5   几①,庪也②,所以庪物也。

【注释】

①几(jī):古人坐时凭依或搁置物件的小桌。

②庪（guǐ）：原作"庋"，为"庪（庋）"的形讹之字，据疏证本、吴志
忠本校改。庪，搁置，收藏。

【译文】

几，得名于"庪"，是用来支撑托举物品的。

18.6　筵①，衍也②，舒而平之③，衍衍然也④。

【注释】

①筵（yán）：古时席地而坐时所铺的席子。

②衍：谓水广布或长流。引申为扩展或延伸。

③舒：铺展，铺陈。平：谓使之平。

④衍衍：舒缓貌。

【译文】

筵，得名于"衍"，展开使之平坦，舒缓的样子。

18.7　席①，释也②，可卷可释也。

【注释】

①席：坐卧铺垫用具。由竹篾、苇篾或草编织成的平片状物。

②释：解开，松开。此指铺开。

【译文】

席，得名于"释"，既能卷起又能铺开。

18.8　簟①，覃也②，布之覃覃然平正也③。

【注释】

①簟（diàn）：供坐卧铺垫用的苇席或竹席。

②覃（tán）：原作"簟"，据疏证本、吴志忠本校改，下同。覃，蔓延，延及。

③布：铺开，分布。覃覃：绵密广布的样子。

【译文】

簟，得名于"覃"，把它铺开后呈现出宽阔平整的样子。

18.9　荐①，所以自荐籍也②。

【注释】

①荐：垫席，垫褥。

②荐籍（jiè）：衬垫。籍，通"藉（jiè）"。垫着。

【译文】

荐，是用来衬垫自己的。

18.10　蒲苹也①，以蒲作之②，其体平也。

【注释】

①蒲苹：原作"蒲草"，参考卢文弨、疏证本等，结合文例校改。疏证本曰："今本作'蒲草也'，误，据《太平御览》引改。《说文》云：'蒻（ruò），蒲子，可以为平席。'郑注《礼记·间传》云：'芐（xià），今之蒲苹也。'郑又注《周礼·车仆》云：'故书"苹"作"平"。'则'平''苹'古今字。此作'蒲平'极是。"按，"苹""草"字形更相近，校作"苹"更允当。蒲苹，又作"蒲萍""蒲平"。嫩蒲草编成的细柔而平整的席子。

②蒲：植物名。香蒲。

【译文】

蒲苹，用蒲草做成，它的形体很平整。

18.11　毡①,旃也②,毛相著③,旃旃然也④。

【注释】

①毡（zhān）：用羊等动物的毛缩制而成的块片状材料。

②旃（zhān）：通"毡"。毛织品。

③著（zhuó）：依附，附着。

④旃旃：密实貌。

【译文】

毡，得名于"旃"，毡毛互相粘附，密密实实的样子。

18.12　褥①,辱也②,人所坐亵辱也③。

【注释】

①褥（rù）：坐卧时铺在身体下面的垫子。

②辱：玷辱，玷污。

③亵（xiè）辱：玷污，弄脏。亵，污秽。

【译文】

褥，得名于"辱"，是人坐下而弄脏的东西。

18.13　裘溲犹屡数①,毛相离之言也②。

【注释】

①裘溲（sōu）：即氍毹（qú sōu），又作"氍毹（shū）"等。有花纹的毛织品，可用作地毯、壁毯、床毯、帘幕等。屡数：犹"婁（jù）数"。聚集貌。

②离：通"丽"。附着，依附。

【译文】

袤溲犹如屡数,说的是动物的毛密集聚拢。

18.14　榻登①,施大床之前、小榻之上②,所以登床也。

【注释】

①榻登:即毲毲(tà dēng)。毛席,毛毯。

②施:设置,安放。

【译文】

榻登,放置在大床的前边、小坐榻的上边,是用来登上大床的。

18.15　貂席,连貂皮以为席也①。

【注释】

①连:缝,缝补。貂(diāo)皮:貂的毛皮。

【译文】

貂席,缝貂的毛皮用来作席。

18.16　枕,检也①,所以检项也②。

【注释】

①检:约束,限制。

②项:颈的后部。亦泛指颈。

【译文】

枕,得名于"检",是用来约束限制脖子的。

18.17　帷①,围也②,所以自障围也③。

【注释】

①帷（wéi）：以布帛制作的环绕四周的帐幕。

②围：从四周拦挡、包拢。

③障围：遮蔽围裹。

【译文】

帷，得名于"围"，是用来遮蔽围裹自己的。

18.18   幕^①，幕络也^②，在表之称也^③。

【注释】

①幕：覆盖在上面的布幔。

②幕络：笼罩蒙覆的样子。

③表：外表。

【译文】

幕，得名于"幕络"，是在外表笼罩蒙覆的说法。

18.19   小幕曰"帟"^①，张在人上^②，帟帟然也^③。

【注释】

①帟（yì）：张盖在上方用以遮挡尘埃的平幕。

②张：张设，张挂。

③帟帟：舒张的样子。

【译文】

小的幕布叫作"帟"，张挂在人的上方，舒展的样子。

18.20   幔^①，漫也^②，漫漫相连缀之言也^③。

【注释】

①幔:覆盖或遮挡用的大块幕布。

②漫:遮掩,覆盖。

③漫漫:遍布的样子。连缀:连接。

【译文】

幔,得名于"漫",遍布绵延着连接在一起。

18.21　帐①,张也,张施于床上也②。

【注释】

①帐:张挂或支架起来作为遮蔽用的布幕、帷幕。

②张施:张设。

【译文】

帐,得名于"张",张挂设置在床的上方。

18.22　小帐曰"斗"①,形如覆斗也②。

【注释】

①斗(dǒu),即斗帐。形如覆斗的小帐。

②覆斗:倒扣的量斗。斗,量器。容量为一斗。

【译文】

小型的帐子叫作"斗",形状像是倒扣的量斗。

18.23　嵰①,廉也②,自障蔽为廉耻也③。

【注释】

①嵰(lián):帷幔。

②廉:棱角。比喻人的禀性方正,刚直。

③障蔽:遮蔽,遮挡,遮盖。廉耻:廉洁知耻。

【译文】

慊,得名于"廉",为廉洁知耻而自我遮挡。

18.24　幢容也①,施之车盖童童然②,以隐蔽形容也③。

【注释】

①幢(zhuàng)容:即"幢(zhuàng)容"。车帷,古代女用车辆的装饰性帷帘。

②车盖:古代车上遮雨蔽日的篷,状如伞,有柄。童童:茂盛貌,重叠貌。

③隐蔽:遮掩,隐藏。形容:外貌,模样。

【译文】

幢容,把它设置在车盖上,茂密重叠的样子,用来遮挡人的外貌模样。

18.25　户慊①,施于户外也②。

【注释】

①户慊(lián):挂于门上的帘子。慊,同"帘"。以竹、布等制成的遮蔽门窗的用具。

②户外:门外。户,门。

【译文】

户慊,设置在门户的外边。

18.26　床前帷曰"帖"①,言帖帖而垂也②。

【注释】

①帖:通"幨(chān)"。床帐。

②帖帖:犹"幨幨"。下垂的样子。

【译文】

床前的帷帐叫作"帖",说的是直溜溜地垂下。

18.27　幄①,屋也,以帛衣板施之②,形如屋也。

【注释】

①幄(wò):篷帐。

②帛:丝织物的通称。衣(yì):覆盖,包裹。

【译文】

幄,得名于"屋",用布帛包裹木板设置而成,形状像房屋。

18.28　承尘①,施于上,承尘土也。

【注释】

①承尘:承受尘土。此指承接尘土的小帐幕。

【译文】

承尘,设置在上方,承接灰尘。

18.29　搏辟①,以席搏著壁也②。

【注释】

①搏辟(bì):即"搏壁"。疑为装裱席子的墙壁或装裱墙壁的席子。搏,通"傅"。附着。辟,通"壁"。墙壁。按,本条原与上条不分,据疏证本、吴志忠本等另立为条。

②搏著（zhuó）：即"傅著"。附着。

【译文】

搏壁，用席子粘贴附着在墙壁上。

18.30　扆^①，倚也^②，在后所依倚也^③。

【注释】

①扆（yǐ）：置于门窗之间的屏风。

②倚：凭靠。

③依倚：倚靠，依傍。

【译文】

扆，得名于"倚"，是人在背后所依傍的。

18.31　屏风^①，言可以屏障风也。

【注释】

①屏风：陈设于室内用以挡风或遮蔽的器具。

【译文】

屏风，说的是能够挡风。

释书契第十九

【题解】

书契,指文字及用文字写成的契约之类的文书凭证。本篇解释各种文书相关物品的得名之由。除笔、砚、墨、纸等书写工具外,还包括玺、印、符、节等信物凭证,以及策、册、示、启等政令公文。

19.1　笔,述也①,述事而书之也②。

【注释】

①述:记述,叙述。又指阐述前人成说。

②述事:陈述往事,叙事。书:书写,记录,记载。

【译文】

笔,得名于"述",陈述往事而记录它。

19.2　砚①,研也②,研墨使和濡也③。

【注释】

①砚:磨墨的文具。通称砚台。

②研:研磨,细磨使粉碎。

③研墨:磨墨。和濡:调和滋润。

【译文】

砚,得名于"研",研磨出墨汁使它调和滋润。

19.3　墨①,霉也②,似物霉墨也③。

【注释】

①墨:用于书写、绘画的黑色颜料。

②霉:原作"痗(mèi)",据卢文弨、疏证本校改,下同。篆字疏证本曰:"今本'霉'作'疒'旁箸'每',俗字也。《初学记》引作'晦',亦非。《说文》云:'霉,中久雨青黑。从黑,微省声。'斯乃霉黑之谊,据改。"霉,物受潮变成青黑色。

③墨:黑。

【译文】

墨,得名于"霉",像是物品发霉变黑了。

19.4　纸,砥也①,谓平滑如砥石也②。

【注释】

①砥(dǐ):质地较细的磨刀石。

②平滑:平而光滑。砥石:磨石。

【译文】

纸,得名于"砥",说的是纸张平坦光滑好像是磨刀石。

19.5　板①,般也②,般般平广也③。

【注释】

①板:同"版"。古代书写用的木片。

②般（pán）：大。

③般般：大而平貌。平广：平坦广大。

【译文】

纸，得名于"般"，平平坦坦的还很大。

19.6　奏^①，邹也^②。邹，狭小之言也。

【注释】

①奏：简牍。

②邹：狭小。

【译文】

奏，得名于"邹"。邹，狭隘窄小的意思。

19.7　札^①，栉也^②，编之如栉齿相比也^③。

【注释】

①札（zhá）：古代书写用的小而薄的木片。

②栉（zhì）：梳子、篦子等梳发用具。

③相比：互相联合，编在一起。比，并列，靠近。

【译文】

札，得名于"栉"，编排得像梳篦的齿互相并列靠近。

19.8　简^①，间也^②，编之篇篇有间也^③。

【注释】

①简：古代用以写字的狭长竹片，也指功用与简相同的书写用品。

②间（jiàn）：空隙，缝隙。

③篇：竹简，简册。古代文章写在竹简上，为保持前后完整，用绳子
　或皮条编集在一起称为"篇"。

【译文】

简，得名于"间"，编排它们使简册之间有空隙。

19.9　簿①，言可以簿疏物也②。

【注释】

①簿（bù）：朝笏，手板。

②簿疏：记录，登录，登记。簿，登录，记入册籍。疏，分条记录或分
　条陈述。物：原作"密"，据疏证本、吴志忠本等校改。篆字疏证
　本曰："物，今本作'密'，亦据《御览》引改。"按，"物""密"古音
　接近而致误。物，事务，事情。

【译文】

簿，说的是可以用来记录事情。

19.10　笏①，忽也②，君有教命③，及所启白④，则书其
上，备忽忘也⑤。

【注释】

①笏（hù）：古代臣子朝见君主时所拿的狭长板子，用玉、象牙、竹木
　制成，也叫手板。

②忽：忽略，疏忽。

③教命：上对下的告谕。

④启白：陈述，禀告。启，启奏，禀告。白，禀报，陈述。

⑤忽忘：忘记。

【译文】

笏，得名于"忽"，君主有了告谕，或者大臣有要启奏说明的事情，就写在笏上，以防忘记。

19.11　椠[1]，板之长三尺者也[2]。椠，渐也[3]，言其渐渐然长也[4]。

【注释】

①椠（qiàn）：书版，素牍。古时用以记事写字但尚未书写的木板。

②板：笏，手板，古代官吏上朝时所拿的记事板。

③渐：通"巉（chán）"。险峻陡峭。

④渐渐：犹"巉巉"。山石高峻貌。

【译文】

椠，是三尺长的手板。椠，得名于"渐"，形容它长长高高的样子。

19.12　牍[1]，睦也[2]，手执之以进见[3]，所以为恭睦也[4]。

【注释】

①牍（dú）：古代写字用的木板。

②睦：服从，顺从。

③执：拿，持。进见：上前会见尊长者。

④所以：用以，用来。恭睦：恭顺，和顺。恭，恭顺，顺服。

【译文】

牍，得名于"睦"，手拿着上前拜见，用以表示顺服。

19.13　籍[1]，籍也[2]，所以籍疏人名、户口也[3]。

【注释】

①籍:人名簿。

②籍:记录,登记,登录。

③籍疏:登记,记录。户口:住户和人口的总称。计家为户,计人
　为口。

【译文】

籍,得名于"籍",是用来登记人的姓名、住户和人口的。

19.14　檄①,激也②,下官所以激迎其上之书文也③。

【注释】

①檄(xí):用以征召、晓喻、声讨的文书。

②激:激发。

③下官:小官,下属官吏。迎:逆,反向。书文:文书。

【译文】

檄,得名于"激",是下属官吏用来反向激发他的上司而写的文书。

19.15　检①,禁也②,禁闭诸物③,使不得开露也④。

【注释】

①检:封缄(jiān)。古书以竹木简为之,书成,穿以皮条或丝绳,于
　绳结处封泥,在泥上钤印,谓之检。

②禁:阻止,限制。

③禁闭:闭关,闭锁。

④不得:不能,不可。露:显露,暴露。

【译文】

检,得名于"禁",闭锁各种物件,使它们不能打开暴露。

19.16　玺^①,徙也^②,封物使可转徙而不可发也^③。

【注释】

①玺(xǐ):印信。

②徙(xǐ):迁移。

③转徙:辗转迁移。发:开启,打开。

【译文】

玺,得名于"徙",封缄物品使它能够辗转迁移但不能开启。

19.17　印^①,信也^②,所以封物为信验也^③。亦言因也^④,封物相因付也^⑤。

【注释】

①印:印章,图章。

②信:符契,凭证。

③信验:证据,凭证。

④因:沿袭,承袭。

⑤付:给与,交给。

【译文】

印,得名于"信",用来封缄物品作为凭证。也说的是"因",封闭物品互相因袭交付。

19.18　谒^①,诣也^②。诣,告也^③,书其姓名于上^④,以告所至诣者也。

【注释】

①谒(yè):名刺,犹名片。

②诣（yì）：晋谒，拜访。

③告：报告，告知。

④姓名：姓氏和名字。

【译文】

谒，得名于"诣"。诣，就是"告"，书写他的姓名在名片上，用来告知要前往拜访的人。

19.19　符①，付也，书所敕命于上②，付使传行之也③。

【注释】

①符：古代凭证如符券、符节、符传等信物的总称。

②敕（chì）命：命令。多指天命或帝王的诏令。

③使：使者，奉命出使的人。传行：颁行。传，传达，传扬。

【译文】

符，得名于"付"，书写皇帝的诏令在符上，交付给使者传达颁行。

19.20　节①，赴也②，执以赴君命也③。

【注释】

①节：古代使臣持以作凭证的符节。

②赴：奔向，奔赴。

③执：拿，持。君命：君王的命令，君王的使命。

【译文】

节，得名于"赴"，拿着它奔赴君王使命的目的地。

19.21　传①，转也②，转移所在③，执以为信也。

【注释】

①传（zhuàn）：古代过关津、宿驿站和使用驿站车马的凭证。

②转（zhuǎn）：移动。

③转移：转换，迁移。所在：所处或所到之地。

【译文】

传，得名于"转"，转换迁移所处的地方，拿着它用作凭证。

19.22　券①，绻也②，相约束缱绻以为限也③。

【注释】

①券（quàn）：契据。古代常用竹木等刻成，分为两半，各执其一，合以征信。

②绻（quǎn）：缱绻。

③约束：限制，管束。缱（qiǎn）绻：纠缠萦绕，固结不解。以：而。限：限制，限定。

【译文】

券，得名于"绻"，互相制约纠缠而用它作为对双方的限制。

19.23　莂①，别也②，大书中央③，中破别之也④。

【注释】

①莂（bié）：古代写在简帛上从中剖开，双方各执一半以为凭证的契约。

②别：分开，离析。

③大书：书写大字。中央：中间。

④中破：从中间剖开。

【译文】

莂，得名于"别"，在中间写上大字，再从中间剖开离析它。

19.24　契①,刻也,刻识其数也②。

【注释】

①契(qì):符节、凭证、字据等信物。古代契分为左右两半,双方各执其一,用时将两半合对以作征信。后泛指契约。

②刻识(zhì):刻记,标志。数:数目,数量。

【译文】

契,得名于"刻",刻记上物件的数量。

19.25　策①,书教令于上②,所以驱策诸下也③。

【注释】

①策:古代君主对臣下封土、授爵、免官或发布其他教令的文件。

②教令:教诫,命令。

③驱策:驱使,差遣。策,鞭策,督促。诸下:众部下。

【译文】

策,书写命令在策上,用以驱使众部下。

19.26　汉制①:约敕、封侯曰"册"②。册,赜也③,敕使整赜④,不犯之也⑤。

【注释】

①汉制:汉代的制度。

②约敕(chì):约束诫饬,训诫整肃。封侯:封拜侯爵。册:古代帝王用于册立、封赠的诏书。

③赜:通"嫧(zé)"。整齐。

④整赜:犹"整嫧"。整齐。

⑤犯:违背,违反。

【译文】

汉代的制度:约束诫饬、封拜侯爵的文件叫作"册"。册,得名于"赜",训诫整肃使人严整,不违犯它。

19.27　示①,示也②,过所至关津③,以示之也。

【注释】

①示:告示。

②示:给人看。

③关津:水陆要道的关卡。

【译文】

示,得名于"示",经过所到的水陆关卡时,用以出示给人看。

19.28　启,诣也①,以启语官司所至诣也②。

【注释】

①启,诣(yì)也:原作"诣,启也",据卢文弨、疏证本等校改。疏证本曰:"今本作'诣,启也',系误到(倒)。"启,泛指公文,书函。诣,晋谒,造访。

②启:原作"君",据段玉裁、疏证本等校改。疏证本曰:"又下'启'字误作'君',今并据文义改正。"语(yù):告诉。官司:官府。多指政府的主管部门。

【译文】

启,得名于"诣",用启这种公文告诉当地官府所要前往谒见的对象。

19.29　书①,庶也②,纪庶物也③。亦著之简纸④,永不灭也^⑤。

【注释】

①书:装订成册的著作。

②庶:众多。

③纪:通"记"。记载,记录。

④著:撰述,记载。简纸:竹简和纸。亦指各种书写用品。

⑤灭:消失。

【译文】

书,得名于"庶",记录诸多事务。也说的是著录到竹简和纸张上,永远不会消失。

19.30　画^①,挂也^②,以五色挂物上也^③。

【注释】

①画:描绘图形的艺术品。

②挂:上色,涂抹。

③五色:青、赤、黄、白、黑五种颜色。也泛指各种颜色。

【译文】

画,得名于"挂",把各种颜色涂抹到物件上。

19.31　书称"刺"^①,书以笔刺纸简之上也^②;又曰"写",倒写此文也^③。书姓字于奏上曰"书刺"^④,作"再拜""起居"字^⑤,皆达其体^⑥,使书尽边^⑦,徐引笔书之^⑧,如画者也。下官刺曰"长刺"^⑨,长书中央一行而下也;又曰"爵里刺"^⑩,书其官爵及郡县乡里也^⑪。

【注释】

①书:写。刺:名帖。

②刺:戳,扎。纸简:犹"简纸"。纸和竹简。

③倒写(xiè):同"倒泻"。倾泻,疏泄。文:文辞,词句。

④姓字:姓氏和名字,即姓名。奏:简牍。书刺:写名刺。名刺即
　名片。

⑤再拜:敬辞。旧时用于书信的开头或末尾。起居:问安,问好。

⑥达:具备。体:体统,准则,法式。

⑦书:字,文字。尽:竭尽,完。边:物体的四侧,边缘。

⑧徐:缓慢。引笔:运笔,挥笔。

⑨下官:下僚,下属官吏。长刺:中间一行写得特长的名刺。

⑩爵里刺:书有官爵和乡里的名片。

⑪官爵:官职和爵位。郡县:郡和县的并称。乡里:家乡,故里。

【译文】

书写姓名叫作"刺",书写时是用笔刺扎在纸张和竹简上;又叫作
"写",倾泻这些文辞。把自己的姓名写在简牍上叫作"书刺",写上"再
拜""问安"的字样,都具备了它的法式准则,使文字穷尽简牍的边缘,慢
慢地运笔书写,就像画画那样。下属官吏的名刺叫作"长刺",因为中间
一行向下写得特别长;又叫作"爵里刺",因为写上了他的官职爵位以及
郡县和家乡故里。

19.32　书称"题"①。题,谛也②,审谛其名号也③。亦
言"第"④,因其第次也⑤。

【注释】

①题:标题,题目。

②谛(dì):注意,细察。

③审谛：仔细考察或观察。省，详究，细察。也指明白，清楚。名号：名称，名目。

④第：等级，次第。又指品第，评定。

⑤因：顺，顺应。第次：等级，次第。

【译文】

书写标题又叫作"题"。题，得名于"谛"，仔细考察清楚它的名目。也说的是"第"，顺着它的等级次第。

19.33　书文、书检曰"署"②。署，予也③，题所予者官号也④。

【注释】

①文：文章。

②检：书函、书签。署：签名，署名，签署。

③予：给予。

④题：书写，题署。官号：官职的名称。

【译文】

在文章、书签上写字叫作"署"。署，得名于"予"，题写所给予的人的官职名称。

19.34　上敕下曰"告"①。告，觉也②，使觉悟知己意也③。

【注释】

①敕（chì）：敕，训诫，告诫。自上告下之词。汉时凡尊长告诫后辈或下属皆称敕。告：谕告，告示。后作"诰"。

②觉：启发，使人觉悟。

③觉悟：领悟，知晓。觉，领悟，明白。悟，理解，领会。

【译文】

上级告诫下级叫作"告"。告，得名于"觉"，使人领悟知晓自己的意图。

19.35　下言上曰"表"①，思之于内，表施于外也②。又曰"上"③，示之于上也④。又曰"言"，言其意也。

【注释】

①表：上奏给皇帝的奏章。

②表施：表白，显扬。表，表明，表述。施，显扬，表白。

③上：上报，呈报。

④示：告诉，告知。

【译文】

下级报告上级叫作"表"，在内心思考，表达在外部。又叫作"上"，把事情报告给上级。又叫作"言"，告知自己的意图。

19.36　约①，约束之也。

【注释】

①约：以语言或文字订立应共同遵守的条件。

【译文】

约，制约管束对方。

19.37　敕①，饰也②，使自警饰③，不敢废慢也④。

【注释】

①敕（chì）：自上告下之辞。

②饬（chì）：同"饬"。戒，令。

③警饬：犹"警饬"。警戒。

④废慢：废弛轻忽。废，旷废，懈怠。慢，轻忽，怠慢。

【译文】

敕，来源于"饬"，使自己警惕戒备，不敢废弛怠慢。

19.38　谓犹"喟"也①，犹得敕不自安②，喟喟然也③。

【注释】

①谓：使令，命令。喟（kuì）：原作"谓"，据吴志忠本校改，下同。王
　先谦《释名疏证补》曰："吴校'谓犹谓也'作'谓犹喟喟'。"喟，
　叹息。一说"谓"通"畏"。畏惧。

②自安：自安其心，自以为安定。

③喟喟：叹息声。一说"谓谓"犹"畏威"，谓畏惧。

【译文】

谓犹如"喟"，好像得到训诫之后不能自安其心，长吁短叹的样子。

释典艺第二十

【题解】

典艺，指文献典籍。本篇解释了三坟、五典、九丘、八索、《诗经》《尚书》等古老文献的得名之由，还论及了诏、赞、铭、诔等不同文体的名源。

20.1　三坟①：坟，分也，论三才之分②，天、地、人之治③，其体有三也。

【注释】

①三坟：传说中的上古时代书籍。坟，划分。也用作三坟的简称。

②三才：天、地、人。

③治：通"始"。开始。

④体：分，区分。

【译文】

三坟：坟，得名于"分"，讨论三才的划分，天、地、人的开始，它有三种区分。

20.2　五典①：典，镇也②，制法所以镇定上下③，其等有五也④。

【注释】

①五典：传说中的上古五部典籍。《尚书序》："少昊、颛顼、高辛、唐、虞之书，谓之五典，言常道也。"典，简册。指可以作为典范的重要书籍。

②镇：安抚，安定。

③制法：制定法度。所以：用以，用来。镇定：安定，稳定。上下：指位分的高低，犹言君臣、尊卑、长幼。

④等：类，类别。

【译文】

五典：典，得名于"镇"，制定法度用来稳定社会的上下秩序，它有五个类别。

20.3　八索^①：索，素也^②，著素王之法^③，若孔子者^④，圣而不王^⑤，制此法者有八也。

【注释】

①八索：相传为古代书名。后代多以指称古代典籍或八卦。索，法度。

②素：空，谓有名无实或有实无名。

③著：明示。素王：具有帝王之德而未居帝王之位者。

④孔子：名丘，字仲尼。鲁国人，春秋末期思想家、政治家、教育家，儒家的创始者。

⑤圣：聪明睿智。王（wàng）：统治，称王。

【译文】

八索：索，得名于"素"，明示有帝王之德却未居帝王之位者的法度，就像孔子那样，聪明睿智却不称王，制定了这样的法度的人有八位。

20.4　九丘^①：丘，区也^②，区别九州土气^③，教化所宜

施者也④。此皆三王以前、上古羲皇时书也⑤。今皆亡⑥,惟《尧典》存也⑦。

【注释】

①九丘:传说中的古书名。丘,古代区划田地、政区的单位名。

②区:区别,划分。

③九州:古代分中国为九州,《尚书·禹贡》作冀、兖、青、徐、扬、荆、豫、梁、雍。后以泛指天下,全中国。土气:当地的习俗。

④教化:政教风化。宜:合适,适当,适宜。施:施行,施展。

⑤三王:夏、商、周三代开国君王。上古:远古时代。羲皇:即伏羲氏。古代传说中的三皇之一。相传其始画八卦,又教民渔猎,取牺牲以供庖厨,因称庖牺氏。

⑥亡:丢失,丧失。

⑦《尧典》:《尚书》篇名。记唐尧时的言论与人事。

【译文】

九丘:丘,得名于"区",区分九州不同的习俗风气,以及适宜施行的政教风化。这些都是夏、商、周三代开国君王以前、远古伏羲氏时期的书籍。现在都消亡了,只有《尧典》存世。

20.5 经①,俓也②,如俓路无所不通③,可常用也。

【注释】

①经:本指织物的纵线,与"纬"相对。引申指常道,亦指被尊为典范的著作。

②俓(jìng):同"径"。步道,小路。

③俓路:同"径路"。小路。

【译文】

经,得名于"俓",就像小路没有不通达的地方,可以长久地使用。

20.6　纬①，围也，反覆围绕②，以成经也③。

【注释】

①纬：本指织物的横线，与"经"相对。引申指纬书，即汉代依托儒家经义宣扬符箓（lù）瑞应占验之书。相对于经书，故称。《易》《书》《诗》《礼》《乐》《春秋》及《孝经》这些经书均有纬书，称"七纬"。

②反覆：来回，往返。围绕：围拢，环绕。

③成：固定。

【译文】

纬，得名于"围"，反反复复地围拢环绕，用来固定经书。

20.7　图①，度也②，尽其品度也③。

【注释】

①图：料想，推测。也指河图。儒家关于《周易》卦形来源的传说。图与下条的谶（chèn）合称"图谶"，为古代方士或儒生编造的关于帝王受命征验一类的书，多为隐语、预言。始于秦，盛于东汉。

②度：法度，规范。

③尽：努力完成。品度：标准，法度。

【译文】

图，得名于"度"，尽力完成标准法度。

20.8　谶①，纤也②，其义纤微也③。

【注释】

①谶（chèn）：预言吉凶的文字、图箓。

②纤（xiān）：细小，微细。

③纤微：精细微妙。

【译文】

谶，得名于"纤"，它的意义精细微妙。

20.9　《易》①，易也②，言变易也③。

【注释】

①《易》：书名。古代卜筮之书。《周礼·春官·大卜》："掌三《易》之法，一曰《连山》，二曰《归藏》，三曰《周易》。"今仅存《周易》，简称《易》。

②易：替代，改变。此指阴阳变化消长的现象。

③变易：变换，变化。

【译文】

《易》，得名于"易"，说的是变化更改的意思。

20.10　《礼》①，体也②，得其事体也③。

【注释】

①《礼》：《周礼》《仪礼》《礼记》皆古言礼之书，合称"三礼"。

②体：体统，体制。

③得：知晓，明白。其：这，这些。事体：事理，大体（重要的义理，有关大局的道理）。

【译文】

《礼》，得名于"体"，知晓这些事情的大体。

20.11　仪①，宜也②，得事宜也③。

【注释】

①仪:礼制,法规。

②宜:正当的道理,适宜的事情或办法,适当的地位。

③事宜:事情的道理。

【译文】

仪,得名于"宜",懂得事情的道理。

20.12 传①,传也②,以传示后人也③。

【注释】

①传(zhuàn):书传,著作。

②传(chuán):传播,流传。

③传示:传播示知,传达告知。后人:后世的人。

【译文】

传,得名于"传",用来传播示知后世的人。

20.13 记①,纪也②,纪识之也③。

【注释】

①记:指典籍,著作。

②纪:通"记"。记载,记录。

③记识(zhì):记下,记住,记得。

【译文】

记,得名于"纪",纪录当时的事情。

20.14 《诗》①,之也②,志之所之也③。兴物而作谓之"兴"④,敷布其义谓之"赋"⑤,事类相似谓之"比"⑥,言王政事谓之"雅"⑦,称颂成功谓之"颂"⑧,随作者之志而别名之也⑨。

【注释】

①《诗》:书名。我国最早的一部诗歌总集,收集了西周、东周两代,从前11世纪至前6世纪的三百多篇诗歌。因是儒家五经之一,又称《诗经》。

②之:生出,滋长。

③志:意志,感情。

④兴(xīng)物:以物起兴。作:创作,撰写。兴:《诗经》六义之一,是先言他物以引起所咏之辞的一种写作手法。

⑤敷布:铺叙,铺陈,陈述。赋:《诗经》六义之一,是一种直陈其事的表现手法。

⑥事类:事物的道理。类,事理。比:《诗经》六义之一,即譬喻。

⑦政事:政务。雅:《诗经》六义之一,于天子诸侯朝会宴飨时歌诵,有《大雅》《小雅》之分。

⑧称颂:称赞颂扬。成功:成就的功业,既成之功。颂:《诗经》六义之一,包括《周颂》《鲁颂》《商颂》,均为庙堂祭祀时用的舞曲歌辞。

⑨随:依据,按照。别名:区别命名。别,区分,辨别。

【译文】

《诗》,得名于"之",是人的感情意志所滋生出来的东西。用事物起兴而创作叫作"兴",陈述意义叫作"赋",类比相似的事理叫作"比",言说君王的政务叫作"雅",称赞颂扬成就的功业叫作"颂",根据作者的思想感情而区别命名它们。

20.15　《尚书》①,尚,上也,以尧为上②,始而书其时事也③。

【注释】

①《尚书》：书名。一部多体裁文献汇编，分为《虞书》《夏书》《商书》《周书》，内容主要是君王任命官员或赏赐诸侯时发布的政令。战国时期总称《书》，汉代改称《尚书》，即"上古之书"。因是儒家五经之一，又称《书经》。

②尧：传说中的古帝陶唐氏之号。上：远，久远。指上古。

③书：书写，记录，记载。时事：当时史实，当时情况。

【译文】

《尚书》，尚，得名于"上"，把唐尧时作为上古时代，开始记载当时的情况。

20.16　春秋^①，春、秋、冬、夏终而成岁^②。《春秋》书人事^③，卒岁而究备^④。春、秋温凉中^⑤，象政和也^⑥，故举以为名也^⑦。

【注释】

①春秋：泛指四时。

②终：竟，尽，结束，完毕。成岁：成为一年。

③《春秋》：编年体史书名。相传为孔子据鲁史修订而成。所记起于鲁隐公元年（前722），止于鲁哀公十四年（前481），共二百四十二年。叙事极简，用字寓褒贬。人事：人之所为。

④卒岁：终年，整年，一年到头。究备：穷尽，完备。

⑤温凉：暖和冷。多指气候。中：合适，适中。

⑥象：象征。政和：政治清明，政通人和。

⑦举：推荐，选用。

【译文】

春秋，说的是春、秋、冬、夏完毕而成为一年。《春秋》记载人们所做的事,终年而完备。春、秋气候适中,象征政通人和,所以选取它们用作书名。

20.17 《国语》①,记诸国君臣相与言语、谋议之得失也②。又曰《外传》③,《春秋》以鲁为内④,以诸国为外,外国所传之事也⑤。

【注释】

①《国语》:书名。中国最早的一部国别体著作。记录范围为上起周穆王西征犬戎,下至智伯被灭。包括各国贵族间朝聘、宴飨、讽谏、辩说、应对之辞以及部分历史事件与传说。

②相与:互相,交相。言语:说话,说。谋议:谋划,计议。得失:得与失。即成败。

③《外传(zhuàn)》:古代经学家称广引事语、推演本义的书为"外传",与专主解释经义的"内传"相对。如《春秋左传》为内传,《国语》为外传;《诗经》有《韩诗外传》,《春秋》又有《穀梁外传》《公羊外传》等。

④鲁:周代诸侯国名。故地在今山东兖州东南至江苏沛县、安徽泗县一带。

⑤外国:古代指中央政府以外的政权。后指本国以外的国家。

【译文】

《国语》,记载各国君王与大臣互相交谈、谋划计议的成败得失。又叫作《外传》,《春秋》把鲁国看作内,把其他各国看作外,是外国传说的事情。

20.18 《尔雅》①:尔②,昵也③,昵,近也;雅④,义也⑤,义,正也。五方之言不同⑥,皆以近正为主也⑦。

【注释】

①《尔雅》：书名。我国最早的解释词义的专著。由秦汉间学者缀
　　辑周汉诸书旧文，递相增益而成，为考证词义和古代名物的重要
　　资料。亦为儒家十三经之一。

②尔：通"迩"。近。

③昵（nì）：亲近，亲昵。

④雅：正，合乎规范、标准的。

⑤义：谓符合正义或道德规范。

⑥五方：东、南、西、北和中央，也泛指各方。

⑦近正：接近正确，接近标准。主：主首，主体。

【译文】

《尔雅》：尔，得名于"昵"，昵，指的是"近"；雅，得名于"义"，义，指
的是"正"。各地方的语言不一样，都把接近雅正作为主要标准。

20.19　《论语》①，纪孔子与诸弟子所语之言也②。

【注释】

①《论（lún）语》：书名。由孔门后学记录孔子及其弟子言行而成的
　　书。约成书在战国初年，是儒家学派的经典著作。

②弟子：学生。语：谈话，谈论。

【译文】

《论语》，记录孔子和学生们所谈论的话语。

20.20　法①，逼也②，莫不欲从其志③，逼正使有所限也④。

【注释】

①法：刑法，也泛指法律。

②逼:逼迫,强迫。一说"逼"当作"弼",弼正。

③莫:没有谁。从(zòng):同"纵"。放纵。

④逼正:逼迫制止。正,止,制止。限:限制,限定。

【译文】

法,得名于"逼",没有谁不想放纵自己的感情意志,逼迫制止使他们有所限制。

20.21　律①,累也②,累人心③,使不得放肆也④。

【注释】

①律:法纪,法令,规则。

②累(léi):捆缚,拘禁。

③人心:指人们的意愿、感情等。

④不得:不能,不可。

【译文】

律,得名于"累",捆绑人们的心志,使人不能放肆。

20.22　令①,领也②,理领之③,使不得相犯也④。

【注释】

①令:命令,法令。

②领:统率,管领,治理。

③理领:犹"领理"。治理,管理。

④犯:违犯。

【译文】

令,得名于"领",统率管理人们,使他们不能互相侵犯。

20.23　科^①,课也^②,课其不如法者^③,罪责之也^④。

【注释】

①科:法规,刑律。

②课:考核,考查,评判。

③如法:遵从法律。如,随顺,依照。

④罪责:惩罚,处罚。罪,惩罚,治罪。责,惩处,处罚。

【译文】

科,得名于"课",考查评判那些不能按法律或规定办事的人,处罚他们。

20.24　诏书^①,诏^②,昭也^③,人暗不见事宜^④,则有所犯^⑤,以此示之^⑥,使昭然知所由也^⑦。

【注释】

①诏书:皇帝颁发的命令。

②诏:皇帝下达命令。

③昭:光明,明亮。引申指清楚,明白。

④暗:光线不足,不明亮。引申指昏乱,愚昧,不明白。见:知道。

⑤犯:违背,违反。

⑥示:告诉,告知。

⑦昭然:明白的样子。由:奉行,遵从。

【译文】

诏书,诏,来源于"昭",人们愚昧不知道事情的道理,就会有所违反,用诏书告知他们,使他们明明白白地知道所要遵从的命令。

20.25　论^①,伦也^②,有伦理也^③。

【注释】

①论：文体的一种。即议论文。

②伦：条理，顺序。

③伦理：事物的条理。

【译文】

论，得名于"伦"，有它的条理。

20.26　称人之美曰"赞"①。赞，纂也②，纂集其美而叙之也③。

【注释】

①美：指好的品德或表现，即美德善行。赞：文体名。以颂扬人物为主旨。

②纂（zuǎn）：汇集，编辑，编撰。

③纂集：编撰汇集。叙：陈述，记述。

【译文】

称颂人的美德善行叫作"赞"。赞，得名于"纂"，编纂汇集人的美德善行再加以叙述。

20.27　叙①，抒也②，抒泄其实③，宣见之也④。

【注释】

①叙：文体名。序，序言。

②抒：原作"杼"，"抒"之形讹，据篆字疏证本、吴志忠、汪道谦校改。抒，表达，发泄。

③抒泄：同"舒泄"。抒发，发泄。实：实际，事实。

④宣见（xiàn）：宣泄，显现。宣，宣泄，抒发。见，同"现"。显示，
　表示。

【译文】

叙，得名于"抒"，抒发实际情况，宣泄显现它。

20.28　铭^①，名也^②，述其功美^③，使可称名也^④。

【注释】

①铭：文体名。古代常刻于碑版或器物上，用以称功德或自警。

②名：名声，名誉。

③述：记述，叙述。功美：功劳美德。

④称：称道，称扬。

【译文】

铭，得名于"名"，记述他的功劳美德，使人们可以称道他的美名。

20.29　诔^①，累也^②，累列其事而称之也^③。

【注释】

①诔（lěi）：文体名。悼念死者的文章。列述死者德行，表示哀悼并
　以之定谥（多用于上对下）。

②累（lěi）：堆集，重叠。

③累列：罗列。事：事业，功业。

【译文】

诔，得名于"累"，罗列他的功业而称扬他。

20.30　谥^①，申也^②，物在后为申，言名之于人亦然也^③。

【注释】

①谥（shì）：古代帝王、贵族、大臣、士大夫或其他有地位的人死后，据其生前业迹评定的带有褒贬意义的称号。

②申：原作"曳"，据《原本玉篇残卷》及王仁俊等校改。王仁俊《释名集斠》："《众经音义·十三·佛大僧大经》引：'谥，申也，物在后为申，言名之于人也。'窃谓'曳'乃'申'之讹文。申，依《说文》当作'电'，故形近而讹'曳'。"申，伸展，延长。

③名：谥号。

【译文】

谥，得名于"申"，事物在后面就是延伸，谥号对于人来说也是这样。

20.31　谱①，布也②，布列见其事也③。

【注释】

①谱：按照事物类别或系统编成的表册、书籍。

②布：铺开，分布。

③布列：分布陈列，遍布。见（xiàn）：同"现"。显现，显露。

【译文】

谱，得名于"布"，分布排列而显现那些事情。

20.32　统①，绪也②，主绪人世类③，相继如统绪也④。

【注释】

①统：本指丝的头绪。引申指事物之间一脉相承的连续关系，系统。

②绪：本指丝头。引申指统系，世系。

③主：主宰，主持，掌管。绪：寻绎，序次。世类：家世品类，犹言出身。

④继：延续，承接。统绪：头绪，系统。

【译文】

统,得名于"绪",掌管序次人们的家世出身,相互延续就像丝的头绪。

20.33　碑^①,被也^②。此本葬时所设也^③,施其辘轳^④,以绳被其上,以引棺也^⑤。臣、子追述君、父之功美^⑥,以书其上。后人因焉^⑦,无故建于道陌之头、显见之处^⑧,名其文^⑨,就谓之"碑"也^⑩。

【注释】

①碑:文体名。碑文。也指书刻图案或文字,记死者生平功德以作为纪念物或标记的石头。秦称刻石,汉以后称碑。

②被:加上。

③葬:原作"王莽",据卢文弨、疏证本等校改。篆字疏证本曰:"案:'公室视丰碑'见于《礼记·檀弓》,'用绋去碑'见于《丧大记》,岂始于王莽时乎?盖'葬'字讹为'莽',后人因而加'王'字尔。据《广韵》《太平御览》《类篇》《集韵》引删改。"

④施:设置,安放。辘轳:利用轮轴原理制成的起重装置,绞盘。

⑤引:牵引,拉。

⑥追述:述说过去的事情。追,回溯,追念。

⑦因:沿袭,承袭。

⑧无故:没有原因或理由。此指不知原因。建:树立。道陌:道路。头:边,畔。

⑨名:同"铭"。记载,镂刻。

⑩就:凭借,趁着。

【译文】

碑,得名于"被"。这本来是下葬的时候设置的,安装上辘轳,把绳子加在辘轳上,牵引棺椁使它降至墓穴。大臣、儿子追溯记叙君主、父亲的功劳美德,把文辞写到碑上。后来的人们沿袭了这一做法,不知何故又树立在道路旁边、可以明显看到的地方,铭刻纪念的文章,凭借碑的载体而把这种文章也称之为"碑"。

20.34　词①,嗣也②,令撰善言③,相续嗣也④。

【注释】

①词:文体名。古代乐府诗体的一种。

②嗣(sì):继承,接续。

③撰:编定,编纂。善:美好。言:言辞。

④续嗣:犹"嗣续"。延续。

【译文】

词,得名于"嗣",让人编纂汇集美好的言辞,把它们互相接续起来。

释用器第二十一

【题解】

用器，指使用的器物，器具。《礼记·王制》："用器不中度，不粥于市。"郑玄注："用器，弓矢、耒耜、饮食器也。"本篇解释器物工具之类的得名之由，所列的器具都是农业生产用具，有很多器具我们现在的农村依然在使用。

21.1　斧①，甫也②。甫，始也，凡将制器③，始用斧伐木④，已乃制之也⑤。

【注释】

①斧：斧子。砍物的工具，有柄。

②甫：开始。

③制器：制造器物，制作器具。

④伐：原作"代"，据蔡天祐刊本、疏证本等改。伐，砍斫。

⑤已乃：旋即，不久。

【译文】

斧，得名于"甫"。甫，是开始的意思，凡是打算制造器具的，都一开始先用斧头砍伐树木，随即制作器物。

21.2 镰①,廉也②,体廉薄也③,其所刈④,稍稍取之⑤,又似廉者也⑥。

【注释】

①镰:镰刀。

②廉:狭窄。引申指少。

③廉薄:窄而薄。

④刈(yì):割取。

⑤稍稍:渐次,逐渐。也指稍微,微微。即一点一点地,慢慢地。

⑥廉者:廉洁的人。

【译文】

镰,得名于"廉",刀体又窄又薄,它所割的东西,一点点地拿取,又好像廉洁的人。

21.3 斨①,戕也②,所伐皆戕毁也③。

【注释】

①斨(qiāng):斧的一种,古代指装柄的孔为方形者。

②戕(qiāng):毁坏,损伤。

③戕毁:损坏,毁坏。

【译文】

斨,得名于"戕",它砍伐的物体都损伤毁坏了。

21.4 銶①,雠也②,所伐则平③,如讨仇雠也④。

【注释】

①銶(qiú):原作"仇矛",据顾广圻、吴志忠本、吴翊寅校改。銶,古

代的一种凿子,一说为独头斧。

②雠(chóu):仇敌。

③伐:平毁,铲除。

④讨:征讨,诛杀。仇雠:仇人,冤家对头。

【译文】

鉥,得名于"雠",它铲削的地方变平了,就像讨伐铲除仇敌一样。

21.5 锥①,利也②。

【注释】

①锥:锥子,尖端锐利的用来钻孔的工具。

②利:锋利,锐利。

【译文】

锥,十分锐利。

21.6 椎①,推也②。

【注释】

①椎(chuí):敲打、捶击的工具。

②推:向外用力使物体移动。

【译文】

椎,得名于"推"。

21.7 耒①,亦推也②。

【注释】

①耒(lěi):木制的翻土农具。按,本条原与上条相连,据段玉裁、吴

志忠本校提行别起，另成一条。

②推：原作"椎"，"推"之形讹，据疏证本、吴志忠本等校改。

【译文】

耒，也得名于"推"。

21.8　凿①，有所穿凿也②。

【注释】

①凿（záo）：凿子，打孔、挖槽的工具。

②穿凿：开凿，挖掘。穿，凿通，穿孔。

【译文】

凿，它能穿透挖通物品。

21.9　镌①，镈也②，有所镈入也。

【注释】

①镌（juān）：用以破木、雕凿的器具。

②镈（zūn）：戈柄下端圆锥形的金属套，可以插入地中。此指插入地中。

【译文】

镌，得名于"镈"，它能钻刺进入物品。

21.10　耜①，齿也②，似齿之断物也。

【注释】

①耜（sì）：耒下铲土的部件，初以木制，后以金属制作，可拆卸置换。一说，耒、耜为独立的两种翻土农具。

②齿：原作"似"，据卢文弨、疏证本等校改。疏证本曰："今本作'似
也'，据《太平御览》引改。"齿，门牙。

【译文】

耙，得名于"齿"，像门牙那样能截断物品。

21.11　犁①，利也，利则发土绝草根也②。

【注释】

①犁：耕地翻土的农具。

②发：挖掘。绝：断绝，净尽。

【译文】

犁，得名于"利"，锋利就能挖开土地断绝草根。

21.12　檀①，坦也②，摩之使坦然平也③。

【注释】

①檀（tán）：形制未详。疑似耙（bà）、耰（yōu）一类的农具，用以碎
　　土、平地。

②坦：原作"垣"，据疏证本、邵晋涵等校改，下同。疏证本曰："坦，
　　今或讹作'垣'，据《太平御览》引改。"坦，平直，广阔。

③摩：把物体磨平滑，整土使平。

【译文】

檀，得名于"坦"，切磨土块使土层平坦。

21.13　锄①，助也，去秽助苗长也②。齐人谓其柄曰
"櫙"③，櫙然正直也④；头曰"鹤"，似鹤头也。

【注释】

①锄：松土和除草用的农具。

②秽（huì）：杂草。

③齐：古国名。在今山东泰山以北黄河流域和胶东半岛地区。橿（jiāng）：锄柄。

④橿然：直貌。正直：不偏斜，不弯曲。

【译文】

锄，得名于"助"，除去杂草帮助禾苗生长。齐国的人把锄头把儿叫作"橿"，因为它不斜不曲；把锄头的头部叫作"鹤"，因为它的样子像鹤的头。

21.14　枷①，加也，加杖于柄头②，以挝穗而出其谷也③。或曰"罗枷"，互杖而用之也④。或曰"丫丫"，杖转于头，故以名之也。

【注释】

①枷（jiā）：即连枷。由一个长柄和一组平排的竹条或木条构成的农具，用来拍打谷物使脱粒。

②杖：棍棒或棒状物。

③挝（zhuā）：击，敲打。

④互：原作"三"，据疏证本、叶德炯校改。互，交互，交错。

【译文】

枷，得名于"加"，把棍棒加在连枷柄的一头，用来敲打谷穗而掉出谷粒。有的人把它叫作"罗枷"，因为是把棍棒交错起来使用的。有的人把它叫作"丫丫"，棍棒在连枷头部旋转作响，所以用它命名。

21.15　锸①，插也②，插地起土也③。或曰"销"④。销，削也⑤,能有所穿削也。或曰"铧"⑥。铧,刳也⑦,刳地为坎也⑧。其板曰"叶"⑨,象木叶也⑩。

【注释】

①锸(chā):锹。插地挖土的工具。

②插:刺入,穿入。

③起土:挖土,掘土。

④销:掘土削木用具。

⑤削:斜切,斜着铲。

⑥铧(huá):锹。

⑦刳(kū):挖,挖空。

⑧坎:坑。

⑨板:木板,片状木材。此指锸头破土的扁平部分。

⑩木叶:树叶。

【译文】

锸,得名于"插",插进地里挖土。有人把它叫作"销"。销,得名于"削",它能够挖掘铲削土地。有人把它叫作"铧"。铧,得名于"刳",因为它挖地成坑。锸的板片叫作"叶",因为它像树叶。

21.16　杷①,播也②,所以播除物也。

【注释】

①杷(pá):原作"把","杷"之形讹,据卢文弨、疏证本等校改。杷,一端有柄,一端有齿,用以聚拢、耙梳谷物或整地等的农具。

②播:分散。

【译文】

杷,得名于"播",用来分散或清除杂物。

21.17　枹①,拨也②,拨使聚也。

【注释】

①枹:原作"拂","枹"之形讹,据卢文弨、疏证本、巾箱本校改。疑
　当写作"朳(bā)",无齿杷。《方言》第五"杷"晋郭璞注:"有齿
　曰杷,无齿为朳。"苏奥校:"上已释'枷',不应别出'枹',此当属
　'杷'为义,文有脱误。"

②拨:拨动。

【译文】

枹,得名于"拨",拨动散乱的农作物使之聚拢。

21.18　耨①,以锄②,妪耨禾也③。

【注释】

①耨(nòu):小手锄,除草、间苗的农具。

②以:通"似"。

③妪:通"伛(yǔ)"。曲背,弯腰。耨:用耨除草。

【译文】

耨,像锄头,是弯着腰为禾苗锄草的工具。

21.19　镈①,亦锄类也。镈,迫也②。

【注释】

①镈(bó):原作"鎛(bó)",据卢文弨、段玉裁、疏证本校改。疏证
　本曰:"'镈'本皆作'鎛',非。《毛诗·臣工》云:'庤乃钱镈。'传
　云:'镈,鎒。''鎒''耨'同,字或从'金'。"镈,古代除草的一种
　短柄锄,一说为阔口锄。

②迫：逼近，接近。

【译文】

镈，也属于锄头一类。镈，得名于"迫"。

21.20　鏤①，沟也，既割去垄上草②，又辟其土以壅苗根③，使垄下为沟，受水潦也④。

【注释】

①鏤（gōu）：镰刀之类。

②垄：田埂，田间稍稍高起的小路。

③辟（pì）：开，打开。又指开垦。壅（yōng）：在植物根部培土或施肥。

④受：盛，容纳。水潦（lǎo）：因雨水过多而积在田地里的水或流于地面的水。

【译文】

鏤，得名于"沟"，既能割去田垄上的杂草，又能挖开土壤用来为禾苗根部培土，使田垄下面形成水沟，用以接受积水。

21.21　鉰①，杀也②，言杀草也③。

【注释】

①鉰（dì）：卢文弨、疏证本、巾箱本校改作"鏺（pō）"。按，"鉰"应指一种刀类农具，形制未详。疑"鉰"或是"剳（zhá）"，铡草刀。

②杀：灭，除去。

③杀草：除草。

【译文】

鉰，得名于"杀"，说的是它能除去杂草。

21.22　铚①，获黍铁也②。铚铚③，断黍穗声也。

【注释】

①铚（zhì）：短镰刀。

②获：收割庄稼。黍：五谷之一。籽实称黍子，淡黄色，去皮后北方
　　通称黄米，性黏。铁：铁制的器物，指农具。

③铚铚：犹"挃挃（zhì）"。收割禾谷的声音。

【译文】

铚，是割黍的铁制农具。铚铚，割断黍穗的声音。

21.23　釿①，谨也②，板广不可得制削③，又有节④，则用
此釿之⑤，所以详谨⑥，令平灭斧迹也⑦。

【注释】

①釿（yín）：即锛（bēn），平木器，削平木料的平头斧。一种向下向
　　内用力削平木料的工具，形制似锄而较小。也称为"锛子""锛
　　锄"。

②谨：谨严，严格。

③制：断切。削：用刀斜切。

④节：树木条干间坚实结节的部分。

⑤釿（yǐn）：砍削，锛刨。

⑥详谨：审慎，谨慎。详，审慎。

⑦平灭：削平，消灭。斧迹：斧头砍削以后留下的高低不平的痕迹。

【译文】

釿，得名于"谨"，木板宽广不能砍削，又有结节，就用这个锛刨，因
此需要谨慎细致，用它削平消灭斧头砍斫的痕迹。

21.24　鐁①，鐁弥也②，釿有高下之迹③，以此鐁弥其上而平之也④。

【注释】

①鐁（sī）：用以刮平木材的工具，其形类似于刮刀，后演变为刨。

②鐁弥：犹"磋（sī）磨"。摩擦。

③高下：高和低。

④平：使之平。

【译文】

鐁，得名于"鐁弥"，砍斫有高低不平的痕迹，用这种工具磨削它的上面来使它变平。

21.25　锯①，倨也②，其体直，所截应倨句之平也③。

【注释】

①锯：具有许多尖齿用以剖开木料等的工具。

②倨（jù）：直。

③截：断，割断。应（yìng）：符合，适应，顺应。倨句（gōu）：物体外表直曲的程度。句，弯曲。平：旧时的一种衡量标准。

【译文】

锯，得名于"倨"，它的形体平直，用它截断的木料适应正直和弯曲的衡量标准。

21.26　钃①，诛也②，主以诛除物根株也③。

【注释】

①钃（zhú）：镢锄之类的农具。

②诛:除去,芟除。

③主:主宰,主持,掌管。此指功能。诛除:诛灭,灭除。根株:植物的根和主干部分。

【译文】

镯,得名于"诛",功能是用来除去植物根部和主干部分。

释乐器第二十二

【题解】

乐器,指能发乐音、供演奏音乐使用的器具。《周礼·春官·典同》:"凡为乐器,以十有二律为之数度,以十有二声为之齐量。"本篇解释各种乐器的得名之由。

22.1　钟^①,空也,内空受气多^②,故声大也。

【注释】

①钟:古代乐器。用铜或铁制成,中空,悬挂于架上,以棒叩击发音。
②受气:容纳空气。受,盛,容纳。

【译文】

钟,得名于"空",内部空洞容纳的空气多,所以声音宏大。

22.2　磬^①,磬也^②,其声磬磬然坚致也^③。

【注释】

①磬(qìng):古代打击乐器。用玉、石或金属制成,状如曲尺,悬挂于架上,击之而鸣。

②磬:通"磬(qǐng)"。击石声。

③磬磬:犹"磬磬""铿铿(kēng)"。形容声音洪亮。坚致:坚固细密。

【译文】

磬,得名于"磬",它的声音铿铿响显得坚硬细密。

22.3　鼓,郭也①,张皮以冒之②,其中空也。

【注释】

①郭:通"廓"。广大,空阔。

②张:本指把弦绷在弓上。此指绷皮。冒:蒙住。

【译文】

鼓,得名于"郭",绷上兽皮蒙住它,里面是空的。

22.4　鼗①,导也②,所以导乐作也③。

【注释】

①鼗(táo):鼗鼓,有柄的小鼓。

②导:引导。

③所以:用以,用来。作:发出音响,演奏。

【译文】

鼗,得名于"导",是用来引导音乐演奏的。

22.5　鼙①,裨也②,裨助鼓节也③。

【注释】

①鼙(pí):古代乐队用的小鼓。

②裨(bì):增加,增补,补益。

③裨助：增益，补益。节：节奏，节拍。

【译文】

鼙，得名于"裨"，是增补帮助鼓的节拍的。

22.6　声在前曰"朔"①。朔②，始也。在后曰"应"③，应大鼓也④。

【注释】

①朔：一种小鼓。

②朔：初，始。

③应（yìng）：一种小鼓。

④应：应声，应答。

【译文】

在大鼓之先发声的叫"朔"。朔，得名于"始"。在大鼓之后发声的叫"应"，是响应大鼓的。

22.7　所以悬钟鼓者①，横曰"簨"②。簨，峻也③，在上高峻也④。从曰"虡"⑤。虡，举也，在旁举簨也。簨上之板曰"业"⑥，刻为牙，捷业如锯齿也⑦。

【注释】

①钟：原书无，据卢文弨、疏证本等校补。疏证本曰："今本脱'钟'字，据《北堂书钞》《艺文类聚》《太平御览》引增。"

②簨（sǔn）：古代悬挂钟、磬、鼓的架子上的横梁。

③峻：高，陡峭。

④高峻：原指雄伟峭拔的山岭，泛指高耸峭拔。

⑤从（zòng）：同"纵"。竖向的。虡（jù）：古时悬钟鼓木架的两侧
　立柱。

⑥业：覆在悬挂钟、鼓等乐器架横木上的装饰版，刻如锯齿形，涂以
　白色。

⑦捷业：参差不齐的样子。锯齿：锯条上的尖齿。

【译文】

用来悬挂钟鼓的架子，横着的叫"簨"。簨，得名于"峻"，在架子上
边高耸峭拔。竖着的叫"虡"。虡，得名于"举"，在两旁举着簨。簨上边
的板子叫作"业"，刻出牙齿的形状，参差不齐的像是锯齿。

22.8　瑟①，施弦张之②，瑟瑟然也③。

【注释】

①瑟：拨弦乐器。形似古琴，但无徽位，有五十弦、二十五弦、十五弦
　等种。上下移动，以定声音。

②施：设置，安放。张：谓拉紧乐器上的弦。

③瑟瑟：象声词。

【译文】

瑟，安上丝弦绷紧它，发出瑟瑟的响声。

22.9　筝①，施弦高急②，筝筝然也③。

【注释】

①筝：拨弦乐器。形似瑟，其弦数历代由五弦增至十二弦、十三弦、
　十六弦等。

②高：声音响亮或尖锐。急：指声音急促。

③筝筝：象声词。

【译文】

筝,安的弦声音又响亮又急促,发出筝筝的响声。

22.10　筑①,以竹鼓之②,巩柲之也③。

【注释】

①筑(zhú):古击弦乐器。其形似筝,颈细而肩圆,弦下设柱。演奏时,左手按弦的一端,右手执竹尺击弦发音。

②鼓:敲击或弹奏乐器。

③巩柲之也:篆字疏证本在此句后补出"如筝,细项"四字,曰:"今本无此句,据《太平御览》引增。"巩,原作"筑",据卢文弨、段玉裁、疏证本校改。巩,用同"拱"。执,持。柲(bì):又作"拟"。推击。

【译文】

筑,一手用竹尺弹奏它,一手托着它按弦。

22.11　箜篌①,此师延所作②,靡靡之乐也③。后出于桑间濮上之地④,盖空国之侯所存也⑤。师涓为晋平公鼓焉⑥,郑卫分其地而有之⑦,遂号"郑卫之音"⑧,谓之"淫乐"也⑨。

【注释】

①箜篌:古拨弦乐器。有竖式和卧式两种。

②师延:商纣时的宫廷乐师。周武王灭纣时投濮水自杀。

③靡靡(mǐ)之乐:柔弱、颓靡的音乐。

④桑间濮(pú)上:桑间在濮水之岸,古代卫国之地。《礼记·乐记》:"桑间濮上之音,亡国之音也。其政散,其民流,诬上行私而不可止也。"

⑤空国：谓无国君主政或贤臣辅政之国。

⑥师涓：春秋时期卫国著名音乐家。晋平公：姬姓，名彪。晋悼公之子，春秋时期晋国国君。

⑦郑卫：春秋战国时郑国与卫国的并称。郑，原在今陕西华县西北。周平王东迁，郑徙于溱（zhēn）、洧（wěi）之上，是为新郑，即今河南新郑。卫，大致位于今黄河以北的河南鹤壁、安阳、濮阳，河北邯郸和邢台一部分，山东聊城西部、菏泽北部一带。

⑧郑卫之音：春秋战国时郑、卫两国的民间音乐。因不同于雅乐，曾被儒家斥为"乱世之音"。泛指淫靡的音乐。

⑨淫乐：靡靡之音。旧指不同于正统雅乐的俗乐。

【译文】

筌篌，它是师延创作的，是柔弱颓靡的音乐。后来出现在卫国濮水之岸的桑间之地，大概是没有国君主政或贤臣辅政之国留存的。师涓在这里为晋平公弹奏，郑国与卫国分割了晋国的土地而占有它，于是命名为"郑卫之音"，认为它是淫靡的音乐。

22.12　枇杷①，本出于胡中②，马上所鼓也③。推手前曰"枇"④，引手却曰"杷"⑤，象其鼓时，因以为名也。

【注释】

①枇杷：即琵琶。弹拨乐器，原流行于波斯、阿拉伯等地，汉代传入我国。

②胡：古代对北方和西方的民族如匈奴等的称呼。

③马上：马背上。

④推手：推出手。前：向前，指向左前方弹出。枇："批"之形讹。批，用手背反击。

⑤引手：拉回手。却：退，指向后弹入。杷："把（pá）"之形讹。把，

同"爬"。搔。此指拨弦动作。

【译文】

枇杷,本来出自西北少数民族那里,是在马背上弹奏的。推出手向左前方弹出叫作"枇",拉回手向后弹入叫作"杷",像是弹奏时的动作,因此用作名称。

22.13　埙①,喧也②,声浊喧喧然也③。

【注释】

①埙(xūn):古代一种吹奏乐器。大如鹅蛋或鸡蛋,顶部稍尖,底平,中空,有球形或椭圆形等多种。

②喧:声音大而嘈杂。

③浊:指音质厚重低沉。喧喧:形容声音喧闹。

【译文】

埙,得名于"喧",声音低沉很喧闹的样子。

22.14　篪①,啼也②,声从孔出,如婴儿啼声也。

【注释】

①篪(chí):古代竹制的管乐器之一。像笛,有八孔,横吹。唯其开孔数及尺寸古书记载不一。

②啼:号哭。

【译文】

篪,得名于"啼",声音从音孔里发出,像婴儿啼哭的声音。

22.15　箫①,肃也②,其声肃肃而清也③。

【注释】

①箫:一种竹制管乐器。古代的箫用许多竹管依音阶高低排列而成,有底,亦称为"排箫"。后代专称单管竖吹的乐器,也叫"洞箫"。

②肃:庄严,宁静。

③肃肃:阴沉,萧瑟,清冷。清:清越,清脆悠扬。

【译文】

箫,得名于"肃",它的声音萧瑟清越。

22.16　笙①,生也,竹之贯匏②,象物贯地而生也。

【注释】

①笙:一种簧管乐器。用十三至十七根装有簧片的竹管和一根吹气管,装在一个圆形或方形等多种形制的底座上制成。

②贯:穿通。匏(páo):葫芦的一种,即瓠(hù)。

【译文】

笙,得名于"生",竹管穿破葫芦,像植物穿破地面生出那样。

22.17　以瓠为之①,故曰"匏"也②。竽亦是也③,其中污空④,以受簧也⑤。

【注释】

①瓠(hù):即葫芦。也称瓠芦、匏瓜。

②匏(páo):笙竽一类的乐器,为八音之一。古以匏(瓠)为座,上设簧管,故亦以称此类乐器。

③竽(yú):一种竹制簧管乐器。与笙相似而略大。

④污:低洼,凹陷。

⑤受：盛，容纳。

【译文】

用葫芦做成的，所以叫作"匏"。竽也是这样的，它的里面凹陷空洞，用来容纳簧片。

22.18　簧①，横也，于管头横施于中也，以竹、铁作。于口横鼓之亦是也②。

【注释】

①簧：乐器里有弹性的薄片，用竹箬（ruò）或铜片制成，作为发声的振动体。也指笙、竽之类的乐器。

②是：正确。

【译文】

簧，得名于"横"，在管子的端口横着设置在管口的中间，用竹箬、铜片制作而成。说簧得名于放在口中横着吹奏的方式也对。

22.19　搏拊也①，以韦盛糠②，形如鼓，以手附拍之也③。

【注释】

①搏拊（fǔ）：古代一种打击乐器。也叫"拊搏""拊"。

②韦：去毛熟治的兽皮，柔软的皮革。糠：稻、麦、谷子等籽实上脱下的皮或壳。

③附：通"拊"。抚，拍。

【译文】

搏拊，用去毛的兽皮盛装谷糠，形状像鼓，用手拍打发声。

22.20　柷①，状如伏虎②，如物始见柷柷然也③。祝，始也④,故训"柷"为"始"⑤,以作乐也⑥。

【注释】

①柷(zhù):古乐器名。木制,形如方斗,奏乐开始时击之。

②伏虎:蹲伏着的老虎。

③物始:原书无,据卢文弨、疏证本校补。疏证本曰:"今本作'如见柷柷然也',据《北堂书钞》《太平御览》引补正。"柷柷:同"祝祝"。象声词。《说文解字·吅部》:"喌,呼鸡重言之。……读若'祝'。"段玉裁注:"谓'喌喌'读若'祝祝'也。《左传》'州吁',《穀梁》作'祝吁'。《博物志》云:'祝鸡翁善养鸡,故呼祝祝。'"

④祝,始也:原书无,据卢文弨、疏证本校补。吴翊寅校议:"此三字,毕据《北堂书钞》引补,依谊当云:'柷,祝也;祝,始也。故训柷为始,以作乐也。'《释亲属》亦云:'祝,始也。'是其证。'柷'与'敔'对文,'敔'用转训,'柷'当与同例。"

⑤柷:原书无,据卢文弨、段玉裁、疏证本校补。疏证本曰:"今本无'柷'字,据《北堂书钞》引补。"

⑥作乐:开始奏乐。作,开始。

【译文】

柷,形状像蹲伏着的老虎,就像刚见到那物件时"啧啧"的情景。祝,是"开始"的意思,所以把"柷"解释为"始",是用来开始奏乐的。

22.21　敔①,御也②。御,止也,所以止乐也。

【注释】

①敔(yǔ):古乐器名。形如伏虎。雅乐将终时击以止乐。

②御(yù):通"御"。遏止,阻拦。

【译文】

敔,得名于"御"。御,"止"的意思,是用来终止音乐的。

22.22　舂牍①:舂②,撞也;牍③,筑也④,以舂筑地为节也。

【注释】

① 舂牍（chōng dú）:原书无,据疏证本、吴志忠本校补。疏证本曰:"今本脱此二字,据下义增。"舂牍,古撞击乐器,亦称"顿相（xiàng）"。取大竹筒,凿通,两头开孔,筒身绘彩画。演奏时,双手持顿地以击节,如使舂杵。

② 舂:用杵臼捣去谷物的皮壳。

③ 牍:古乐器名。

④ 筑:捣击。

【译文】

舂牍:舂,得名于"撞";牍,得名于"筑",把捣地动作作为音乐的节拍。

22.23　籥①,跃也②,气跃出也。

【注释】

① 籥（yuè）:古代一种管乐器。甲骨文作"龠",像编管之形,似为排箫之前身。有吹籥、舞籥两种。吹籥似笛而短小,三孔,舞籥长而六孔,可执作舞具。

② 跃:迅疾的样子。

【译文】

籥,得名于"跃",气流迅速冲出。

22.24　篴①,涤也②,其声涤涤然也③。

【注释】

① 篴（dí）:同"笛"。

②涤（dí）：指音乐节奏疾速。

③涤涤：象声词。形容声音疾速短促的样子。

【译文】

篴，得名于"涤"，它的声音涤涤地响。

22.25　铙①，声譊譊也②。

【注释】

①铙（náo）：用以止鼓的乐器。青铜制，体短而阔，原无舌，以槌击
　　之而鸣。

②譊譊（náo）：原作"铙铙"，据孙诒让校改。孙诒让《札迻》："案
　　《通典·乐四》引作'声譊譊也'，是，当据正。"譊譊，争辩，论辩。
　　引申为喧闹嘈杂。

【译文】

铙，它的声音喧闹嘈杂。

22.26　人声曰"歌"①。歌，柯也②，所歌之言是其质
也③，以声吟咏有上下④，如草木之有柯叶也⑤。故兖、冀言
"歌"⑥，声如"柯"也。

【注释】

①声：唱，吟咏。

②柯（kē）：草木的枝茎。

③歌：歌唱。言：歌辞。质：主，主体。

④吟咏：歌唱。上下：升降。

⑤草木：指草本植物和木本植物。柯叶：枝叶。

⑥兖（yǎn）：兖州。汉武帝所置十三刺史部之一。约当今山东西南

部及河南东部地区。冀：冀州。汉武帝所置十三刺史部之一。辖境大致为今河北中南部，山东西部和河南北部。

【译文】

人的吟唱叫作"歌"。歌，得名于"柯"，唱的歌词是主体，用声音歌唱有升降，就像草木有枝叶。所以兖州、冀州说"歌"，发声像"柯"。

22.27　竹曰"吹"①。吹，推也，以气推发其声也②。

【注释】

①竹：古乐八音之一。指竹制管乐器箫管笙笛之类。吹：吹奏。

②推发：推送，发出。

【译文】

演奏竹制管乐器叫作"吹"。吹，得名于"推"，是用气流推送发出声音的。

22.28　吟①，严也②，其声本出于忧愁③，故其声严肃④，使人听之凄叹也⑤。

【注释】

①吟：吟咏。又指叹息，呻吟。

②严：肃穆，端庄。

③忧愁：忧虑愁苦。

④严肃：庄敬，庄重。

⑤凄叹：悲伤，叹息。

【译文】

吟，得名于"严"，吟唱者的声音本来出于忧虑愁苦，所以他的声音严正庄重，让人听了悲伤叹息。

释兵第二十三

【题解】

　　兵,指与军事有关事物的统称,包括兵器、兵卒(军队)、军事(战争)、军需等。本篇解释冷兵器时代的各种武器、军事用品的得名之由。

　　23.1　弓①,穹也②,张之穹隆然也③。其末曰"箫"④,言箫梢也⑤;又谓之"弭"⑥,以骨为之,滑弭弭也⑦。中央曰"弣"⑧。弣,抚也⑨,人所持抚也⑩。箫、弣之间曰"渊"⑪。渊,宛也⑫,言曲宛也⑬。

【注释】

①弓:由弯成弧形的木条系上丝绳制成用以发射箭矢或弹丸的器具。

②穹(qióng):物体中间隆起周边下垂。

③张:拉紧弓弦。穹隆:中间隆起周边下垂的样子。

④箫:弓的末端。

⑤箫梢:斜出貌。

⑥弭(mǐ):无彩缴缠饰,饰以角、骨的弓末端。

⑦滑弭弭:犹今言"滑溜溜""滑腻腻"。弭弭,犹"弥弥"。有光泽貌。

⑧弣(fǔ):弓把中部。

⑨抚：握持。

⑩持抚：执持，握持。

⑪渊：弣和箫之间的弓臂。

⑫宛：曲折，弯曲。

⑬曲宛：犹"宛曲"。弯曲，曲折。

【译文】

弓，得名于"穹"，把它张开来呈现出中间隆起而两端下垂的样子。弓的末端叫作"箫"，是说它斜出的样子；又叫作"弭"，用兽骨做成，滑溜溜的样子。弓把的中间部位叫作"弣"。弣，得名于"抚"，是人手握持的地方。弓的末端到中间的部位叫作"渊"。渊，得名于"宛"，是说它弯曲屈折。

23.2　弩①，怒也②，有势怒也③。其柄曰"臂"④，似人臂也。钩弦者曰"牙"⑤，似齿牙也⑥。牙外曰"郭"⑦，为牙之规郭也⑧。下曰"悬刀"⑨，其形然也。合名之曰"机"⑩，言如机之巧也⑪，亦言如门户之枢机⑫，开阖有节也⑬。

【注释】

①弩（nǔ）：用机械发箭的弓。

②怒：强健，威武。

③势：力量。

④臂：器械伸长的部分，似人之有臂，如弓把、弩柄等。

⑤钩弦：钩住弓弦。牙：弩牙。是弩机发箭的含矢处和钩弦制动的机件。又名"机牙"。

⑥齿牙：牙齿。

⑦郭：外框，周边。

⑧规郭：即机郭。弩上机牙的外壳。

⑨悬刀：弩牙下部如刀形的零件。

⑩机：弩上发箭的装置。

⑪机：机械，机关。巧：工巧，精致。

⑫门户：门。户，单扇门。枢机：枢与机。也叫"机枢"。比喻事物的关键部分。枢，户枢，门的转轴或承轴之臼。机，门限，门槛。

⑬开阖（hé）：开启与闭合。有节：有节度，有节制。节，节制，管束。

【译文】

弩，得名于"怒"，有力量而强健威武。弩的把儿叫作"臂"，像是人的胳膊。钩住弓弦的叫作"牙"，像牙齿的形状。弩牙的外面叫作"郭"，是弩机的外壳。弩的下面叫"悬刀"，因为它的外形就像垂悬的刀。牙和悬刀合起来称说就叫"机"，是说它像机械那样精巧，也说的是像门户的转轴和门槛，开关有节制。

23.3　矢①，指也，言其有所指向迅疾也②。又谓之"箭"，前进也。其本曰"足"③，矢形似木，木以下为本④，本以根为足也。又谓之"镝"⑤。镝，敌也，可以御敌也⑥。齐人谓之"镞"⑦。镞，族也⑧，言其所中皆族灭也⑨。关西曰"釭"⑩。釭，铰也⑪，言有交刃也⑫。其体曰"干"⑬，言梃干也⑭。其旁曰"羽"⑮，如鸟羽也。鸟须羽而飞⑯，矢须羽而前也。齐人曰"卫"⑰，所以导卫矢也⑱。其末曰"栝"⑲。栝，会也⑳，与弦会也。栝旁曰"叉"㉑，形似叉也。

【注释】

①矢：箭。以木或竹制成。

②指向：对着，朝着。迅疾：迅速。

③本：杆状或狭长物的根端或粗的一段。此指箭头部位。足：支撑

　　器物的脚。此称箭头。

④本：草木的茎、干。此指树的主干。

⑤镝（dí）：箭头，箭。

⑥御敌：防御敌人。

⑦齐：古国名。在今山东泰山以北黄河流域和胶东半岛地区。镞（zú）：箭头。

⑧族：诛灭，诛杀。

⑨中（zhòng）：箭射着目标。泛指击中或被击中。族灭：诛灭。

⑩关西：指函谷关或潼关以西的地区。釭（gāng）：箭镞尾部用以装箭杆的孔。此代称箭头。

⑪铰：通"骹（qiāo）"。用以装矛柄的口。在此指箭镞尾部用以装箭杆的孔。

⑫交刃：当为"骹刃"。骹与刃，为箭镞尾部用以装箭杆的孔与箭镞头部的尖刃。

⑬体：指草木的茎干。此指箭的杆体部位。干（gàn）：指器物、事物的主干。此称箭杆。

⑭梃（tǐng）干：主干。梃，植物的干、茎。

⑮羽：箭杆上的羽毛。

⑯须：依靠。

⑰卫：箭旁的羽毛。

⑱导卫：引导并护卫。

⑲栝（kuò）：箭末扣弦处。

⑳会：交会，聚会。

㉑叉：一端有分歧的器物。此指箭末端的分杈。

【译文】

　　矢，得名于"指"，是说它朝着一个地点飞行迅速。又叫作"箭"，因为它向前行进。矢的头部叫作"足"，它的形状像树木，树木以下端为主干,主干以树根为脚。又把它叫作"镝"。镝,得名于"敌",可以用它防御敌人。齐国的人把它叫作"镞"。镞,得名于"族",是说它射中的人都被消灭了。关西的人把它叫作"釭"。釭,得名于"铰",是说尾部有装箭杆的孔而头部有尖刃。箭矢的杆体叫作"干",是说它为主干。箭的两旁叫作"羽",就像鸟的羽毛。鸟儿依靠羽翅飞翔,箭矢依靠羽毛前行。齐国的人把它叫作"卫",是用来引导和护卫箭矢的。它的末尾叫作"栝"。栝,得名于"会",是跟弓弦交会的。栝的旁边叫作"叉",形状像叉。

23.4　其受矢之器①,以皮曰"箙"②,谓柔服用之也③。织竹曰"笮"④,相迫笮之名也⑤。步叉⑥,人所带,以箭叉其中也⑦。马上曰"鞬"⑧。鞬,建也⑨,弓、矢并建立其中也⑩。

【注释】

①受:盛,容纳。矢:原书无,据段玉裁、疏证本校补。疏证本曰:"今本无'矢'字,据《初学记》引增。"按,本条原与上条相连,据邵晋涵、疏证本等校分开另起。

②箙(fú):盛弓箭的袋。

③柔服:柔软顺服。又指使之柔软顺服。

④笮(zé):盛箭的竹器。

⑤迫笮:逼近,迫促,急促。笮,困迫,挤压,逼迫。

⑥步叉:同"鞴靫(bù chā)"。盛箭器,即箭箙、箭袋。

⑦叉:插。

⑧马上:马背上。鞬(jiān):马上盛弓矢的器具。

⑨建:竖起。

⑩并:皆,都。

【译文】

那盛装弓箭的器具,用兽皮制成的叫作"箙",说的是让它变得柔软顺服而使用它。用竹篾编织的叫作"筶",因竹篾之间互相逼近迫促而有这样的名称。步叉,是人身上带的,把箭插在里面。骑在马背上用的叫作"鞬"。鞬,得名于"建",弓箭都竖立在里面。

23.5　刀,到也,以斩伐[1],到其所,刀击之也。其末曰"锋"[2],言若锋刺之毒利也[3]。其本曰"环"[4],形似环也。其室曰"削"[5]。削,峭也[6],其形峭杀[7],裹刀体也。室口之饰曰"琫"[8]。琫,捧也[9],捧束口也[10]。下末之饰曰"琕"[11]。琕,卑也[12],在下之言也。短刀曰"拍髀"[13],带时拍髀旁也。又曰"露拍"[14],言露见也[15]。

【注释】

①斩伐:征伐。又指诛杀、砍伐。

②锋:刀、剑等有刃的兵器的尖端或锐利部分。

③锋:通"蜂"。毒利:极其锋利。

④本:根基部位或根端。

⑤室:刀剑的鞘。削(qiào):鞘。刀剑的套。

⑥峭(qiào):陡直,高峻。

⑦峭杀:指末端渐小,稍稍收杀。一说"杀"表示程度之深。

⑧琫(běng):刀鞘上近口处的饰物。

⑨捧(pěng):承托。

⑩捧束:承托,收束。

⑪琕(bǐng):刀鞘下端末尾的装饰。又指整个刀鞘。

⑫卑:低。与高相对。

⑬拍髀(bì):佩刀名。髀,大腿骨。

⑭露拍:即"露陌"。宝刀名。

⑮露见（xiàn）：显现，显露。

【译文】

刀，得名于"到"，用来斩杀砍伐，到达那个地方，用刀砍击。刀的末尾叫作"锋"，说的是像蜂子的尾刺那样极其锋利。刀的根部叫作"环"，形状像环。刀鞘叫作"削"。削，得名于"峭"，它的形状是末端渐小稍稍收杀，包裹住刀身。刀鞘口上的饰物叫作"琫"。琫，得名于"捧"，承托收束鞘口。下面末端的饰物叫作"琕"。琕，得名于"卑"，说的是在最下边。短刀叫作"拍髀"，佩戴的时候会轻拍大腿骨的侧面。又叫作"露拍"，说的是它能显露出来。

23.6　佩刀①，在佩旁之刀也②。或曰"容刀"③，有刀形而无刃，备仪容而已④。

【注释】

①佩刀：佩在腰间的刀。古代男子服饰之一，佩之以示威武。

②佩：即玉珮。古人佩带的饰物。

③或：有人。容刀：作装饰品用的佩刀。

④备：美好。也指使之美好。仪容：仪表，容貌。

【译文】

佩刀，在玉佩旁边佩带的刀。有人把它叫作"容刀"，因为它有刀的形状却没有刀刃，只是用来美化仪表罢了。

23.7　剪刀，剪，进也，所剪稍进前也①。

【注释】

①稍：渐，逐渐。进前：犹"前进"。向前。

【译文】

剪刀,剪,得名于"进",剪裁时剪刀逐渐向前推进。

23.8 书刀①,给书简札②,有所刊削之刀也③。

【注释】

①书刀:在竹木简上刻字或削改的刀。

②给(jǐ):供给,供应。书:书写,记录,记载。简札:用以书写的竹简木札。札,原作"扎",形讹。

③刊削:削除。刊,砍斫,削除。

【译文】

书刀,是供人在简札上书写时,削除不要的文字而使用的小刀。

23.9 封刀、铰刀、削刀①,皆随时名之也。

【注释】

①封刀:刀名。形制、功用不详。铰刀:剪刀。削刀:用以刊削的刀。

【译文】

封刀、铰刀、削刀,都是按照使用的时机而命名的。

23.10 戟①,格也②,旁有枝格也③。

【注释】

①戟(jǐ):合戈、矛为一体,兼有戈之横击、矛之直刺两种作用的兵器。

②格:树的长枝条。

③枝格:长枝条。

【译文】

戟,得名于"格",旁边有长枝条状的部件。

23.11　戈①,句子戟也②。戈,过也③,所刺搞则决过④,所钩引则制之⑤,弗得过也⑥。

【注释】

①戈:上下皆刃,用以横击和钩杀的兵器。

②句子(gōu jié)戟:戈的别名。子,原作"矛",据疏证本、邵晋涵校改。疏证本曰:"子,今本讹作'矛',据《太平御览》引改。郑据《周礼·叙官·司戈盾》云:'戈,今时句子戟。'又注《考工记·冶氏职》云:'戈,今句子戟也。'"句,同"勾"。弯曲。子,戟。

③过:超过,超越。

④刺搞:戳刺,冲撞。决过:穿过,穿通。决,穿通。

⑤钩引:钩住且拉引。制:管束,阻止。

⑥弗:不。

【译文】

戈,就是带钩的戟。戈,得名于"过",它戳刺搞击的物体就会被穿通,它钩住拉拽的物体就会被制服,不能过去。

23.12　车戟曰"常"①,长丈六尺②,车上所持也③。八尺曰"寻"④,倍寻曰"常"⑤,故称"常"也。

【注释】

①车戟:战车上插置的戟。车,特指战车,又称兵车。

②丈:长度单位。十尺为一丈。

③持:拿着,握住。

④寻：古代长度单位。一般为八尺。

⑤倍：照原数等加。常：古代长度单位。为寻的两倍。

【译文】

战车上插置的戟叫作"常"，长度是一丈六尺，是战车上的人手持的兵器。八尺的戟叫作"寻"，寻的两倍叫作"常"，所以把车戟称为"常"。

23.13　手戟①，手所持摘之戟也②。

【注释】

①手戟：手持的小戟。

②摘：通"擿（zhì）"。投掷。

【译文】

手戟，就是手持的投掷的小戟。

23.14　矛①，冒也②，刃下冒矜也③。下头曰"镈"④，镈入地也⑤。

【注释】

①矛：在长柄上装以矛头，用于刺杀的兵器。

②冒：覆盖，笼罩。

③矜（qín）：矛柄。

④镈（zūn）：戈柄下端圆锥形的金属套，可以插入地中。矛戟柄末的金属套也通称镈。

⑤镈：插，刺。

【译文】

矛，得名于"冒"，矛刃下面覆盖矛柄。矛柄的下头叫作"镈"，插入地下。

23.15　松椟①，长二丈②，其矜宜轻，以松作之也。椟，速椟也③，前刺之言也④。

【注释】

①松椟（dú）：矛类古兵器。按，本条原与上条相连，据段玉裁校分开另立一条。

②二丈：原作"三尺"，据叶德炯校改。叶德炯曰："《御览》'三丈'盖'二丈'之讹。《诗·无衣》：'修我矛戟。'毛传：'矛长二丈。'《说文》：'矛，酋矛也，建于兵车，长二丈。'明此'三'字是'二'字之误。"按，"修我矛戟"应是"修我戈矛"。

③速椟：犹"速独""束蹋"。频频踏足前进。

④前刺：向前冲刺。

【译文】

松椟，长二丈，它的杆柄适宜使用较轻的材料，所以用松木做成。椟，就是"速椟"，说的是向前冲刺。

23.16　矛长丈八尺曰"矟"①，马上所持，言其矟矟便杀也②。又曰"激矛"，激③，截也④，可以激截敌阵之矛也。

【注释】

①矟（shuò）：长矛，即槊（shuò）。头部或细长或宽大，既可用于骑兵持槊冲锋，又可舞槊横扫。

②矟矟：犹"梢梢"。细貌，劲挺貌。便：有利，又指适合，适宜。

③激：冲击。

④截：断，割断。

【译文】

矛长一丈八尺的叫作"矟"，是人在马背上手持的，说的是它细长劲挺有利于攻杀。又叫作"激矛"，激，得名于"截"，是可以用来冲击截断敌人阵形的长矛。

　　23.17　仇矛①，头有三叉②，言可以讨仇敌之矛也③。

【注释】

①仇矛：有三棱锋刃的长矛。

②三叉：三棱锋刃。

③仇敌：有深恨的敌人。

【译文】

仇矛，矛头上有三棱锋刃，说的是可以用来讨伐敌人的矛。

　　23.18　夷矛①，夷②，常也，其矜长丈六尺。不言"常"而曰"夷"者，言其可夷灭敌③，亦车上所持也。

【注释】

①夷矛：古代车战和守城用的一种长矛。

②夷：平常，通常。又指诛灭。

③夷灭：诛杀，消灭。

【译文】

夷矛，夷，得名于"常"，它的杆柄长一丈六尺。不叫作"常"而叫作"夷"，说的是它可以诛灭敌人，也是战车上的人手持的兵器。

　　23.19　矟徐本作"槊"矛①，长九尺者也。矟，霍也②，所中霍然即破裂也③。

【注释】

①稵（xù）矛：矛类兵器。稵，同"矟"。

②霍：象声词。

③霍然：象声词。引申指突然，忽然。破裂：开裂，破损裂开。

【译文】

稵矛，是长九尺的矛。稵，得名于"霍"，被刺中的东西会"哗"的一声破损裂开。

23.20　殳矛①，殳，殊也②，长丈二尺而无刃③，有所撞挃④，于车上使殊离也⑤。

【注释】

①殳（shū）矛：杖类兵器。以竹或木制成，八棱，顶端装有圆筒形金属，无刃。亦有装金属刺球、顶端带矛的。

②殊：死亡。

③刃：刀锋，刀口。

④挃（zhì）：捣，撞击。

⑤殊离：死伤。殊，死亡。离，断绝。

【译文】

殳矛，殳，得名于"殊"，长一丈二尺却没有锋刃，用来捣撞，在战车上使敌方死伤。

23.21　盾①，遁也②，跪其后③，避刃以隐遁也④。大而平者曰"吴魁"⑤，本出于吴⑥，为魁帅者所持也⑦。隆者曰"滇盾"⑧，本出于蜀⑨，蜀滇所持也⑩。或曰"羌盾"⑪，言出于羌也。约胁而邹者曰"陷虏"⑫，言可以陷破虏敌也⑬，今谓之曰"露见"是也⑭。狭而长者曰"步盾"⑮,步兵所持⑯,与刀相配者也。狭而短者曰"子盾"⑰,车上所持者也。子,小称也。以络编板谓之"木络"⑱,以犀皮作之曰"犀盾"⑲,以木作之曰"木盾",皆因所用为名也。

【注释】

①盾:古代作战时用来抵御敌人刀箭等的兵器。

②遁(dùn):隐匿,隐避。

③跪:屈膝,引申为屈曲。

④刃:原书无,据卢文弨、疏证本等校补。疏证本曰:"今本无'刃'字,据《北堂书钞》《太平御览》引增。"隐遁:隐匿身形。

⑤吴魁:大而平的盾。

⑥吴:古国名。也称为勾吴、攻吴。姬姓,始祖为周太王之子太伯,至十九世孙寿梦称王,据有今江苏、上海大部和安徽、浙江的一部分。

⑦魁帅:主将,首领。

⑧隆:高,突起。滇(diān):原作"须",据卢文弨、疏证本校改。疏证本曰:"今本'滇'皆作'须',据《太平御览》引改。"滇,古族名。战国至秦汉时,分布在今云南滇池附近,中心在今晋宁。为当地定居农业民族。

⑨蜀:古族名、国名。分布在今四川西部。

⑩蜀滇:原作"须",据疏证本校改。疏证本曰:"今本'蜀'字不重,据《太平御览》引增。"注:"蜀滇所持,谓蜀滇人所用。"

⑪羌(qiāng):古族名。旧称西戎,主要分布在今甘肃、青海、四川一带。

⑫约:屈折。胁:通"翕(xī)"。收缩。邹(zōu):狭小。

⑬陷破:攻陷。虏敌:犹"敌虏"。对敌人的蔑称。一说"陷破虏敌"当作"陷虏破敌"。

⑭露见(xiàn)：疑当作"虏陷"，为"陷虏"之倒语。

⑮步盾：步兵手持护身之盾牌。

⑯步兵：徒步作战的士兵。

⑰孑(jié)盾：兵车上的小盾。孑，短，小。

⑱木络：用绳索绑扎的木板。络，原作"缝"，据吴志忠本校改。

⑲犀皮：犀牛皮。犀盾：以犀牛皮制作的盾牌。

【译文】

盾，得名于"遁"，人屈曲在盾的后面，避开刀箭的锋刃用来隐匿身形。体大而板平的叫作"吴魁"，原本出产于吴国，是主帅持有的盾。隆高的叫作"滇盾"，原本出产于蜀地，是蜀地和滇地的人持有的盾。有人把它叫作"羌盾"，说的是出产于羌族。收缩而狭小的叫作"陷虏"，说的是可以用来攻破敌虏，现在叫作"露见"的就是这种盾。狭小而细长的叫作"步盾"，是步兵持有的，与战刀互相配合的盾。狭小而短的叫作"孑盾"，是在战车上使用的盾。"孑"，是对微小的称呼。用绳索编连木板的叫作"木络"，用犀牛皮蒙住的叫作"犀盾"，用整块木板做成的叫作"木盾"，都是根据所用的材料来命名的。

23.22　彭排①，彭②，旁也，在旁排敌御攻也③。

【注释】

①彭排：盾的别称。又称旁排。似盾牌，置于车上，进攻中以防敌之箭矢。

②彭：通"旁"。旁侧。

③排：推挡，推挤。御攻：抵御攻击。

【译文】

彭排，彭，得名于"旁"，在战车的旁边推挡敌人以抵御攻击。

23.23　铠①,犹垲也②。垲,坚重之言也③。或谓之"甲"④,似物孚甲⑤,以自御也⑥。

【注释】

①铠(kǎi):古代作战时护身的金属或皮甲服装。

②垲:通"磑(ái)"。坚固。

③坚重:坚固而沉重。

④甲:用皮革、金属等制成的护身服。

⑤孚甲:植物籽实的外皮。

⑥自御:自我防御,自己保护自己。

【译文】

铠,犹如说"垲"。垲,坚固而沉重的意思。有人把它叫作"甲",就像植物籽实外面的皮壳,用来保护自己。

23.24　剑,检也①,所以防检非常也②。又敛也,以其在身拱时敛在臂内也③。其旁鼻曰"镡"④。镡,寻也⑤,带所贯寻也⑥。其末曰"锋"⑦。锋,末之言也⑧。

【注释】

①检:戒备。

②防检:防范,戒备。非常:突如其来的事变。

③敛也,以:原书无,据卢文弨、疏证本校补。疏证本曰:"今本脱'敛也,以'三字,据《艺文类聚》《太平御览》引增。"拱:弯曲成弧形。敛:收拢。

④鼻:器物上带孔的部分。镡(xín):剑柄上端与剑身连接处两旁突出部分。也称"剑鼻""剑口"等。

⑤寻:依附,依循。

⑥带：系物的带子。贯：连接，串连，连结。

⑦锋：剑等有刀的兵器的尖端部分。

⑧末：物的端、尾。

【译文】

剑，得名于"检"，是用来戒备防范突如其来的事变的。又说的是"敛"，因为在人身体弯曲成弧形时把它收拢在臂弯里面。剑柄旁边的孔洞叫作"镡"。镡，得名于"寻"，带子串连依附的地方。剑的末梢叫作"锋"。锋，说的是末尾的意思。

23.25　铤①，延也②，达也，去此至彼之言也③。

【注释】

①铤（chán）：铁柄小矛。

②延：达到，及于。

③去：离开。

【译文】

铤，得名于"延"，也是达到，说的是离开这里到达那里的意思。

23.26　钩镶①，两头曰"钩"，中央曰"镶"②。或推攘③，或钩引④，用之之宜也⑤。

【注释】

①钩镶（xiāng）：钩、盾结合的复合兵器。盾以推挡，钩以钩束。常与刀剑等兵器配合使用：左手持之挡、钩，右手持刀剑砍杀。

②镶：一物体嵌入另一物体内，指把手。

③或：有时。攘（rǎng）：原作"镶"，据孙诒让《札迻》校改。孙诒让曰："推镶，'镶'当作'攘'。《急就篇》注云：'镶，亦刀剑之类，其

刃欲偃而外利,所以推攘而害人也。'即本此。"攘,推,抵御。

④钩引:钩住且拉引。

⑤宜:适宜的事。

【译文】

钩镶,两头叫作"钩",中间叫作"镶"。有时用来推挤,有时用来钩拽,都是使用它的适宜情形。

23.27　九旗之名①,日月为常②,画日月于其端③。天子所建④,言常明也⑤。

【注释】

①九旗:以不同徽号表示不同等级和用途的常、旗、旟、旐、旗、旞、旌、旗等九种旗帜。

②常:古代九旗之一。

③端:顶部,锋尖,末梢。

④天子:古以君权为天神所授,故称帝王为天子。

⑤常明:长久明亮。常,长久,永远。

【译文】

九种旗帜的名称,有太阳和月亮图案的叫作"常",在旗子的顶部画着太阳和月亮。这是为帝王树立的,表示长久明亮。

23.28　交龙为旂①。旂,倚也②,画作两龙相依倚也③。诸侯所建也④。

【注释】

①交龙:两龙蟠结的图案。旂(qí):古代画有两龙并在竿头悬铃的旗。

②倚:偎依,贴近。

③画作:画成。依倚:依傍,倚靠。

④诸侯所建也:原在下条"无文采"之后,"通帛为旃"之前,据疏证本等改。诸侯,古代帝王所分封的各国君主。在其统辖区域内,世代掌握军政大权,但按礼要服从王命,定期向帝王朝贡述职,并有出军赋和服役的义务。

【译文】

画有两龙蟠结图案的旗子叫作"旂"。旂,得名于"倚",画成两条龙相互依傍的形象。这是为诸侯树立的。

23.29 通帛为旃①。旃,战也②,战战恭己而已也③。通以赤色为之,无文采④。三孤所建⑤,象无事也⑥。

【注释】

①通帛:用纯赤色丝帛制作的旗帜。旃(zhān):赤色、无饰、曲柄的旗。按,本条原与上条不分,据内容分开另立为条。

②战:恐惧,发抖。

③战战:戒慎貌,畏惧貌。恭己:恭谨以律己。

④通以赤色为之,无文采:此九字原在上条"画作两龙相依倚也"句后,据段玉裁、疏证本等校改。疏证本曰:"《司常职》云:'通帛为旃。'郑注云:'通帛谓大赤,从周正色,无饰。'又云:'孤卿建旃。'郑注云:'孤卿不画,言奉王之政教而已。'今本'通以赤色为之,无文采'九字在'诸侯所建'之上,误也,据《司常》文更正之。"通,整个,全部。文采,艳丽而错杂的色彩。

⑤三孤:指少师、少傅、少保。

⑥无事:没有变故。多指没有战事、灾异等。

【译文】

用纯赤色的丝帛制作的旗子叫作"旃"。旃,得名于"战",小心谨慎恭敬律己罢了。整面旗子全部用红色做成,没有艳丽错杂的色彩。这是为少师、少傅、少保树立的,象征平安无事。

23.30　熊虎为旗①。军将所建②,象其猛如虎,与众期其下也③。

【注释】

①熊虎:指熊与虎的图案,古代旗帜上的徽识。

②军将:军中的主将。

③众:兵,军队。期:会,会合。

【译文】

画有熊和虎图案的叫作"旗"。它是为军中的主将树立的,象征他的勇猛犹如老虎,与军队会合在旗子的下面。

23.31　鸟隼为旟①。旟,誉也②,军吏所建③,急疾趋事④,则有称誉也⑤。

【注释】

①隼(sǔn):又名"鹘(hú)"。鹰类中最小者,性敏锐,飞速极快,善袭击其他鸟类。旟(yú):古代画有鸟隼图案的军旗。

②誉:称赞,赞美。

③军吏:军中的将帅官佐。

④急疾:快速,急切。趋事:办事。

⑤称誉:称扬赞美。

【译文】

画有隼鸟图案的叫作"旟"。旟,得名于"誉",它是为军中的将帅官佐树立的,快速办事,就能获得称扬赞誉。

23.32　杂帛为旐①,以杂色缀其边为燕尾也②。将帅所建,象物杂色也③。

【注释】

①杂帛:古代旗帜上杂色的装饰物。旐(wù):原作"旄",据卢文弨、疏证本等校改。疏证本曰:"《说文》:'勿,州里所建旗,象其柄,有三游。杂帛,幅半异。所以趣民,故遽称勿勿。'或从'扒'作'旐。'……今当依《说文》作'勿'或'旐'为正。"今据改。旐,古代九旗之一。

②杂色:多种颜色。缀:缝合,连缀。燕尾:像燕子的尾羽那样末端分叉的东西。燕,原作"翅",据卢文弨、疏证本校改。疏证本曰:"燕,今本误作'翅',据《初学记》引改。"

③色:原书无,据卢文弨、疏证本校改。疏证本曰:"今本脱'色'字,据《太平御览》引补。"

【译文】

有杂色装饰物的旗子叫作"旐",用杂色的布帛连缀在旗子边缘呈燕子尾巴的形状。它是为将帅树立的,像事物的杂乱颜色。

23.33　龟蛇为旐①。旐,兆也②,龟蛇知气兆之吉凶③,建之于后,察度事宜之形兆也④。

【注释】

①龟蛇:龟和蛇。古人常将它们绘于旗上,以为能消灾避害。旐(zhào):古代画有龟蛇图案的旗。

②兆:征兆。

③蛇:原书无,据段玉裁、吴志忠本校补。气兆:兆气,卜兆所呈现的气象。吉凶:祸福。

④察度(duó)：审察测度。事宜：事情，情况。形兆：形迹，征兆。

【译文】

　　画有龟和蛇图案的旗子叫作"旐"。旐，得名于"兆"，龟和蛇知道卜兆气象的祸福，把旐旗树立在后面，审察测度事情的形迹征兆。

23.34　全羽为旞①。旞犹滑也，顺滑之貌也②。

【注释】

①全羽：全，原作"金"，据邵晋涵、疏证本等校改。全羽，完整的彩
　　色鸟羽。旞(suì)：古代导车所载旗杆上系有完整五彩鸟羽为装
　　饰物的旗。

②顺滑：柔顺光滑。

【译文】

　　用完整的五彩鸟羽装饰的旗子叫作"旞"。旞犹如说"滑"，柔顺光滑的样子。

23.35　析羽为旌①。旌，精也②，有精光也③。

【注释】

①析羽：装饰于旌旗、旄节等物的散开的羽毛。旌：古代用牦牛尾或
　　兼五彩羽毛饰竿头的旗子。

②精：清朗，光明。

③精光：光辉。

【译文】

　　用散开的鸟羽装饰的旗子叫作"旌"。旌，得名于"精"，有光辉的样子。

23.36　緌①,有虞氏之旌也②,注旄竿首③,其形㲃㲃然也④。

【注释】

①緌（ruí）：用牦牛尾或鸟羽饰于竿首的旌旗。

②有虞氏：古部落名。传说其首领舜受尧禅,都蒲阪。故址在今山西永济东南。有,名词词头。无义,多用在国名、族名、物名之前。

③注：置,安放。旄：牦牛尾。

④㲃㲃（ruǐ）：垂落貌。

【译文】

緌,是虞舜时代的旌旗,把牦牛的尾巴安装在旗杆头部,它的形状是奔奔拉拉下垂的。

23.37　绥①,夏后氏之旌也②,其形衰衰也③。

【注释】

①绥（ruí）：通"緌"。古代旌旗的一种。

②夏后氏：指禹受舜禅而建立的夏王朝。

③衰衰（suī）：下垂貌,纷披貌。

【译文】

绥,是夏禹时代的旌旗,它的形状是撒撒拉拉下垂的。

23.38　白旆①,殷旌也②,以帛继旗末也③。

【注释】

①白旆（pèi）：旗末状如燕尾的绸制垂旒。白,通"帛"。

②殷：朝代名。商王盘庚从奄（今山东曲阜）迁都殷（今河南安阳
　　小屯村），后世因称。整个商代亦称为商殷或殷商。
③帛：丝织物的通称。继：系结。

【译文】

白旆，是殷商时代的旌旗，用丝帛系结在龟蛇旗的末尾。

23.39　翿①，陶也②，其貌陶陶下垂也③。

【注释】

①翿（dào）：即纛（dào）。顶上以羽毛为饰的旗。舞者执之以舞，
　　送葬引柩者执之以指挥。
②陶（yáo）：漫长貌。
③陶陶：长貌。

【译文】

翿，得名于“陶”，它的样子是长长的往下牵拉的。

23.40　幢①，童也②，其貌童童也③。

【注释】

①幢（chuáng）：一种垂筒形旌旗。饰有羽毛、锦绣。古代常在军事
　　指挥、仪仗行列、舞蹈表演中使用。
②童：通“重”。重叠。
③童童：即“重重”。重叠貌。

【译文】

幢，得名于“童”，它的样子是层层叠叠的。

23.41　幡（旛）①，幡也②，其貌幡幡也③。

【注释】

①幡（fān,旛）：长幅下垂的旗,也泛指旌旗。

②幡（fān）：通"翻"。变动,反覆。

③幡幡：即"翻翻"。翻飞貌。

【译文】

幡（旛）,得名于"幡",它的样子是翩翩翻飞的。

23.42　校^①,号也^②,将帅号令之所在也^③。

【注释】

①校（jiào）：古代军队的一种建制,也指军营,又指军职级别。

②号：号召,号令。

③号令：号召,发布命令。

【译文】

校,得名于"号",是将领发号施令的位置。

23.43　节^①,为号令、赏罚之节也^②。

【注释】

①节：符节,古代用以证明身份的凭证。

②赏罚：奖赏和惩罚。节：证验,验证。

【译文】

节,是发布号召和命令、进行奖赏和惩罚的凭证。

23.44　铎^①,度也^②,号令之限度也^③。

【注释】

①铎（duó）：大铃的一种,古代宣布政教法令或遇战事时用之。青

铜制品,形如钲(zhēng)而有舌;其舌有木制和金属制两种,故又
有木铎和金铎之分。

②度:程度,限度。

③限度:一定的范围,规定的最高或最低的数量或程度。

【译文】

铎,得名于"度",表明政教法令或战事命令传达的范围。

23.45　金鼓①,金②,禁也③,为进退之禁也。

【注释】

①金鼓:泛指金属制乐器和鼓。狭义指钲(zhēng),一种古代乐器。
　　形似钟而狭长,有柄,击之发声,用铜制成。行军时用以节止步伐。

②金:金属制的打击乐器,如锣等。特指军中作撤退信号用的乐器钲。

③禁:禁令,法令。

【译文】

金鼓,金,得名于"禁",是指挥军队前进后退的禁令。

23.46　戚①,慼也②,斧以斩断③,见者皆慼惧也④。

【注释】

①戚:斧的一种。

②慼(qī):忧伤。

③以:可以,能够。斩断:砍断,切断。

④慼惧:忧伤畏惧。

【译文】

戚,得名于"慼",斧头能够砍断物体,看见它的人都忧伤畏惧。

23.47 钺①,豁也②,所向莫敢当前③,豁然破散也④。

【注释】

①钺（yuè）：古兵器，圆刃，青铜制，形似斧而较大。

②豁：象声词。

③所向：所指向的地方。莫：没有谁，没有什么人。当前：在面前。

④豁然：象声词。破散：破裂四散。

【译文】

钺，得名于"豁"，所指向的地方没有谁敢挡在它面前，全都哗啦啦地破裂四散。

释车第二十四

【题解】

车,指陆地上有轮子的交通运输工具。本篇细致介绍了玉辂、钩车、胡车等不同功能、形制的车辆,还解析了衡、游环、胁驱、靷等众多车辆构件,并追溯了它们的得名之由。

24.1　车,古者曰"车"①,声如"居"②,言行所以居人也③。今曰"车"。车,舍也④,行者所处⑤,若居舍也⑥。

【注释】

①古:原作"右",为"古"之形讹,据疏证本、吴志忠本等校改。胡楚生《释名考》说:"慧琳《音义》卷十三引此条,'右'作'古',是也。"

②声:发声,出声。

③行:行驶。所以:用以,用来。居人:住人。

④舍(shè):房屋,居室。又指旅馆,客舍。

⑤行者:出行的人。

⑥居:原作"车",据段玉裁、疏证本等校改。疏证本曰:"居,今本误作'车',据《艺文类聚》引改。"

【译文】

车，古时候说"车"，发音像"居"，说它行驶的时候能够住人。现在说"车"。车，得名于"舍"，出行的人居处的地方，就像是客舍。

24.2　天子所乘曰"玉辂"①，以玉饰车也②。辂亦车也③，谓之"辂"者，言行于道路也④。象辂、金辂、木辂⑤，各随所以为饰名之也⑥。

【注释】

①天子：古以君权为天神所授，故称帝王为天子。玉辂（lù）：古代帝王所乘的饰玉的车子。

②饰：修饰，装饰。

③辂：大车。多指帝王所乘的车子。

④道路：地面上供人或车马通行的途径。

⑤象辂：帝王所乘以象牙为饰的车子。金辂：又作"金路"。古代帝王所乘的饰金的车子。木辂：又作"木路"。古代帝王所乘的一种车，无金、玉、革、象牙之饰。

⑥随：依据，按照。名：命名，取名。

【译文】

天子乘坐的车叫作"玉辂"，是因为用玉装饰车辆。辂也就是车，之所以叫作"辂"，说的是它在道路上行驶。象辂、金辂、木辂，各自根据它们的装饰用材而命名。

24.3　钩车①，以行为阵②，钩股曲直有正③，夏所制也④。

【注释】

①钩车：夏后氏祀天时所乘之车。车前栏弯曲如钩，故称。也指古

兵车之一种。上设钩梯,用于侦察。

②行(háng):军队的行列。泛指人或物排成的行列。阵:军伍行
列,战斗队形。

③钩股:即勾股,为直角三角形夹直角的两边,短边为"勾",长边为
"股"。曲直:弯曲和平直。正:标准,准则。

④夏:即夏后氏,是我国历史上第一个朝代,相传为禹之子启所创立
的奴隶制国家。建都安邑(今山西夏县北)。

【译文】

钩车,把人的行列当作战斗队形,短边之勾和长边之股的弯曲与平
直有一定的标准,是夏朝制作的。

24.4　胡奴车①,东胡以罪没入为官奴者引之②,殷所制
也③。

【注释】

①胡奴车:古代一种人拉的车。原书无"奴"字,据疏证本、吴志忠
本等校补。

②东胡:原作"车胡",据疏证本等校改。东胡,我国古代的少数民
族,因居于匈奴之东,故名。以:因为,由于。没(mò)入:没收财
物、人口等入官。官奴:没入官府的奴隶。引:牵引,拉。

③殷:朝代名。商王盘庚从奄(今山东曲阜)迁都于殷(今河南安
阳小屯村),后世因称商为殷。整个商代亦称为商殷或殷商。

【译文】

胡奴车,是居于匈奴之东的少数民族中由于有罪而被没收入官府的
奴隶拉的车,是殷商时代制作的。

24.5　元戎车①,在军前启突敌阵②,周所制也③。

【注释】

①元戎：又称"大戎"。大型战车，专门用于攻陷敌军战阵。

②启：先锋。此指作为先锋。突：冲撞，穿破。敌阵：敌方的阵地。

③周：朝代名。姬姓。前11世纪武王灭商建周。都镐（hào）京（今陕西西安），史称西周。前772年周平王东迁洛邑（今河南洛阳），史称东周。

【译文】

元戎车，在军队前面作为先锋冲破敌方阵地的车，是周朝制作的。

24.6　辇车①，人所辇也②。

【注释】

①辇（niǎn）车：古代官中用人拉的一种便车。

②辇：挽车，拉车。

【译文】

辇车，是人拉的车。

24.7　柏车①，柏，伯也②，大也，丁夫服任之牛车也③。

【注释】

①柏车：行于山地的大车。柏，通"伯"。

②伯：兄弟行辈中排行最大的，老大。

③丁夫：壮健的男子。服任（rèn）：驾乘，役使。服，驾乘。任，役使。牛车：用牛拉的车。牛，原作"小"，据吴志忠本校改。

【译文】

柏车，柏，得名于"伯"，就是"大"的意思，就是壮健男子役使的牛车。

24.8　祥车,祥,善也①。善饰之车,今犊车是也②。

【注释】

①祥车,祥,善也:原作"羊车,羊,祥也",据丁山校改。丁山说:
　"《御览·七七五》引:'祥车,祥,善也,善饰之车也,犊车是也。'
　无'羊,祥也'文。窃疑此当直云'祥车',庶与下'羊车'条不相
　复。"祥车,亦称"魂车",死者生前所乘之车。古代丧礼用以招
　魂,将葬行祖庙祭时亦陈列之。祥,善,吉利。善,妥善。

②犊车:载人的牛车,车厢高大,陈设讲究。汉诸侯贫者乘之,后转
　为贵者乘用。

【译文】

祥车,祥,是"善"的意思。妥善装饰的车,就是现在的犊车。

24.9　墨车①,漆之正黑②,无文饰③,大夫所乘也④。

【注释】

①墨车:不加文饰的黑色车乘。

②漆:涂漆。正黑:纯黑色。

③文饰:彩饰。

④大夫:古职官名。周代在国君之下有卿、大夫、士三等;各等中又
　分上、中、下三级。后因以大夫为任官职者之称,又为爵位名。

【译文】

墨车,涂抹纯黑色的漆,没有彩色装饰,是大夫乘用的车。

24.10　重较①,其较重②,卿所乘也③。

【注释】

①重较(chóng jué):指古代卿士所乘的车子,车箱前左右有伸出的

弯木（车耳）可供倚攀。

②较（jué）：车箱两旁板上的横木。

③卿：古代高级长官或爵位的称谓。秦汉三公以下有九卿。

【译文】

重较，这种车的车厢两旁板上的横木重出，是卿乘用的车。

24.11　役车①，给役之车也②。

【注释】

①役车：供役之车，庶人所乘。

②给（jǐ）役：供应使役。

【译文】

役车，供应使役的车。

24.12　栈车①，栈②，靖也③。麻靖物之车也④，皆庶人所乘也⑤。

【注释】

①栈车：一种以竹木纵横编之、车厢不饰皮革的马车，可以卧息。

②栈：竹木编成的车子。

③靖：安定，止息。

④麻（xiū）：原作"麻"，据疏证本、吴志忠本校改。麻，覆盖，荫蔽。

⑤皆：都。此顺承上条而言，指役车、栈车都是庶人乘用的车。庶
　　人：平民，百姓。

【译文】

栈车，栈，得名于"靖"，是遮蔽和安放物品的车，和役车一样都是平
民百姓乘用的车。

24.13　輼车①,戎者所乘也②。

【注释】

①輼(tún)车:古代兵车名。

②戎者:军队,士兵。

【译文】

輼车,是军人乘用的车。

24.14　容车①,妇人所载小车也②。其盖施帷③,所以隐蔽其形容也④。

【注释】

①容车:古代妇女乘坐之小车,上施帷裳以遮蔽容颜,故称。

②载:乘坐。小车:马拉的轻车。其车较牛拉之大车小,故称。

③盖:遮阳障雨的用具。此指车盖,即车篷。施:设置,安放。帷:以布帛制作的环绕四周的遮蔽物。

④隐蔽:遮掩,隐藏。形容:外貌,模样。

【译文】

容车,是妇女乘坐的马拉小车。车的棚盖四周设置帷帐,用来遮掩她们的模样。

24.15　衣车①,前户②,所以载衣服之车也。

【注释】

①衣车:古代妇女所乘的一种前面开门后面用帷幕遮蔽的车子。可卧息,亦兼载衣服。

②户:门。

【译文】

衣车,前边开门,是用来装载衣服的车。

24.16　猎车^①,所乘以畋猎也^②。

【注释】

①猎车:出猎时所乘之车。

②畋(tián)猎:打猎。畋,打猎。

【译文】

猎车,乘坐它用于打猎。

24.17　小车^①,驾马轻小之车也^②。驾马宜轻^③,使之局小也^④。

【注释】

①小车:马拉的轻车。与牛拉的"大车"对言。

②驾:把车套在马等牲口身上。轻小:轻盈小巧,轻便小巧。

③宜:应当,应该。

④局小:局促狭小。

【译文】

小车,是用马拉的轻盈小巧的车。套马的车应当轻便,所以把它做得局促狭小。

24.18　高车^①,其盖高,立载之车也。

【注释】

①高车:古代车篷高、供立乘的车。亦称立车、高盖车,同"安车"

对言。

【译文】

高车,它的棚盖较高,是人站立着乘载的车。

24.19　安车^①,盖卑,坐乘^②,今吏之乘^③,小车也^④。

【注释】

①安车:古代可以坐乘的小车。

②坐乘(chéng):坐着乘车。与"立乘"对言。

③吏:古代对官员的通称。乘(shèng):车子。

④小车:马拉的轻车。

【译文】

安车,它的棚盖较低,人坐着乘车,是现在官员们的车子,是小型车。

24.20　骡车、羊车^①,各以所驾名之也。

【注释】

①骡车:用骡牵引的车。羊车:用羊牵引的小车。羊,原作"羔",据
　卢文弨、疏证本等校改。

【译文】

骡车、羊车,各自根据拉车的牲畜为它们命名。

24.21　槛车^①,上施栏槛^②,以格猛兽之车也^③。

【注释】

①槛(jiàn)车:用栅栏封闭的车。用于囚禁犯人或装载猛兽。

②栏槛:栏杆。

③格:拘执。猛兽:指体硕大而性凶猛的兽类。

【译文】

槛车,上面设置栏杆,是用来拘执凶猛兽类的车。

24.22 轺车①,轺,遥也②,远也,四向远望之车也③。

【注释】

①轺(yáo)车:一匹马驾的轻便车。

②遥:指距离远。

③四向:四周,四方。

【译文】

轺车,轺,得名于"遥",就是"远"的意思,是可以向四方远处遥望的车。

24.23 辎车①,载辎重、卧息其中之车也②。辎,厕也③,所载衣物杂厕其中也④。

【注释】

①辎(zī)车:古代有帷盖的车子。既可载物,又可作卧车。

②辎重(zhòng):外出时携载的物资。卧息:躺卧休息。

③厕:错杂。

④衣物:衣服与日用器物。杂厕:混杂,夹杂。

【译文】

辎车,是装载辎重、能够躺卧休息的车。辎,得名于"厕",装载的衣服、日用器物混杂在车里。

24.24 軿车①,軿,屏也②,四面屏蔽③,妇人所乘牛车也④。辎軿之形同⑤，有邸曰"辎"⑥，无邸曰"軿"。

【注释】

①軿（píng）车：四周有车帷屏蔽的车子。軿，原作"骈"，据疏证本、吴志忠本等校改，下同。疏证本曰："今本'軿'作'骈'，据《续汉书·舆服志》刘昭注引改。"

②屏（bǐng）：隐藏，掩蔽。

③屏蔽：遮挡，卫护。

④牛车：原作"牛马"，据疏证本、邵晋涵等校改。疏证本曰："今本'牛车'作'牛马'，据《续汉书·舆服志》刘昭注引改。"

⑤辎軿：辎车和軿车的并称，后泛指有屏（píng）蔽的车子。

⑥邸：通"軧（dǐ）"。大车后面的栏。

【译文】

軿车，軿，得名于"屏"，四周遮挡着，是妇女乘坐的牛车。辎车和軿车形状类同，有后栏的叫作"辎"，没有后栏的叫作"軿"。

24.25　辀①，句也②，辕上句也③。

【注释】

①辀（zhōu）：小车上的独辕，一木居舆前正中，朝前曲而向上。按，本条原与上条相连，据《古今逸史》本、疏证本等分开另起。

②句（gōu）：同"勾"。弯曲。

③辕：车前用来套驾牲畜的两根长木，左右各一。大车双辕平而直，其名叫辕；小车独辕曲而向上隆起，其名叫辀。后世浑言不分。上句：向上弯曲。

【译文】

辀，得名于"句"，车辕向上弯曲。

24.26　衡①,横也,横马颈上也。

【注释】

①衡:车辕前端的横木。按,此条原与上条相连,据《古今逸史》本、疏证本等分开另起。

【译文】

衡,得名于“横”,横架在马的颈脖上。

24.27　游环①,在服马背上②,骖马之外辔贯之③,游移前却④,无常处也⑤。

【注释】

①游环:滑动在四驾马车的当中两匹马背上的活动圈,中穿旁边两匹骖马的缰绳,以防止骖马外逸。

②服马:四匹马并排拉车时中间夹辕的两匹马。

③骖(cān)马:驾车时位于两边的马。辔(pèi):驾驭马的缰绳。贯:穿过,贯穿。

④游移:移动。前却:进退。

⑤常处:固定的地点。常,固定不变。

【译文】

游环,在中间两匹服马的背上,两边骖马的外侧缰绳贯穿过它,它挪移进退,没有固定的地点。

24.28　胁驱①,在服马外胁也②。

【注释】

①胁(xié)驱:一种置于服马上防止骖马内靠的鞁(bèi)具。

②胁：身躯两侧从腋下至肋骨尽处。引申指旁边、边侧。

【译文】

胁驱，在中间夹辕的两匹马的外侧。

24.29 阴①，荫也②，横侧车前③，以荫笭也④。

【注释】

①阴：车轼前覆车軓（fàn）的横板。

②荫（yìn）：遮盖，隐蔽。

③侧：置，处于。

④荫笭（líng）：原作"阴笭"，据疏证本、吴志忠本校改。疏证本曰："今本'荫笭'作'阴笭'，误也。……后文有云：'笭，横在车前，织竹作之，孔笭笭也。'然则阴、笭同在一处而阴在笭上，所以荫之，据是谊改。"笭，通"軨（líng）"。车栏。即车箱前面和左右两面横直交结的栏木。

【译文】

阴，得名于"荫"，横置在车子前部，用来遮盖住车栏。

24.30 靷①，所以引车也。

【注释】

①靷（yǐn）：拉车前行的皮带。骖马的外辔穿过服马的游环，系于车轴，以引车前进。

【译文】

靷，是用来牵引车子的。

24.31 鋈①，金涂沃也②，冶白金以沃灌靷环也③。

【注释】

①鋈（wù）：白铜，以镍为主要添加元素的铜基合金，呈银白色，有金属光泽。也指镀上白铜。按，本条原与上条相合，据义分开另起。

②金：金属的总称。涂：涂饰。以颜料、油漆等附着于房屋、器物等表面。沃：浇，灌。

③冶：冶炼金属。白金：白色的金属。此指白铜。沃灌：浇灌。靼环：即游环。服马背上的环。

【译文】

鋈，是用金属涂饰浇灌，冶炼白铜用来镀涂靼环。

24.32　续①，续靼端也②。

【注释】

①续：系靼的环。按，本条原与上条相合，据段玉裁、吴志忠本分开另起。

②续：连属，连接。端：顶部，锋尖，末梢。

【译文】

续，续接着拉车皮带的一端。

24.33　文鞇①，车中所坐者也。用虎皮，有文采②。因与下舆相连著也③。

【注释】

①文鞇（yīn）：同"文茵"。车中的虎皮坐褥。鞇，车中的垫褥。

②文采：彩饰，花纹。

③因：连接。舉（yú）：同"舆"。车箱。连著（zhuó）：连接。谓依附。

【译文】

文鞇，是车里供人坐的用具。用的是老虎皮，有花纹，连接附着于下面的车箱。

24.34 鞁①，伏也②，在前，人所伏也。

【注释】

①鞁(fú)：车轼上覆盖的布帛或皮革。乘者凭抚其上较为舒适。一说即靠枕，一种有软物垫充的革囊，供人在车中凭依。

②伏：身子前倾靠在物体上。

【译文】

鞁，得名于"伏"，在车子的前面，是人伏靠的东西。

24.35 轼①，式也②，所伏以式敬者也③。

【注释】

①轼：古代设在车箱前供立乘者凭扶的横木。有的车三面皆有，成半框形。

②式：通"轼"。古代的一种礼仪，立乘车上伏身抚轼，表示敬意。

【译文】

轼，得名于"式"，是用来凭伏以向人表示敬意的横木。

24.36 鞑鞴①，车中重荐也②。轻鞑鞴③，小貂也④。

【注释】

①鞑鞴(dù bó)：车褥，座垫。鞑，原文作"靴"，据卢文弨、段玉裁等校改，下同。

②重(chóng)荐：重叠的垫褥。古人以褥席层叠的多少表示身份的

高低。荐，垫席，垫褥。

③轻：小。

④貂：指貂皮。

【译文】

鞋鞯，是车子里面重叠的座垫。轻小些的座垫，是用小的貂皮做成的。

24.37   毂①，埆也②，体坚埆也③。

【注释】

①毂(gǔ)：车轮的中心部位，周围与车辐的一端相接，中有圆孔，用

以插轴。

②埆(què)：通"确"。坚硬。

③坚埆：即"坚确"。坚硬，刚硬。

【译文】

毂，得名于"埆"，形体坚实刚硬。

24.38   辕①，援也②，车之大援也③。

【注释】

①辕：车前用来套驾牲畜的两根独木，左右各一。

②援：牵拉，牵引。

③大援：有力的援助。

【译文】

辕，得名于"援"，是车子的有力援助。

24.39   桄①，横在前②，如卧床之有桄也③。桄，横也，

横在下也。

【注释】

①枕（guàng）：原作"枕"，据段玉裁、吴志忠等校改，下同。枕，车、
　船等物上的横木。

②在前：据本条及下文"齐人谓车枕以前曰'缩'"之义，"在前"之
　间似应有一"枕"字，为"横在枕前"。枕，车箱底部前后的横木。

③卧床：睡觉的床铺。

【译文】

枕，横在车轸前边，就像睡觉的床板下面有横木托着。枕，得名于
"横"，横在车箱的底部。

24.40　荐板在上①，如荐席也②。

【注释】

①荐板：垫板。

②荐席：垫席。

【译文】

荐板在枕上，就像垫席。

24.41　齐人谓车枕以前曰"缩"①，言局缩也②。兖、
冀曰"育"③，御者坐中执御④，育育然也⑤。

【注释】

①齐：古国名。在今山东泰山以北黄河流域和胶东半岛地区。车
　枕：车箱底部前后的横木。缩：车枕以前的部分。按，本条原与上
　条相合，据邵晋涵校分开另起。

②局缩:狭小。

③兖(yǎn):即兖州。汉武帝所置十三刺史部之一。约当今山东西
　　南部及河南东部地区。冀:即冀州。汉武帝所置十三刺史部之
　　一。辖境大致为河北中南部,山东西部和河南北部。育:车枕的
　　前部。

④御者:驾御车马的人。执御:驾车。

⑤育育:快乐自得的样子。

【译文】

　　齐地的人把车轸的前面叫作"缩",是说它局限狭小。兖州、冀州的
人叫作"育",驾车的人坐在里面驾御车马,一副快乐自得的样子。

　　24.42　较①,在箱上②,为辜较也③。

【注释】

①较(jué):车箱两旁板上的横木,可供倚攀。

②箱:指车箱。

③为(wèi):佑助,帮助。辜较(jué):亦作"辜榷(què)"。搜刮,
　　聚敛。

【译文】

　　较,在车箱的上面,帮助敛聚攀援力量。

　　24.43　立人①,象人立也。或曰"阳门"②,在前曰"阳",
两旁似门也。

【注释】

①立人:车前的挡板。

②阳门:车的挡板。按,"或曰……"原本另立一条,据卢文弨、段玉

裁等与上条相合。

【译文】

立人，像人站立那样。有人把它叫作"阳门"，因为位置在前叫作"阳"，两边像是门的样子。

24.44　楅①，扼也②，所以扼牛颈也。马曰"乌啄"，下向叉马颈③，似乌开口向下啄物时也④。

【注释】

①楅（gé）：大车的轭（è），在车衡两端扼住牛、马等颈部的曲木。

②扼：原作"枙"，据卢文弨、疏证本校改。扼，掐住，握住，此指用轭驾在牛马颈上。

③叉（chá）：原作"又"，据卢文弨、疏证本等校改。叉，挡住，卡住。

④乌：乌鸦。开口：张嘴。

【译文】

楅，得名于"扼"，用来架在牛的颈脖上。架在马颈上的叫作"乌啄"，向下叉住马的颈脖，就像乌鸦张开嘴朝下啄食食物那样。

24.45　隆强①，言体隆而强也②。或曰"车弓"③，似弓曲也。其上竹曰"郎"④，疏相远⑤，晶晶然也⑥。

【注释】

①隆强：车盖弓。古代车上支撑车盖的弓形木架。

②隆：高，突起。强：坚硬。

③车弓：古代车上支撑车伞盖的骨架，伞弓子。

④郎：通"筤（láng）"。古代车盖的竹骨架。

⑤疏：分开，分散。

⑥晶晶:明亮闪光貌。

【译文】

隆强,说的是车盖弓高起又坚硬。有的地方叫作"车弓",因为它像弓弩那样弯曲。它上边的竹条叫作"郎",因为它们分散开来相互远离,明晃晃的样子。

24.46　辐①,复也②,重复非一之言也③。

【注释】

①辐(fú):原作"轙(gé)",据顾广圻、吴志忠等校改。辐,辐条。车轮中凑集于中心毂上的直木。

②复:重复,重叠。

③重复:谓相同的事物再次出现。非一:不止一个。之言:原作"言之",据疏证本、吴志忠本等校改。

【译文】

辐,得名于"复",一再出现而不止一个的意思。

24.47　辋①,冈也②,冈罗周伦之外也③。关西曰"鞣"④,言曲鞣也⑤。或曰"䡼"⑥。䡼,绵也⑦,绵连其外也⑧。

【注释】

①辋(wǎng):车轮的外框。

②冈:编结。

③冈罗:即"网罗"。包罗,笼罩。周:周匝环绕。伦:通"轮"。车轮。

④关西:指函谷关或潼关以西的地区。鞣(róu):车轮的外框。

⑤鞣:通"煣(róu)"。用火烤木材使弯曲。

⑥䡼(mín):车轮外圈。

⑦绵（mián）：延续，连续。

⑧绵连：延续不断。

【译文】

辋，得名于"罔"，周匝环绕在车轮的外圈。关西的人把它叫作"輮"，说的是用火烤使木材弯曲。也有人把它叫作"辌"。辌，得名于"绵"，延续不断地箍在车轮外圈。

24.48　轮，纶也①，言弥纶也②，周匝之言也③。

【注释】

①纶：经纶牵引。

②弥纶：统摄，笼盖。

③周匝：环绕。

【译文】

轮，得名于"纶"，说的是统摄笼盖，也就是围绕一周的意思。

24.49　辌①，言辐辌入毂中也②。

【注释】

①辌（zǒng）：车轮。原作"輗"，为"辌"之形讹。

②辌：通"总"。集中，聚集。毂（gǔ）：车轮的中心部位，周围与车辐的一端相接，中有圆孔，用以插轴。

【译文】

辌，说的是辐条聚集进入轮毂的意思。

24.50　舆①，举也②。

【注释】

①舆：车箱。

②举：托起，抬起。

【译文】

舆，得名于"举"。

24.51　轴①，抽也，入毂中可抽出也。

【注释】

①轴：贯于毂中持轮旋转的圆柱形长杆。

【译文】

轴，得名于"抽"，穿入轮毂里面又可以抽出。

24.52　釭①，空也，其中空也。

【注释】

①釭（gāng）：车毂内外口用以穿轴的铁圈。

【译文】

釭，得名于"空"，它的里面是空虚的。

24.53　锏①，间也②，间釭、轴之间，使不相摩也③。

【注释】

①锏（jiàn）：嵌在车轴、车毂间的铁，可保护车轴并减少摩擦。

②间（jiàn）：阻隔，间隔。

③相摩：摩擦。

【译文】

铜,得名于"间",间隔在车釭和轮轴的中间,使它们不致互相摩擦。

24.54　辖①,害也②,车之禁害也③。

【注释】

①辖(xiá):车轴两头的金属键,用以挡住车轮不使脱落。

②害:通"遏(è)"。阻止。

③禁害:即"禁遏"。禁阻,遏止。此指遏止车轮脱落的部件。

【译文】

辖,得名于"害",是车子用来遏止车轮脱落的部件。

24.55　輠①,裹也②,裹轵头也③。

【注释】

①輠(guǒ):古代车上贮盛脂膏的器具。

②裹:包罗,囊括。

③轵(zhǐ):车轴的末端。

【译文】

輠,得名于"裹",包裹住车轴的端头。

24.56　轵①,指也,如指而见于毂头也②。

【注释】

①轵(zhǐ):车轴的末端。

②见(xiàn):同"现"。显现,显露。

【译文】

轵,得名于"指",就像指头那样显露在轮毂的端头。

24.57　笭①,横在车前,织竹作之,孔笭笭也②。

【注释】

①笭(líng):原作"笒",据疏证本、吴志忠本校改。疏证本曰:"《说文》云:'笭,车笭也。从竹,令声。'"笭,通"軨(líng)"。横在车前后两旁遮挡风尘的车栏。

②笭笭:空疏的样子。

【译文】

笭,横在车子前头,编织竹条做成,孔隙疏空的样子。

24.58　盖①,在上覆盖人也。

【注释】

①盖:车盖。

【译文】

盖,是在车子上面用来遮盖人的。

24.59　軬①,藩也②,蔽水雨也③。

【注释】

①軬(fàn):车篷。

②藩(fān):遮蔽,遮掩。

③水雨:犹"雨水"。

【译文】

伞,得名于"簸",是用来遮蔽雨水的。

24.60　橑^①,盖叉也^②,如屋构橑也^③。

【注释】

①橑（lǎo）:车篷骨架。

②盖叉:车棚架上的爪状支撑物。

③屋:屋顶。构:架木（造屋）。橑:屋椽,架在屋顶檩上托起盖瓦的木条。

【译文】

橑,是车棚骨架,就像屋顶构架椽子那样。

24.61　杠^①,公也^②,众叉所公共也^③。

【注释】

①杠（gāng）:车盖柄的下部较粗的一段。

②公:公共,共同。

③公共:公有的,公用的。

【译文】

杠,得名于"公",是众多爪状支撑物公用的。

24.62　鞞梲犹秘啮也^①。在车轴上,正轮之秘啮前却也^②。

【注释】

①鞞梲（pì ní）:犹"鞞輗（pì ní）"。车轴上的一种部件,有防止车轮倾侧的功能,具体形制未详。秘啮:犹"俾倪"。倾侧不正。

②正：纠正，匡正。啮：原作"齿"，据卢文弨、疏证本、吴志忠本校改。

【译文】

鞞棁犹如说"秘啮"。在车轴上，纠正车轮倾斜着前进后退的姿势。

24.63 屐①，似人屐也②。又曰"伏兔"③，在轴上似之也。又曰"輹"④。輹，伏也，伏于轴上也。

【注释】

①屐：通"輇（jī）"。即车轴伏兔，使车箱与轴相钩连而不致脱离的木制构件。

②屐（jī）：木制的鞋，底有齿，以行泥地。

③伏兔：以其形如蹲伏之兔，故名。

④輹（fù）：即车箱底板伏兔。

【译文】

屐，像是人穿的木屐。又叫作"伏兔"，因为它在车轴上就像趴伏着的兔子。又叫作"輹"。輹，得名于"伏"，趴伏在车轴上面。

24.64 钩心①，从舆心下钩轴也。

【注释】

①钩心：设于车箱底部中心之木，上钩箱板，下衔车轴。

【译文】

钩心，从车箱底部中心的木头处向下钩住车轴。

24.65 缚①，在车下，与舆相连缚也②。

【注释】

①缚：套在车箱下面的绳索。一说"缚"字当作"轉（bó）"字，同义。

②连缚:连结,绑缚。

【译文】

缚,在车箱下面,跟车箱连结绑缚在一起。

24.66 棠①,蹚也②,在车两旁蹚幰③,使不得进却也。

【注释】

①棠:通"樘(táng)"。车两旁控制车帷进退的横木。

②蹚:同"赪(chēng)"。支撑。

③幰(xiǎn):车帷,车上的帷幔。

【译文】

棠,得名于"蹚",在车子的左右两边支撑帷幔,使它不能前后进退。

24.67 幰①,宪也②,御热也③。

【注释】

①幰(xiǎn):车帷,车上的帷幔。

②宪:通"轩"。高起,抬起。

③御:抗拒,抵挡。

【译文】

幰,得名于"宪",是用来抵御炎热的。

24.68 绁①,制也②,牵制之也③。

【注释】

①绁(xiè):牵引牲畜的绳索。

②制：管束，控制。

③牵制：约束，控制。

【译文】

绁，得名于"制"，是控制牲畜用的。

24.69　紛①，放也②，防其放弛③，以拘之也④。

【注释】

①紛：套在马尾上的网状物。

②放：恣纵，放任。

③放弛：放纵，放任而不受约束。

④拘：束缚，拘束。

【译文】

紛，得名于"放"，防止马尾放纵松散，用来拘束它。

24.70　辔①，咈也②，牵引咈戾③，以制马也④。

【注释】

①辔（pèi）：驾驭马的缰绳。

②咈（fú）：违逆，乖戾。后作"拂"。

③牵引：牵制。咈戾（lì）：犹"拂戾"。违逆。

④制：约束，控制。

【译文】

辔，得名于"咈"，牵制违逆，用来控制马匹。

24.71　勒①，络也②，络其头而引之也。

【注释】

①勒（lè）：带嚼子的马络头。

②络：指用网状物兜住马头。

【译文】

勒，得名于"络"，兜住马头从而牵拉它。

24.72　衔①，在口中之言也。

【注释】

①衔：马嚼子。装在马口中用来控制马匹的金属用具。

【译文】

衔，在嘴里的意思。

24.73　镳①，苞也②，所以在旁苞敛其口也③。

【注释】

①镳（biāo）：原作"镳（lù）"，据卢文弨、巾箱本校改。勒马口具。
　　与衔连用，衔在口内，镳在口旁，上面可系銮（luán）铃。

②苞：通"包"。包裹。

③苞敛：包裹约束。苞，同"包"。

【译文】

镳，得名于"苞"，用来在马嘴两旁包裹约束马嘴的。

24.74　鞅①，婴也②，喉下称"婴"，言缨络之也③。其下饰曰"樊缨"④，其形樊樊⑤，而上属缨也⑥。

【注释】

①鞅（yāng）：套在牛马颈上的皮带。

②婴：颈饰。

③缨（yīng）络：缠绕。

④饰：饰品，带饰。樊缨：犹"鞶（pán）缨"。络马的带饰。樊，通
　"鞶"。马腹带。缨，马颈革。

⑤樊樊：犹"盘盘"。曲折回绕貌。

⑥属（zhǔ）：连接。缨：即鞅。套马的革带。

【译文】

鞅，得名于"婴"，喉咙的下边称为"婴"，说的是缠绕颈部的意思。
鞅下面的带饰叫作"樊缨"，它的形状曲折回绕，而又向上连接着鞅。

24.75　鞹[①]，经也，横经其腹下也[②]。

【注释】

①鞹（xiǎn）：系在马背腹的皮带。

②横经：横过。

【译文】

鞹，得名于"经"，横绕经过马的腹部下面。

24.76　靽[①]，半也，拘使半行[②]，不得自纵也[③]。

【注释】

①靽（bàn）：驾车时套在牲口后股的皮带。

②拘：束缚，拘束。半行：小步行走。

③自纵：放纵自己。

【译文】

绊,得名于"半",拘束马匹使它小步行走,不能放纵自己。

24.77   羁①,检也②,所以检持制之也③。

【注释】

①羁(jī):马络头。套住马口的嘴套。

②检:约束,限制。

③检持:约束。持,矜持,约束。

【译文】

羁,得名于"检",是用来约束限制的。

24.78   缰①,疆也②,系之使不得出疆限也③。

【注释】

①缰:缰绳。拴牲口的绳子。

②疆:边界。

③系(xì):拴缚。疆限:边界,界线。

【译文】

缰,得名于"疆",拴住马匹使它不能迈出边界。

24.79   鞧①,遒也②,在后遒迫③,使不得却缩也④。

【注释】

①鞧(qiū):套于马后臀的革带,其与胸带(鞅)和腹带(鞿)共同组

　　成整套驾马鞍具。

②遒(qiú):迫近。

③道迫：逼迫，迫逐。道，原作"道"，据蔡天祐刊本、《古今逸史》本
　等改。

④使不得：原作"不得使"，据卢文弨、疏证本、吴志忠本校改。疏证
　本曰："使不得，今本作'不得使'，据《太平御览》引更之。"却缩：
　退缩。

【译文】

鞧，得名于"道"，在马匹后边逼迫驱赶，使它不能退缩。

24.80　负①，在背上之言也。

【注释】

①负：车箱。

【译文】

负，说的是在马背上。

24.81　靬①，悬也②，所以悬缚轭也③。

【注释】

①靬（xuàn）：大车上悬绑车轭的皮带。

②悬：吊挂，系挂。

③轭（è）：牛马拉物件时驾在脖子上的器具。

【译文】

靬，得名于"悬"，是用来悬绑车轭的。

释船第二十五

【题解】

本篇顺接上篇《释车》解析陆上交通运输工具之后,视线转到水上,介绍了桅、舵、橹等船的部件以及艨冲、赤马舟、舰等船的类别,并解释了它们的得名之由。

25.1　船,循也①,循水而行也。又曰"舟",言周流也②。

【注释】

①循:沿着,顺着。

②周流:周游,到处漂泊。

【译文】

船,得名于"循",顺着水流行走。又叫作"舟",说的是到处漂泊。

25.2　其前立柱曰"桅"①。桅,巍也②,巍巍高貌也③。

【注释】

①桅:通"桅(wéi)"。桅杆,船上悬帆的柱杆。按,本条原与上条不分,据篆字疏证本、吴志忠本另分为条。

②巍：高，高大。

③巍巍：高大貌。

【译文】

船的前边直立的柱子叫作"桅"。桅，得名于"巍"，巍然高大的样子。

　25.3　其尾曰"柂"①。柂，拖也②，在后见拖曳也③；且弼正船④，使顺流，不使他戾也⑤。

【注释】

①柂（duò）：同"舵"。船舵。

②拖：曳引，牵拉。

③在：原书无，据卢文弨、疏证本等校补。疏证本曰："今本无'在'字，据《一切经音义》《太平御览》引增。"见：被，受到。拖曳：牵引，拉扯。

④弼正：纠正，矫正。

⑤他戾（lì）：向别处拐弯。戾，弯曲，违逆。

【译文】

船的后边叫作"柂"。柂，得名于"拖"，在后边被拖拉着；而且纠正船的航向，使船顺流而行，不向别处拐弯。

　25.4　在旁曰"橹"①。橹，膂也②，用膂力③，然后舟行也。

【注释】

①橹（lǔ）：比桨长大的划船工具，安在船尾或船旁。

②膂（lǔ）：脊骨。

③膂力：体力。

【译文】

在船的旁边叫作"櫓"。櫓,得名于"膂",使用脊背及两臂的力气,这样用力之后船就行进了。

25.5　引舟者曰"筰"①。筰,作也②。作,起也③,起舟使动行也④。

【注释】

①筰(zuó):用竹篾编成的缆索。

②作:起来,起身。

③起:出发,动身。

④动行:走动,行动。

【译文】

拉船的缆绳叫作"筰"。筰,得名于"作"。作,就是起身,起动船使它行进。

25.6　在旁拨水曰"棹"①。棹,濯也②,濯于水中也,且言使舟擢进也③。又谓之"札"④,形似札也。又谓之"楫"⑤。楫,捷也⑥,拨水使舟捷疾也⑦。

【注释】

①拨:分开,拨动。此指划水。棹(zhào):较长的船桨。

②濯(zhuó):洗涤。

③擢(zhuó):原作"棹(櫂)",据疏证本、吴志忠本等校改。擢,引,划船。

④札(zhá):本指书写用的小木片。此处引申指船桨。

⑤楫(jí)：船桨。短曰楫，长曰棹。

⑥捷：迅速，敏疾。

⑦捷疾：敏捷，迅速。

【译文】

在船的旁边划水的叫作"棹"。棹，得名于"濯"，在水里洗刷，并且划引船只使它前进。又叫作"札"，因为它的形状像写字用的木札。又叫作"楫"。楫，得名于"捷"，划水使船行动迅速敏捷。

25.7   所用斥旁岸曰"交"①。一人前②，一人还③，相交错也④。

【注释】

①斥：推。交：同"篙"。郑珍《说文新附考》曰："篙，所以进船也。按'篙'古曰'交'。《释名》作'交'，此所以名'交'之义。《方言》第九：'所以刺船谓之橦。'"按，本条原与上条相连，据篆字疏证本、吴志忠本提行别起，另成一条。

②前：向前，前去。

③还(huán)：返回。按《释名》"一人前，一人还"的描述，船离岸起动时，应是两人各持一长篙，轮流撑篙蹬船，脚步由船中行至船尾。两人进退交错，船行便动力不绝。

④交错：形容往来不断。

【译文】

用来推离舟船旁边水岸的工具叫作"交"。一人前行，一人返回，互相交错往返。

25.8   随风张幔曰"帆"①。帆，泛也②，使舟疾泛泛然也③。

【注释】

①随风张幔（màn）曰"帆"：此句原在"帆，泛也"句下，据卢文弨、
　疏证本等校改。幔，布幕，帐幕。帆，挂在船桅上利用风力使船前
　进的篷。

②泛：漂浮，浮游。

③疾：快速，急速。泛泛：漂浮的样子。

【译文】

顺着风向张挂的帷幔叫作"帆"。帆，得名于"泛"，使船快捷行进
飘飘荡荡的样子。

　　25.9　舟中床以荐物者曰"笭"①，言但有簀②，如笭床
也③。南方人谓之"笭突"④，言湿漏之水突然从下过也。

【注释】

①床：安放器物的支架等。荐：衬，垫。笭（líng）：船舱中堆放东西
　的座架、衬板。

②但有：唯有，只有。簀（zé）：用竹片、芦苇编成的垫子。

③笭床：即楩柎（pián fù）。古时棺中垫尸的木板。

④笭突：船舱底部用以避水或载物的衬板。

【译文】

船里堆放东西的座架叫作"笭"，说的是它上面只有垫子像笭床一
样。南方人把它叫作"笭突"，说的是漏进的水突然从座架下面流过。

　　25.10　其上板曰"覆"①，言所以覆众桄也②。

【注释】

①覆：盖板。

②以：原书无，据段玉裁、吴志忠本校改。覆：覆盖，遮蔽。枕
　　（guàng）：原作"枕"，据吴志忠本校改。枕，车、船等物上的横木。

【译文】

船上面的木板叫作"覆"，说的是用它覆盖多个横木。

25.11　其上屋曰"庐"①，象庐舍也②。其上重室曰
"飞庐"③，在上，故曰"飞"也。又在上曰"爵室"④，于中候
望之⑤，如鸟雀之警示也⑥。

【注释】

①庐：临时寄居或休憩所用的简易房舍。此指船头屋。按，本条原
　　与上条相连，此据文意另分为条。

②庐舍：房屋，住宅。

③重（chóng）室：楼房。飞庐：船上的小楼。

④爵室：大船上层至高处之瞭望室。爵，通"雀"。意为似雀居最高
　　层瞭望之处所。

⑤候望：伺望，侦察。

⑥警示：犹"警视"。警戒监视。示，通"视"。

【译文】

船上的房屋叫作"庐"，像是住宅。船上的楼房叫作"飞庐"，因为它
在上面，所以说成"飞"。楼房的上面叫作"爵室"，人在里边伺望侦察，
就像小鸟警戒监视。

25.12　军行在前曰"先登"①，登之向敌阵也②。

【注释】

①军行：行军。先登：指先锋。按，本条原与上条相连，据吴志忠本

提行别起,另成一条。

②登:踩,踏上。向:去,前往。

【译文】

行军时在队伍前头的船叫作"先登",踏上这种船冲向敌方的阵地。

25.13　狭而长曰"艨冲"①,以冲突敌船也②。

【注释】

①艨(méng)冲:亦作"蒙冲""艨艟"。古代攻击型轻快战船。船体狭长,航速较快,宜于突袭。

②以冲突敌船也:吴志忠曰:"下脱,各本同。"按,推测脱"蒙"字。《广雅·释水》:"艨艟,舟也。"王念孙疏证:"船之有蒙冲,犹车之有冲车。蒙,冒也;冲,突也。"冲突,冲袭,突击。指近战。

【译文】

狭窄而细长的船叫作"艨冲",用以冲袭敌方的船只。

25.14　轻疾者曰"赤马舟"①,其体正赤②,疾如马也③。

【注释】

①轻疾:轻捷。

②赤马舟:一种小型快速战船。通常集群使用,与艨冲、先登等船协同作战。正赤:大红。

③疾:快速,急速。

【译文】

轻便快捷的船叫作"赤马舟",船体大红色,快速得像奔马那样。

25.15　上下重版曰"舰"①,四方施板②,以御矢石③,

其内如牢槛也[④]。

【注释】

①重（chóng）版：加装木板。重，加上。版，原作"床（牀）"，据卢文
　弨、疏证本等校改。疏证本曰："版，今本作'床'，据《初学记》引
　改。"版，木板。舰：防御之船，四方施板以御箭。

②施：设置，安放。

③御：抗拒，抵挡。矢石：箭和垒石（自高处掷击敌人的石块），古人
　守城的武器。

④牢槛（jiàn）：监狱，牢狱。

【译文】

上下加装木板的船叫作"舰"，船体四面安装木板，用来抵御箭矢和
垒石，里面如同监牢。

　25.16　五百斛以上还有小屋曰"斥候"[①]，以视敌进退
也[②]。

【注释】

①斛（hú）：量词。古代一斛为十斗。此指船的容积。还（huán）：环
　绕。斥候：大船上用以瞭望的小屋。此代指有斥候的船。汉代水
　军的侦察船，其甲板上建有小屋，伪装为民船，游弋或停泊于敌军
　所在与可能到来之处，侦察敌情或警戒放哨。

②视：监视，督察。

【译文】

容积五百斛以上并环建小屋的船叫作"斥候"，用来监视敌方的前
进与后退情况。

25.17　三百斛曰"艏"①。艏,貂也②。貂,短也,江南所名短而广、安不倾危者也③。

【注释】

①艏(dāo):同"舠"。小船。

②貂:哺乳动物。形似鼬,四肢短,前肢更短于后肢,尾粗,毛长,呈黄色或紫黑色。泛指短。

③江南:指长江以南的地区。历史上含义有所不同:汉以前一般指今湖北长江以南部分和湖南、江西一带;后来多指今江苏、安徽两省的南部和浙江一带。名:称,被叫作。广:宽阔。安:安稳,稳固。倾危:倾覆、倾侧的危险。

【译文】

容积三百斛的船叫作"艏"。艏,得名于"貂"。貂,是"短"的意思,长江以南所称短而宽、安稳而没有倾侧危险的船。

25.18　二百斛以下曰"艇"①,其形径挺②,一人、二人所行也③。

【注释】

①艇:轻便的小船。

②径挺:直貌。

③行:(车船)行驶。

【译文】

容积二百斛以下的船叫作"艇",它的形状直挺挺的,是一个人、两个人驾驶的船。

释疾病第二十六

【题解】

疾病,泛指病。《周礼·天官·疾医》:"掌养万民之疾病。"贾公彦疏:"疾病两言之者,疾轻病重。"生老病死是人生必经的过程,本篇记录了疹、疢、痛、痒等疾病名称及其症状表现,解释各种类型的疾病名称的得名之由,字里行间蕴含着传统的中医思想,侧面展现了古人的医学智慧。

26.1　疾病者,客气中人急疾也^①;病,并也^②,并与正气在肤体中也^③。

【注释】

①客气:中医指侵害人体的邪气。中(zhòng)人:伤害人。急疾:快速,急切。

②并:一起,一同。

③正气:中医指人体内的元气,即人体的防御、抵抗和再生的功能,与"邪气"对言。肤体:犹"体肤"。身体和皮肤,也指躯体。

【译文】

疾病,是邪气伤人急切所致;病,得名于"并",体内的元气与外来的邪气一并存在于身体里。

26.2　疹①，诊也②，有结气可得诊见也③。

【注释】

①疹（zhěn）：皮肤上起的红色疙瘩，也指痘疮。

②诊：候脉察病，诊断。

③结气：犹"气结"。中医谓气留滞不行。诊见：察知，看见。

【译文】

疹，得名于"诊"，有留滞郁结的气血在诊断时能够看出来。

26.3　疚①，久也②，在体中也③。

【注释】

①疚（jiù）：宿疾，久病。患重病多年而久治不愈。

②久：滞留，久留。

③体中：身体内。

【译文】

疚，得名于"久"，在身体里面。

26.4　痛①，通也②，通在肤脉中也③。

【注释】

①痛：疼痛。疾病、创伤等引起的难受的感觉。

②通：通行，流通。

③肤脉（mài）：皮肤至血脉。

【译文】

痛，得名于"通"，病痛通行于皮肤和血脉里。

26.5　痒①,扬也②,其气在皮中欲得发扬③,使人搔发之而扬出也④。

【注释】

①痒:皮肤或黏膜需要搔擦的感觉。

②扬:掀播,簸散。

③气:指脉气(运行于经脉中之精气)和营卫(血气)方面的病象。

　得:能够。发扬:散发,播扬。

④搔:以指甲或他物轻刮。发:开启,打开。

【译文】

痒,得名于"扬",病气在皮肤里想要能够散发簸扬,使得人们挠破皮肤而散扬出去。

26.6　眩①,悬也②,目视动乱③,如悬物遥遥然不定也④。

【注释】

①眩:即眩疾,头晕目眩的病。

②悬:吊挂,系挂。

③目视:眼见,目睹。动乱:晃动昏乱。

④遥遥:同"摇摇"。摇摆不定的样子。

【译文】

眩,得名于"悬",眼睛所看到的事物晃动昏乱,就像悬挂的物体摇摇晃晃地不稳定。

26.7　历谪①,谪从耳鼻中出②,历历然也③。

【注释】

①厉𡿊:即鼻渊,俗称"脑漏"。鼻孔中常流黄色腥臭浊涕,久则鼻塞不通,嗅觉减退,甚至头目眩晕。𡿊,原作"滢",据卢文弨、疏证本校改作"𡿊"。𡿊,同"脑"。下同。

②耳鼻:耳朵和鼻子。此偏指鼻。疏证本、吴志忠本删去"耳"字。疏证本曰:"'耳'疑衍,脑止从鼻中出,与耳无涉。"

③历历:犹"沥沥"。液体不断滴落貌。

【译文】

历𡿊,脑汁从鼻子里流出来,漓漓拉拉不断滴落的样子。

26.8　秃①,无发沐秃也②。

【注释】

①秃:头无发。

②沐秃:头秃无发貌。

【译文】

秃,头上没有头发光秃秃的样子。

26.9　𩑋①,头生创白瘕②,𩑋亦然也。

【注释】

①𩑋:通"𩠐(qiān)"。鬀秃,斑秃。按,本条原与上条相连,据吴志忠本提行别起,另成一条。

②创:通"疮(chuāng)"。皮肤或黏膜上的溃烂处。白瘕(jiǎ):斑秃,局部头发脱落。白,原作"曰",据吴志忠本校改。

【译文】

𩑋,头上生疮鬀发脱落,斑秃也是这样。

26.10　盲①,茫也②,茫茫无所见也③。

【注释】

①盲:目失明。

②茫:迷蒙,模糊不清。

③茫茫:渺茫,模糊不清。

【译文】

盲,得名于"茫",模模糊糊的看不到什么。

26.11　瞽①,鼓也②,瞑瞑然③,目平合如鼓皮也④。

【注释】

①瞽(gǔ):目失明。特指无目之盲,即眼睑平合如鼓皮之盲者。

②鼓:圆桶形或扁圆形的打击乐器。中间空,一面或两面蒙着皮革。

③瞑瞑:昏暗的样子。

④鼓皮:蒙鼓的皮革。

【译文】

瞽,得名于"鼓",昏暗不明的样子,眼皮平坦地闭合着就像鼓上蒙的皮革。

26.12　矇①,有眸子而失明②,蒙蒙无所别也③。

【注释】

①矇(méng):盲,目失明。特指眼珠外观无异常而目盲。

②眸子:瞳仁。亦泛指眼睛。失明:丧失视力。

③蒙蒙:模糊不清貌。别:明辨,区分。

【译文】

蒙,有眼睛却丧失了视力,朦朦胧胧的辨别不出什么形象。

26.13　瞍①,缩坏也②。

【注释】

①瞍(sǒu):目失明。指有目无珠。

②缩坏:萎缩坏死。

【译文】

瞍,眼球萎缩坏死。

26.14　瞎①,迄也②,肤幕迄迫也③。

【注释】

①瞎:本指一目失明,后来也指双目失明。

②迄:通"汔(qì)"。接近,至。

③肤幕:皮膜。此指眼睑。幕,通"膜"。迫:闭,笼罩。

【译文】

瞎,得名于"迄",眼皮挨挤蒙闭。

26.15　眸子明而不正曰"通视"①,言通达目匡一方也②。又谓之"丽视"③。丽④,离也,言一目视天⑤,一目视地,目明分离⑥,所视不同也。

【注释】

①通视:眼睛斜视。

②通达:通行,旁达。匡:同"眶"。眼眶。一方:一边。

③丽视:斜视。一种眼病。当一只眼睛直视目标时,另一只眼便斜

　向一侧。多由眼球位置不正,或眼肌平衡失调所致。

④丽(lí):通"离"。

⑤一目:一只眼睛。

⑥明:眼睛,视力。分离:分开。

【译文】

　　瞳人明亮却不端正叫作"通视",说的是通向眼眶的一边。又叫作"丽视"。丽,得名于"离",说的是一只眼望天,一只眼看地,两只眼睛的视线分离,看到的也就不一致。

　　26.16　目匡陷急曰"眇"①。眇,小也。

【注释】

①陷急:凹陷狭窄。急,狭窄,狭隘。眇(miǎo):眼睛小。

【译文】

　　眼眶凹陷狭窄叫作"眇"。眇,是"小"的意思。

　　26.17　目眦伤赤曰"瞲"①。瞲,末也,创在目两末也②。

【注释】

①目眦(zì):眼眶。瞲(miè):目红肿不明。按,本条原与上条相

　连,据卢文弨、疏证本等提行别起,另成一条。

②创(chuāng):创伤。

【译文】

　　眼眶受伤红肿叫作"瞲"。瞲,得名于"末",创伤在两眼的末梢。

26.18　目生肤入眸子曰"浸"①。浸,侵也②,言侵明也,亦言浸淫转大也③。

【注释】

①肤:斑,膜。浸(qīn):同"侵"。触犯,侵占,又指逐渐。此指一种眼病。

②侵:侵袭,谓一物进入他物中或他物上。又指侵蚀,逐渐地损坏。

③浸(qīn)淫:逐渐蔓延、扩展。

【译文】

眼里长了斑并进入瞳人叫作"浸"。浸,得名于"侵",说的是损害视力,也说的是逐渐蔓延变大。

26.19　聋①,笼也②,如在蒙笼之内③,听不察也④。

【注释】

①聋:听觉失灵或闭塞。

②笼:笼罩,遮掩。

③蒙笼:蒙盖的笼子。或指草木茂盛之处。字或作"朦胧"。朦胧,形容模糊貌。

④不察:不清楚。

【译文】

聋,得名于"笼",就像人在蒙盖着的笼子里面,听得模糊不清。

26.20　鼻塞曰"鼽"①。鼽,久也②,涕久不通③,遂至窒塞也④。

【注释】

①鼻塞：鼻腔由于黏膜肿胀或鼻中隔弯曲等而堵塞。齅（qiú）：鼻塞不通。

②久：稽留，滞留。

③涕：鼻涕。

④窒塞：闭塞，堵住。

【译文】

鼻子堵塞叫作"齅"。齅，得名于"久"，鼻涕长久不通流，终于到了闭塞的程度。

26.21　齲①，朽也②，虫啮之齿缺朽也③。

【注释】

①齲（qǔ）：蛀牙。

②朽：腐烂，腐朽。

③啮（niè）：咬，啃。

【译文】

齲，得名于"朽"，虫子咬啮的牙齿腐朽残缺。

26.22　瘖①，唵然无声也②。

【注释】

①瘖（yīn）：嗓子哑，不能出声，失音。

②唵：同"喑（yīn）"。哑，无声。

【译文】

瘖，喑哑无声。

26.23　瘿^①，婴也^②，在颈婴喉也。

【注释】

①瘿（yǐng）：囊状瘤。多生于颈部，包括甲状腺肿大等。

②婴：绕，围绕。

【译文】

瘿，得名于"婴"，囊肿在脖子上包围着喉咙。

26.24　痈喉^①，气著喉中不通^②，蓄成痈也^③。

【注释】

①痈（yōng）喉：同"喉痈"。发生于咽喉部位的痈疮。相当于西医的扁桃体周围脓肿。喉痈起病急，发展迅速，常导致咽喉肿塞，吞咽、呼吸受影响。痈，肿。

②气：呼吸的气息。著：通"伫"。滞留。

③痈：肿疡。一种皮肤和皮下组织化脓性的炎症，多发于颈、背，常伴有寒热等全身症状，严重者可并发败血症。

【译文】

痈喉，气息滞留在喉咙里不能流通，积蓄成为痈肿。

26.25　消澉^①，澉，渴也，肾气不周于胸胃中浸润消渴^②，故欲得水也。

【注释】

①消澉（kě）：即"消渴"。口渴，善饥，尿多，消瘦。包括糖尿病、尿崩症等。澉，同"渴"。

②肾气：肾精化生之气，表现为肾促进机体的生长、发育和生殖以及

气化等功能活动。不周:不至,不到。浸润:沾濡,滋润。消渴:消
除干渴。

【译文】

消漱,漱,得名于"渴",肾精化生之气达不到胸腹胃里沾濡滋润以
消除干渴,所以想要得到水分。

26.26 呕①,伛也②,将有所吐,脊曲伛也③。

【注释】

①呕(ǒu):吐。

②伛(yǔ):曲背,弯腰。

③曲伛:弯曲。

【译文】

呕,得名于"伛",将要有呕吐的东西时,脊背便会弯曲起来。

26.27 咳(欬)①,刻也②,气奔至,出入不平调③,若刻
物也。

【注释】

①咳(欬):咳嗽。

②刻:雕镂,用刀子挖。

③出入:出外与入内。平调(tiáo):平静,调和。

【译文】

咳(欬),得名于"刻",气息奔涌而来,进出不均匀,就像雕刻物件
那样。

26.28 喘①,湍也②。湍,疾也③,气出入湍疾也④。

【注释】

①喘：指气喘，也称哮喘。由于支气管发生痉挛性收缩而引起的阵发性呼吸困难、哮鸣、咳嗽的反复发作。

②湍（tuān）：水势急速而回旋。

③疾：急剧而猛烈。

④湍疾：湍急。

【译文】

喘，得名于"湍"。湍，就是"疾"的意思，气息进出湍急。

26.29　吐①，泻也②，故扬、豫以东谓泻为吐也③。

【注释】

①吐（tù）：不自主地从嘴里涌出，呕吐。

②泻：排泄。

③扬：即扬州。古九州之一。辖今之江苏、安徽、江西、浙江、福建诸省。豫：豫州。约当今淮河以北、伏牛山以东河南东部、安徽北部地区。

【译文】

吐，等于说"泻"，所以扬州、豫州以东的人把"泻"说成"吐"。

26.30　乳痈曰"妒"①。妒，褚也②，气积褚不通③，至肿溃也④。

【注释】

①乳痈：乳疮，奶疮，即急性乳腺炎。妒（dù）：乳痈。

②褚（zhǔ）：储藏。

③气：指脉气（运行于经脉中的精气）和营卫（血气）。积褚：聚蓄，

聚积。

④至：导致。肿溃：肿起溃烂。

【译文】

乳疮叫作"妳"。妳，得名于"褚"，脉气和血气积聚不通，导致痈肿溃烂。

26.31　心痛曰"疝"①。疝，诜也②，气诜诜然上而痛也③。

【注释】

①心痛：心脏所在部位感觉疼痛。疝（shàn）：泛指体腔内容物向外突出的病症。

②诜（shēn）：众多貌，紧密貌。

③诜诜：众多貌，紧密貌。

【译文】

心脏部位疼痛叫作"疝"。疝，得名于"诜"，脉气和血气一阵紧似一阵地上冲引起疼痛。

26.32　肧①，否也②，气否结也③。

【注释】

①肧（pǐ）：同"痞"。中医指在腹腔内摸得到的硬块，又指称腹胸间气血阻塞不顺畅的症状。

②否（pǐ）：闭塞，阻隔不通。

③否结：阻滞，郁结。

【译文】

肧，得名于"否"，脉气和血气闭塞郁结。

26.33　小儿气结曰"哺露"^①,哺而寒露^②,乳食不消^③,生此疾也。

【注释】

①小儿:小孩子。气结:中医谓气留滞不行、积结一处。哺露:小儿因胃弱而呕吐的病症。原作"哺,哺,露也",据吴志忠本校改。

②哺:给幼儿喂食。寒露:裸露受寒。

③乳食:以奶为食物,吃奶。又指奶水。不消:不消化。

【译文】

小孩子胃气留滞积结叫作"哺露"。哺乳时裸露受寒,奶水不消化,就生出这种疾病。

26.34　注病^①,一人死、一人复得^②,气相灌注也^③。

【注释】

①注病:指传染性疾病。

②复:又,更,再。

③气:疾气,疾病之气。灌注:注入,流入。

【译文】

注病,一个人死了、一个人又得了,疾病之气递相灌进流注。

26.35　泄利^①,言其出漏泄而利也^②。

【注释】

①泄利:亦作"泄痢"。水泻,痢疾。利,通"痢"。

②漏泄:渗漏。利:疾,迅猛。又指排泄,大小便。

【译文】

泄利,说的是粪便排出渗漏而且迅疾。

26.36　下重而赤白曰“朜”①,言厉朜而难差也②。

【注释】

①下重:指排便时下腹部及肛门有沉重胀坠感。赤白:红色与白色。
　朜(zhì):亦作“瘭”。赤白痢。中医称“滞下”,指大便中带脓血
　的痢疾。按,本条原与上条相连,据吴志忠本提行别起,另成一条。
②厉:指病人。差(chài):原书无,据卢文弨、丁山、胡楚生校补。胡
　楚生《释名考》说:“慧琳《音义》卷二十五所引,‘难’下有‘差’
　字。”差,病除。

【译文】

下腹部及肛门有沉重胀坠感且大便红白混杂叫作“朜”,说的是人
患了痢疾而难以痊愈。

26.37　阴肿曰“隤”①,气下隤也②。又曰“疝”③,亦
言“诜”也,诜诜引小腹急痛也④。

【注释】

①阴:生殖器。隤(tuí):同“𧈢”。指疝气,小肠坠入阴囊内引起腹
　股沟凸起或阴囊肿大。
②隤:坠下。
③疝:指生殖器部位或腹部剧烈疼痛兼有二便不通的病症。
④小腹:指人体脐以下的部位。急痛:剧烈疼痛。

【译文】

生殖器肿胀叫作“隤”,脉气和血气下坠。又叫作“疝”,也得名于

"诜",一阵紧似一阵地引起小肚子剧烈疼痛。

26.38　疼痹①,痹气疼疼然烦也②。

【注释】

①疼痹:原作"疼卑",据吴志忠本等校改。吴翊寅校议:"'疼痹'连
　文,《内经》有'痛痹'之证是也。《素问·痹论》岐伯曰:'风、寒、
　湿三气杂至,合而为痹。'"疼痹,指以关节疼痛为主证的痹证,又
　指痛风。

②痹气:原作"气",据吴志忠本校补。痹气,痹湿之气,指气血痹阻
　而致的一类疾病。疼疼:疼痛貌。烦:频繁搅动,烦扰。

【译文】

疼痹,痹湿之气一阵疼似一阵地频繁搅动。

26.39　痔①,食也,虫食之也。

【注释】

①痔:痔疮。

【译文】

痔,得名于"食",虫子在啃蚀它。

26.40　酸①,逊也②,逊遁在后也③。言脚疼力少,行遁
在后④,以逊遁者也⑤。

【注释】

①酸:人身肌肉过度疲劳或因病引起的酸痛无力的感觉。

②逊：逃遁，逃避。

③逊遁：退避，退隐。

④遁：隐匿。

⑤以：通"似"。

【译文】

酸，得名于"逊"，退避在后面。说的是腿脚疼痛力气小，行走时隐匿在后面，像是逃避的人。

26.41　消①，弱也②，如见割削③，筋力弱也④。

【注释】

①消：减耗，消瘦。

②弱：衰弱，瘦弱。

③割削：切割。

④筋力：筋力，体力。

【译文】

消，是衰弱的意思，好像被切削，体力变弱了。

26.42　懈①，解也，骨节解缓也②。

【注释】

①懈：疲困，松散。

②骨节：骨头，关节。解缓：解散弛缓。

【译文】

懈，得名于"解"，骨头关节解散弛缓了。

26.43　厥①，逆气从下厥起②，上行入心胁也③。

【注释】

①厥：病名。指突然昏倒、手足逆冷等症。

②逆气：中医指五脏六腑之气逆行不顺的病症，如气喘、呕吐、打嗝等。厥起：犹"蹶（jué）起"。突然升起。蹶，急遽，突然。

③上行：上升。心胁：心脏与肋骨之间，胸部。

【译文】

厥，逆行不顺之气从下面突然升起，上冲进入心胸部位。

26.44　疟①，酷虐也②。凡疾，或寒或热耳③，而此疾先寒后热，两疾似酷虐者也。

【注释】

①疟（nüè）：疟疾。疟原虫以疟蚊为媒介引起的周期性发作的急性传染病。

②酷虐：残酷暴虐。

③或：有的。

【译文】

疟，因"酷虐"而得名。凡是疾病，有的发冷有的发热罢了，但是这种疾病先冷后热，冷热两种疾病好像过于残酷暴虐了。

26.45　疥①，齘也②，痒搔之，齿颊齘也③。

【注释】

①疥（jiè）：疥疮。

②齘（xiè）：牙齿相摩切。

③颜（jìn）齘：闭口切齿。此指咬牙切齿的样子。

【译文】

疥,得名于"龄",发痒了挠搔它,牙齿紧咬着。

26.46　癣①,徙也②,浸淫移徙处日广也③,故青徐谓癣为"徙"也④。

【注释】

①癣(xuǎn):皮肤感染霉菌的病。

②徙(xǐ):迁移,移转。

③浸(qīn)淫:逐渐蔓延、扩展。移徙:迁移。日:每天,一天一天地。

④青徐:青州和徐州的并称。

【译文】

癣,得名于"徙",逐渐蔓延迁徙的地方一天天地扩展,所以青州和徐州一带的人把癣说成"徙"。

26.47　胗①,展也②,痒搔之,捷展起也③。

【注释】

①胗(zhěn):同"疹"。皮肤上生的红色斑点。一说指嘴唇上凸起的小疱。

②展:展开,舒张。

③捷:迅速,敏疾。

【译文】

胗,得名于"展",发痒了一挠搔它,就迅速地舒展开来。

26.48　肿①,钟也②,寒热气所钟聚也③。

【注释】

①肿:肌肉浮胀。又指胀痛,痈。

②钟:汇聚,集中。

③寒热:冷和热。钟聚:汇集,聚集。

【译文】

肿,得名于"钟",是冷热的脉气和血气汇聚的地方。

26.49　痈①,壅也②,气壅否结裹而溃也③。

【注释】

①痈(yōng):肿疡。皮肤和皮下组织化脓性的炎症,常伴有寒热等
　全身症状,严重者可并发败血症。

②壅:聚积,拥塞。

③气:疾气,疾病之气。壅否(pǐ):阻塞不通。否,闭塞,阻隔不通。
　结裹:郁结,紧裹。溃:烂。

【译文】

痈,得名于"壅",脉气和血气郁结裹聚导致溃烂。

26.50　痳①,懔也②,小便难,懔懔然也③。

【注释】

①痳(lìn):同"淋"。古人对石淋、劳淋、血淋、气淋、膏淋病的通
　称,其症状是小便频数而涩,有痛感。

②懔(lǐn):危惧,戒惧。

③懔懔:危惧貌,戒惧貌。

【译文】

痳,得名于"懔",小便困难,战战兢兢的样子。

26.51　创^①,戕也^②,戕毁体使伤也^③。

【注释】

①创（chuāng）：创伤。

②戕（qiāng）：毁坏，损伤。

③戕毁：损坏，毁伤。

【译文】

创，得名于"戕"，损坏身体使之毁伤。

26.52　痍^①,侈也^②,侈开皮肤为创也^③。

【注释】

①痍（yí）：创伤。

②侈（chǐ）：张大，扩大。

③侈开：张开，裂开。

【译文】

痍，得名于"侈"，裂开皮肤成为创伤。

26.53　瘢^①,漫也^②,生漫故皮也^③。

【注释】

①瘢（bān）：创口或疮口愈合后留下的痕迹。

②漫：遮掩，覆盖。

③故：旧的。

【译文】

瘢，得名于"漫"，生出的新皮盖住旧皮。

26.54　痕①,根也②,急相根引也③。

【注释】

①痕:疮伤痊愈后留下的疤。

②根:物体的下部、基部,或前边、边沿。

③急:紧,缩紧。根引:牵连。

【译文】

痕,得名于"根",紧密地像根那样互相牵连着。

26.55　瘤①,流也②,血流聚所生瘤肿也③。

【注释】

①瘤:体表或筋骨间组织增生所形成的肉疙瘩。

②流:通"留"。留滞。

③流聚:留滞积聚。瘤肿:肿瘤。或称为"瘤子"。

【译文】

瘤,得名于"流",血液留滞积聚生出的肿瘤。

26.56　赘①,属也②,横生一肉③,属著体也④。

【注释】

①赘(zhuì):赘瘤,肉瘤。

②属(zhǔ):连接。

③横生:意外地产生。

④属著(zhuó):连着,附着。

【译文】

赘,得名于"属",意外地长出一块肉,附着在身体上。

26.57　肬^①,丘也^②,出皮上聚高,如地之有丘也。

【注释】

①肬（yóu）：同"疣"。肉赘。

②丘：自然形成的小土山。

【译文】

肬,得名于"丘",在皮肤上冒出堆聚高耸,就像地面上有山丘那样。

释丧制第二十七

【题解】

　　丧制,指治丧的礼制。本篇解释死者称谓(不禄、薨、崩),墓葬规格(冢、墓、陵),丧服,车饰,丧期,死亡方式如轘、烹,与年龄有关的死亡称谓如寿终、夭、殇,丧制礼仪时的丧礼制度如尸、含等。繁复的治丧礼制,体现了对逝去的生命的敬重和缅怀。作者特意将死亡、丧礼安排在全书的最后,用书的末篇暗合着人生的终点。

　　27.1　人始气绝曰"死"①。死,澌也②,就消澌也③。

【注释】

①始:才,刚。气绝:呼吸停止。

②澌(sī):尽,消亡。

③就:趋,趋向。消澌:消亡净尽。

【译文】

人刚刚停止呼吸叫作"死"。死,来源于"澌",趋向完全消亡。

　　27.2　士曰"不禄"①,不复食禄也②。

【注释】

①士：介于大夫与庶人之间的阶层。亦泛称知识阶层。不禄：士死的讳称。

②不复：不再。食禄：享受俸禄。

【译文】

士人死了叫作"不禄"，再也不享受俸禄了。

27.3　大夫曰"卒"^①，言卒竟也^②。

【注释】

①大夫：古职官名。周代在国君之下有卿、大夫、士三等，各等中又分上、中、下三级。后因以大夫为任官职者之称。又为爵位名。卒：古代指大夫死亡，后为死亡的通称。按，本条原与上条相连，据卢文弨、疏证本提行别起，另成一条。

②卒竟：终尽。

【译文】

大夫死了叫作"卒"，说的是终结了。

27.4　诸侯曰"薨"^①。薨^②，坏之声也^③。

【注释】

①诸侯：古代帝王所分封的各国君主。薨（hōng）：死的别称。自周代始，以称诸侯之死。

②薨：重叠为象声词。亦用来模拟其他各种声音。

③坏：倾圮，倒塌。

【译文】

诸侯死了叫作"薨"。薨，倒塌的响声。

27.5　天子曰"崩"①。崩②,坏之形也③;崩,硼声也④。

【注释】

①天子:古以君权为天神所授,故称帝王为天子。崩:古代称帝王之死。

②崩:倒塌,山陷塌。

③坏:倒塌,毁坏。

④硼（pēng）:象声词。

【译文】

天子死了叫作"崩"。崩,倒塌的形象;"硼"的响声。

27.6　殪①,翳也②,就隐翳也③。

【注释】

①殪（yì）:死亡,绝灭。

②翳（yì）:遮蔽,隐藏,隐没。

③隐翳:隐避,隐没。

【译文】

殪,得名于"翳",趋向于隐没。

27.7　徂落①,徂②,祚也③,福祉殒落也④。徂亦往也⑤,言往去落也⑥。

【注释】

①徂（cú）落:死亡。

②徂:死亡,凋谢。

③祚（zuò）:福,福运。

④福祉:幸福,福分。殒（yǔn）落:死亡。此指消亡。

⑤徂：往，去。

⑥往：死，死者。去落：死亡的委婉说法。

【译文】

徂落，徂，来源于"祚"，福分消亡了。徂也是"往"的意思，说的是死者离开凋落了。

27.8　罪人曰"杀"①。杀，窜也②，埋窜之③，使不复见也④。

【注释】

①罪人：有罪的人。杀：死，致死。

②窜：伏匿，隐藏。

③埋窜：埋葬。

④见（xiàn）：同"现"。显现，显露。

【译文】

有罪的人死了叫作"杀"。杀，来源于"窜"，埋葬起来，让他不再出现。

27.9　罪及余人曰"诛"①。诛，株也②，如株木根③，枝叶尽落也④。

【注释】

①及：涉及，牵连。余人：其余的人，他人。诛：杀戮，铲除。

②株：露在地面上的树根等，比喻牵连、株连。

③株：通"诛"。木根：树根。

④枝叶：枝条和树叶，比喻同宗的旁支。

【译文】

有罪而牵连其他人一同被处死叫作"诛"。诛，来源于"株"，就像铲除树木的根，枝条和树叶也就全都掉落了。

27.10　死于水者曰"溺"①。溺,弱也②,不能自胜之言也③。

【注释】

①溺:沉水,淹没。

②弱:衰弱,体力或能力差。

③自胜:独自承受得起。此指水中自救。胜,能够承受,禁得起。

【译文】

人死在水里的叫作"溺"。溺,来源于"弱",不能自救的意思。

27.11　死于火者曰"烧"。烧,燋也①。

【注释】

①燋(zhuó):同"灼"。烧灼。

【译文】

人死在火里的叫作"烧"。烧,来源于"燋"。

27.12　战死曰"兵"①,言死为兵所伤也②。

【注释】

①战死:在战斗中被杀死,阵亡。兵:战死。

②兵:兵器。

【译文】

人战死了叫作"兵",说的是他被兵器所伤害而死。

27.13　下杀上曰"弑"①。弑,伺也②,伺间而后得施也③。

【注释】

①下：身份、地位低的人。上：身份、地位高的人。弑：杀。古代指卑
　幼杀死尊长，多指臣子杀死君主，子女杀死父母。

②伺（sì）：窥探，侦候，暗中探察。

③伺间（jiàn）：暗中等候时机。间，间隙，引申指空子，可乘的机会。
　得：可以，能够。施：施行。

【译文】

身处下位的人杀了在上位的人叫作"弑"。弑，来源于"伺"，暗中
等候时机然后得以实施。

27.14　悬绳曰"缢"①。缢，阨也②，阨其颈也。

【注释】

①悬绳：悬挂于绳索，指上吊。缢（yì）：勒颈而死，上吊。

②阨（è）：控制，扼守。此指勒住。

【译文】

悬挂在绳上而死叫作"缢"。缢，来源于"阨"，扼住他的脖子。

27.15　屈颈闭气曰"雉经"①，如雉之为也②。

【注释】

①屈颈：勒脖子。屈，缠绕，勒。闭气：憋气，窒息。雉经：自缢。

②雉：野鸡。

【译文】

勒住脖子窒息而死叫作"雉经"，就像野鸡的行为。

27.16　狱死曰"考竟"①,考得其情②,竟其命于狱也③。

【注释】

①狱死:死于狱中。考竟:刑讯穷竟,也指刑讯致死。

②考:按问,刑讯。情:实情,情况。

③竟:终了,完毕。

【译文】

死在监狱里叫作"考竟",拷问得到实际情况后,在监狱里结束性命。

27.17　市死曰"弃市"①。市,众所聚,言与市人共弃之也②。

【注释】

①市死:在闹市处死。弃市:于闹市执行死刑并将尸体弃置街头示众,后用以代称死刑。

②市人:指集市或城中街道上的人。

【译文】

处死在闹市里叫作"弃市"。闹市,是众人聚集的地方,是说跟集市上的人共同抛弃他。

27.18　斫头曰"斩"①,斩腰曰"腰斩"②。斩,暂也③,暂加兵即断也。

【注释】

①斫(zhuó)头:砍头。斩:古代刑罚之一。本指车裂,后指斩首或腰斩。

②斩:砍。腰斩:将犯人从腰部斩为两截。

③暂:刚刚。加:施及,施用。

【译文】

砍头叫作"斩",砍腰叫作"腰斩"。斩,来源于"暂",刚一施用兵器就断了。

27.19　车裂曰"轘"①。轘,散也,肢体分散也②。

【注释】

①车裂:将人的肢体系于数辆车上,分拉撕裂至死。轘(huàn):车裂。

②肢体:躯体,身体四肢。

【译文】

用车辆肢解人体叫作"轘"。轘,来源于"散",身体四肢分散了。

27.20　煮之于镬曰"烹"①,若烹禽兽之肉也②。

【注释】

①镬(huò):古代烹煮食物的大锅。烹:煮。也指古代用鼎镬煮人的酷刑。

②禽兽:鸟类和兽类的统称。

【译文】

把人放在大锅里煮叫作"烹",就像烹煮鸟兽的肉那样。

27.21　槌而死曰"掠"①。掠,狼也,用威大暴于豺狼也②。

【注释】

①槌(chuí):捶打,敲击。掠:拷打,拷问。

②暴:凶恶残酷。豺狼:两种贪狠残暴的野兽,比喻狠毒的恶人。

【译文】

捶打活人致死叫作"掠"。掠,来源于"狼",滥用淫威远比豺狼残暴。

27.22　老死曰"寿终"①。寿②,久也;终③,尽也。生已久远④,气终尽也⑤。

【注释】

①老死:年老而死。寿终:人享尽天年,自然死亡。

②寿:长寿,活得岁数大,引申指久远。

③终:竟,尽。

④久远:长久,长远。

⑤终尽:终止,穷尽。

【译文】

年老而死叫作"寿终"。寿,是"久"的意思;终,是"尽"的意思。活得已经够长久了,元气终止穷尽了。

27.23　少壮而死曰"夭"①,如取物中夭折也②。

【注释】

①少壮:年轻力壮。夭:短命,早死。

②夭折:短命早死。

【译文】

年轻力壮的却死了叫作"夭",就像拿取物件却从中间折断了一样。

27.24　未二十而死曰"殇"①。殇,伤也②,可哀伤也③。

【注释】

①殇（shāng）：未至成年而死。《仪礼·丧服》："年十九至十六为长殇，十五至十二为中殇，十一至八岁为下殇。"

②伤：忧思，悲伤。

③可：应当，应该。哀伤：哀痛忧伤。

【译文】

没到二十岁就死了叫作"殇"。殇，来源于"伤"，应当哀痛忧伤。

27.25　父死曰"考"①。考，成也②；亦言"槁"也③，"槁"于义为"成"。凡五材：胶、漆、陶、冶、皮革④，干槁乃成也⑤。

【注释】

①考：死去的父亲。

②成：完成，实现。又指成熟，收获。

③槁（gǎo）：枯槁，干枯。又指死亡。

④胶：用以黏合器物的黏性物质。漆：用漆树汁制成的涂料。陶：用黏土烧制的器物。冶（yě）：冶炼金属。皮革：带毛的兽皮和去毛的兽皮。

⑤干槁：干枯。

【译文】

父亲死了叫作"考"。考，是"成"的意思；也说的是得名于"槁"，"槁"的意思就是"成"。凡是这五种材料：胶、漆、黏土、金属、皮革，都是干枯以后就成功了。

27.26　母死曰"妣"①。妣，比也②，比之于父亦然也。

【注释】

①妣：已故的母亲。

②比：配合，适合。

【译文】

母亲死了叫作"妣"。妣，得名于"比"，与父亲相配也是这样。

27.27　汉以来谓死为"物故"①，言其诸物皆就朽故也②。

【注释】

①物故：死亡，去世。

②诸物：各种事物。朽故：朽败亡故。

【译文】

汉代以来把死叫作"物故"，说的是各种事物都朽败亡故。

27.28　既定死曰"尸"①。尸，舒也②，骨节解舒③，不复能自胜敛也④。

【注释】

①既定：已经确定。按，这是相对于27.1条"人始气绝曰'死'"而言的，即刚断气叫"死"，已确定死去叫"尸"。按，本条原与上条相连，据疏证本、吴志忠本及卢文弨校提行别起，另成一条。

②舒：伸，伸展，展开。

③骨节：骨头，骨头的关节。解舒：分解，展开。

④敛（liǎn）：聚集。

【译文】

已经确定死了叫作"尸"。尸，得名于"舒"，骨头脱节，不再能够自己聚集在一起。

27.29　衣尸曰"袭"①。袭，匝也②，以衣周匝③，覆衣之也④。

【注释】

①衣(yì)：给……穿衣服。袭：穿衣加服。古丧礼中称以衣敛尸。

②匝(zā)：环绕，围绕。

③衣：衣服。周匝：围绕，环绕。

④衣(yì)：覆盖。

【译文】

为尸体穿衣服叫作"袭"。袭，来源于"匝"，用衣服围绕包裹，覆盖尸体。

27.30　以囊韬其形曰"冒"①，覆其形，使人勿恶也②。

【注释】

①囊：袋子。韬(tāo)：掩藏，敛藏。形：形体，身体。冒：敛尸。也指古代殓尸的布囊，由上下两截合成。

②恶(wù)：畏惧。

【译文】

用袋子敛藏死者叫作"冒"，覆盖他的形体，使别人不致害怕。

27.31　已衣所以束之曰"绞衿"①。绞②，交也③，交结之也④；衿⑤，禁也，禁系之也⑥。

【注释】

①衣(yì)：给……穿衣服。绞衿(xiáo jīn)：即"绞紟"。小殓时，把死者用多层衣衾包裹后加以捆扎。

②绞：古代丧礼中敛尸用的束带。

③交：交叉。

④交结：交叉连结。

⑤衿：衣上代替纽扣的带子。

⑥禁系（xì）：约束，绑缚。

【译文】

已经为死者穿上衣服以后用来捆扎的带子叫作"绞衿"。绞，得名于"交"，交叉连结它；衿，得名于"禁"，约束捆绑它。

27.32　含①，以珠、贝含其口中也②。

【注释】

①含（hàn）：同"唅""琀"。古代放在死者口中的珠、玉、米、贝等物。也指把琀放入死者口中。

②贝：原作"具"，据疏证本、吴志忠本等校改。

【译文】

含，把珠、贝放在死者的嘴里。

27.33　握①，以物著尸手中②，使握之也。

【注释】

①握（òu）：古时葬俗的一种。即死者入殓，把某种东西放在死者手中握着。

②著（zhuó）：放置，安放。

【译文】

握，把一些物件放在死者手里，让他握住。

27.34　衣尸棺曰"敛"①,敛藏不复见也②。

【注释】

①棺(guàn):用棺殓尸。敛:也作"殓"。给死者穿衣入棺。

②敛藏:收藏,收殓,把尸体放进棺材。见(xiàn):同"现"。显现,
显露。

【译文】

给死者穿衣并装入棺材叫作"敛",收殓起来不再显露。

27.35　棺,关也,关闭也①。

【注释】

①关闭:合拢,闭合。

【译文】

棺,得名于"关",关拢闭合。

27.36　椁①,廓也②,廓落在表之言也③。

【注释】

①椁(guǒ):套于内棺之外的大棺。

②廓(kuò):广大,空阔。

③廓落:空阔貌。表:外边,外面。

【译文】

郭,得名于"廓",空阔地套在棺材外面的意思。

27.37　尸已在棺曰"柩"①。柩,究也②,送终随身之
制皆究备也③。

【注释】

①柩(jiù)：已装尸体的棺材。

②究：穷尽，终极。

③送终：为死者办理丧事。随身：即随葬。指死者伴身随葬的衣物、器具。制：古代丧服的礼制。究备：穷尽，完备。

【译文】

　　尸体已经装到棺材里叫作"柩"。柩，得名于"究"，办理丧事和关于随葬物品的礼制都穷尽齐备了。

　　27.38　于西壁下涂之曰"殡"①。殡，宾也②，宾客遇之③，言稍远也④。亦曰"攒"⑤，攒木于上而涂之也⑥。

【注释】

①涂：涂抹，涂饰。殡(bìn)：死者入殓后停柩以待葬。

②宾：以客礼相待。

③宾客：客人的总称。遇：对待。

④稍：渐，逐渐。

⑤亦：原作"涂"，据吴志忠本校改。攒(cuán)：停棺待葬。

⑥攒木：又作"欑木"。指在棺椁上面攒聚木材呈屋形，然后用泥涂起来。攒，丛聚，积聚。

【译文】

　　在西边墙壁之下涂饰覆于棺椁上的连缀成屋顶状的排木叫作"殡"。殡，得名于"宾"，用接待宾客的礼遇对待死者，意思是逐渐疏远了。也叫作"攒"，攒聚木材在棺椁上面然后涂饰它。

　　27.39　三日不生①，生者成服曰"缞"②。缞，摧也③，言伤摧也④。

【注释】

①生：生存，活。与"死"相对。

②生者：活着的人。成服：死者亲属在丧礼大殓之后按照与死者关
系的亲疏穿上不同的丧服。縗（cuī）：丧服。用麻布条披于胸前。
服三年之丧（臣为君、子为父、妻为夫）者用之。

③摧：悲痛，哀伤。

④伤摧：同"摧伤"。谓伤痛之极。

【译文】

死去三天没活过来，活着的亲属做成的丧服叫作"縗"。縗，得名于
"摧"，说的是悲伤哀痛。

27.40　绖①，实也②，伤摧之实也。

【注释】

①绖（dié）：原作"经"，据疏证本、吴志忠本等校改。绖，古代丧服
所用的麻带。扎在头上的称首绖，缠在腰间的称腰绖。

②实：诚实，真实，不虚假。

【译文】

绖，得名于"实"，悲伤之情真实不虚。

27.41　绞带①，绞麻缌为带也②。

【注释】

①绞（xiáo）带：古代丧制斩衰（cuī）服所系之带，绞麻为绳而成。

②绞（jiǎo）：用两股以上的条状物拧成一根绳索。缌（sī）：制作丧
服的细麻布。

【译文】

绞带，拧绞麻布成为束系丧服的带子。

27.42　三年之缞曰"斩"①,不缉其末②,直翦斩而已③。期曰"齋"④,齋,齐也⑤。

【注释】

①斩:斩衰(cuī),旧时五种丧服中最重的一种。用粗麻布制成,左右和下边不缝。服制三年。按,本条原与上条相合,据疏证本、吴志忠本及卢文弨校提行别起,另成一条。

②缉(qī):缝衣边。末:边际。此指衣边。

③翦(jiǎn):斩断,除去。

④期(jī):周期。指一周年,一整月,一昼夜。此指一年,与上文"三年"相对。齋(zī):同"禚"。旧时丧礼中的期(jī)服,即齐衰一年之服。齐衰,五服之一。用粗麻布制成,以其缉边缝齐,服期有三年、一年、三个月。

⑤齐:整齐,平齐。

【译文】

穿戴三年的丧服叫作"斩",不缝衣边,直接斩截罢了。穿戴一年的丧服叫作"齋",齋,得名于"齐"。

27.43　九月曰"大功"①,其布如粗大之功②,不善治练之也③。

【注释】

①大功:丧服五服之一。服期九个月。其服用熟麻布做成,较齐衰稍细,较小功为粗,故称。

②如:乃,是。功:事功,功力。

③善:妥善,好好地。治:加工,修治。练:漂洗,洗涤。

【译文】

穿戴九个月的丧服叫作"大功"，这种丧服的布是用粗糙的功夫处理的，不经过妥善的修治和漂洗。

27.44　小功①,精细之功②,小有饰也③。

【注释】

①小功：丧服名。五服之第四等。其服以熟麻布制成，视大功为细，较缌麻为粗。服期五个月。

②精细：精致细密。

③小有：稍有一些。

【译文】

小功，用精致细密的功夫处理，稍有一些装饰。

27.45　缌麻①,缌②,丝也,绩麻细如丝也③。

【注释】

①缌（sī）麻：用细麻布制成的孝服，服期三个月。

②缌：细麻布，多用作制作丧服。

③绩：缉麻，把麻析成细缕捻接起来。麻：古代专指黄麻。茎皮纤维长而坚韧。又指麻的茎皮纤维，可织麻布及制绳、造纸。细：原作"缌"，据疏证本、吴志忠本等校改。

【译文】

穿戴三个月的丧服叫缌麻。缌，得名于"丝"，用麻皮捻成的线缕细得像丝那样。

27.46　锡缞①,锡,易也②,治其麻,使滑易也③。

【注释】

①锡缞：细麻布所制的丧服。锡，通"緆（xī）"。细布。

②易：原作"治"，据卢文弨、疏证本等校改。疏证本曰："今本作'锡，治也'，据《太平御览》引改正。"易，平坦，平易。

③滑易：光滑平易。易，平易，平坦。

【译文】

锡缞，锡，得名于"易"，加工整治麻皮，使它光滑平易。

27.47　疑①，儗也②，儗于吉也③。

【注释】

①疑：即疑缞。自"锡缞"条以下，"疑""繐""疏"条皆省"缞"字。疑缞，古代王者为参加大夫或士的丧仪而穿的丧服。又作"疑衰"。疑，通"拟"。

②儗（nǐ）：比拟，类似。

③吉：指吉服，祭祀时所着之服。祭祀为吉礼，故称。

【译文】

疑缞，得名于"儗"，类似祭祀时所穿的吉服。

27.48　繐①，细如繐也②。

【注释】

①繐（suì）：即"繐缞"。细而稀疏的麻布所制的丧服。又作"繐衰"。

②繐：细而稀疏的麻布。

【译文】

繐缞，细得像麻布。

27.49　疏①,疏如繐也②。

【注释】

①疏:即疏缞。也叫"齐衰(缞)",丧服五服之一。规格次于斩衰。

②如:于。

【译文】

疏缞,比麻布粗疏。

27.50　环绖①,末无余散麻②,圆如环也。

【注释】

①环绖(dié):古丧服名。用麻绕成环状,戴在头上。

②麻:指麻的茎皮纤维,是制作丧服用的材料。

【译文】

环绖,末梢没有多余分散的麻线,圆得像环圈。

27.51　弁绖①,如爵弁而素②,加环绖也③。

【注释】

①弁绖:古代贵族吊丧时所戴加麻的素冠。原作"绖",据疏证本、吴志忠本等校改。绖,古代丧服所用的麻带。

②爵弁:古代礼冠的一种,次冕一等。爵,通"雀"。素:白色。

③环:原书无"环"字,据疏字疏证本校补。疏字疏证本曰:"'加'下当有'环'字。《周礼·司服》云:'凡吊事,弁绖服。'郑注云:'弁绖者,如爵弁而素,加环绖。'"

【译文】

弁绖,像爵弁那样而又是白色的,是加了麻制圆环的绖。

27.52　重^①，死者之资重也^②。含余米以为粥^③，投之瓮而悬之^③。比葬^④，未作主^⑤，权以重主其神也^⑥。

【注释】

①重（chóng）：即重木。指在牌位未及雕制完成之前代以受祭的长形木块。其上凿有小孔，用以悬挂盛有祭品的瓦罐（即重鬲，悬于重木上用以盛粥祭神）。

②资重（zhòng）：犹"辎重"。本指行军时所带的军械、粮草、被服等物资。此指死者所带的粮食等物。资，粮食。重，原指辎重，军中载物之车。悬瓮之木与辎重之车类似，故称"死者之资重"。

③含（hàn）：即饭含。将珠、玉、米、贝等放在死者口中。

③瓮（wèng）：罐，坛。

④比：待到，等到。

⑤主：为死者立的牌位。

⑥权：姑且，暂且。主：寓居。神：指人死后的魂灵。

【译文】

重，死者的物品。把饭含所剩的米煮成粥，投放到瓮里并悬挂在重木之上。等到下葬时，还没有制作牌位，权且用重木寓居死者的魂灵。

27.53　葬，藏也^①。

【注释】

①藏（cáng）：隐藏。

【译文】

葬，来源于"藏"。

27.54　圹^①，旷也^②，藏于空旷处也^③。

【注释】

①圹（kuàng）：墓穴。

②旷：空旷，开阔。

③藏（zàng）：埋葬。空旷：空寂开阔。

【译文】

圹，得名于"旷"，埋葬在空旷的地方。

27.55 舆棺之车曰"辒"①。辒，耳也，悬于左右前后铜鱼摇绞之属②，耳耳然也③。

【注释】

①舆：用车运载。辒（ér）：同"輀"。载运棺柩的车。

②左右前后：指事物的四周。铜鱼：铜制的鱼形装饰品。摇绞（xiáo）：即"揄（yáo）绞"。画雉形为饰的绞缯，古代葬礼上用的幡。属：类别，种类。

③耳耳：摇摆貌。

【译文】

运载棺柩的车辆叫作"辒"。辒，得名于"耳"，悬挂在车辆四周的铜制的鱼和画有雉形的绞缯之类，摇摇摆摆的样子。

27.56 其盖曰"柳"①。柳，聚也，众饰所聚②；亦其形偻也③。亦曰"鳖甲"④，以鳖甲亦然也。其旁曰"墙"⑤，似屋墙也。

【注释】

①盖：遮阳障雨的用具。指车篷或伞盖。柳：棺柩及载车上呈帐篷

形的尖顶木框架及其装饰品的总称。

②饰：装饰品。

③偻（lǔ）：弯曲，屈曲。

④鳖甲：灵车的车盖。

⑤墙：古代出殡时柩车上覆棺的装饰性帷幔。

【译文】

灵车的伞盖叫作"柳"。柳，是"聚"的意思，因为它是众多装饰品聚集的地方；也因为它的形状佝偻屈曲。又叫作"鳖甲"，因为鳖的背壳也是这种屈曲的样子。伞盖的旁边叫作"墙"，因为它像房屋的墙壁。

27.57　翣①，齐人谓扇为"翣"②，此似之也，象翣扇为清凉也③。翣有黼、有画④，各以其饰名之也⑤。

【注释】

①翣（shà）：古代出殡时的棺饰，状如掌扇。

②齐：古国名。在今山东泰山以北黄河流域和胶东半岛地区。

③翣扇：即扇翣。仪仗中用以障尘蔽日的大掌扇。为：使，致使。清凉：寒凉，凉快。

④黼（fǔ）：指黼翣。画有斧形的棺饰。画：指画翣。有彩画的棺饰。

⑤名：命名，取名。

【译文】

翣，齐国一带的人把扇子叫作"翣"，因为翣像扇子，像翣扇扇动使人凉爽。翣有黼翣、有画翣，各自按照它们的装饰来命名。

27.58　两旁引之曰"披"①。披，摆也②，各于一旁引摆之③，备倾倚也④。

【注释】

①引:牵引,拉。披(bì):古丧具。用帛做成,系于枢车两侧,备牵挽
　之用,以防倾覆。按,此条原与上条相合,据卢文弨校及疏证本、
　吴志忠本提行别起,另成一条。

②摆:分开。

③引摆:拉开。

④备:防备,戒备。倾倚:倾斜,歪斜。

【译文】

在灵车两边拉车的帛叫作"披"。披,得名于"摆",各在一边拉着,
防备倾侧歪斜。

27.59　从前引之曰"绋"①。绋,发也②,发车使前也。

【注释】

①绋(fú):指下葬时引枢入穴的绳索。后泛指牵引棺材的大绳。

②发:发动,启动。

【译文】

在灵车前边拉车的绳索叫作"绋"。绋,得名于"发",启动车辆使
它前进。

27.60　悬下圹曰"縡"①。縡,捋也②,徐徐捋下之也③。

【注释】

①縡(lǜ):粗绳索。

②捋(luō):原作"将",形讹,据疏证本、吴志忠本等校改,下同。捋,
　用手握住条状物体向一端滑动。此处指绳索从手中缓缓滑下。

③徐徐:迟缓,缓慢。

【译文】

　　悬挂棺材吊下墓穴的粗绳索叫作"绋"。绋,得名于"捋",慢慢地滑着把绳索放下。

　　27.61　棺束曰"缄"①。缄,函也②,古者棺不钉也③。

【注释】

①棺束:束合棺木的皮革。缄(jiān):扎束器物的绳,特指束棺之绳。又指束缚,捆扎。

②函:封装。

③钉(dìng):以钉钉物。

【译文】

　　捆束棺木的皮革叫作"缄"。缄,得名于"函",古时的棺木是不钉钉子的。

　　27.62　旁际曰"小要"①,其要约小也②。又谓之"衽"③,衽,任也④,任制祭会⑤,使不解也。

【注释】

①旁际:旁边合缝之处。际,缝隙,合缝之处。小要(yāo):古代合棺之木。两边各三枚,两头各二枚。要,同"腰"。按,本条原与上条相合,据文意提行别起,另成一条。

②约小:收束而细小。

③衽(rèn):连结棺盖与棺木的木榫(sǔn)。两头宽,中间窄,形似衽,故名。

④任(rèn):建立,插入。

⑤制:约束,限制。祭会:即"际会"。聚合,聚会,交际而会合。此

指棺盖与棺体会合之处。祭,通"际"。

【译文】

在棺木旁边用来合缝的木榫叫作"小要",因为它的腰部收束细小。又叫作"衽"。衽,得名于"任",插入并限制着棺盖与棺体交际汇合之处,使它们不分开。

27.63　送死之器曰"明器"①,神明之器②,异于人也。

【注释】

①送死:送终。为死者办理丧事。明器:冥器,专为随葬而制作的器物。

②神明:天地间一切神灵的总称。

【译文】

为死者办理丧事的器物叫作"明器",神灵所用的器物,不同于活人所用的。

27.64　涂车①,以泥涂为车也②。

【注释】

①涂车:泥车。古代送葬用的明器。

②泥涂:泥土。涂,泥。

【译文】

涂车,用泥土做成的车。

27.65　刍灵①,束草为人马②,以神灵名之也③。

【注释】

①刍灵:用茅草扎成的人马,为古人送葬之物。刍,草秆,草把。

②人马：人与马。

③以神灵：原作"灵"，据疏证本、吴志忠本增补"以神"二字。篆字
疏证本曰："今本脱'以神'二字，据《太平御览》引曾。"

【译文】

刍灵，扎束草把成为人和马的形像，再用"神灵"称呼它。

27.66　丧祭曰"奠"①。奠，停也，言停久也②。亦言
"朴奠"，合体用之也③。

【注释】

①丧（sāng）祭：葬后之祭。奠：置祭品祭祀鬼神或亡灵。

②停久：停留时间长。

③合体：全体，整体。指全套祭品。

【译文】

埋葬以后祭祀叫作"奠"。奠，来源于"停"，说的是长久停留。也
叫作"朴奠"，祭奠时用完整的祭品。

27.67　朔望祭曰"殷奠"①，所用殷众也②。

【注释】

①朔望：朔日和望日。旧历每月初一和十五。殷奠：大祭。

②殷众：众多。殷，众，多。

【译文】

每月初一和十五大祭叫作"殷奠"，用的祭品众多。

27.68　既葬①，还祭于殡宫曰"虞"②，谓虞乐安神③，
使还此也④。

【注释】

①既:已经。

②还(huán)祭:归祭。殡宫:停放灵柩的房舍。虞:既葬而祭,有安神之意。

③虞乐:娱乐。虞,通"娱"。安神:安定亡灵。

④还:返回,回还。

【译文】

已经埋葬了,再返回停放灵柩的房舍祭祀叫作"虞",说的是娱乐和安定亡灵,让他再回到这里。

27.69　又祭曰"卒哭"①。卒②,止也,止孝子无时之哭③,朝夕而已也④。

【注释】

①卒哭:百日祭后,止无时之哭,变为朝夕一哭,名为"卒哭"。

②卒:停止。

③孝子:指父母亡故后居丧者。无时:不定时,随时。

④朝夕:早晨和晚上。

【译文】

再次祭祀叫作"卒哭"。卒,是"止"的意思,止住居丧的子女随时的哭泣,只在早晨和晚上哭泣罢了。

27.70　又祭曰"祔祭"①,于祖庙以后死孙祔于祖也②。

【注释】

①祔(fù)祭:卒哭次日依附死者之神主于祖庙之礼。即将新死者与祖先合享之祭。因为祖孙昭穆相同,所以要附属于祖父。祭祀

完,仍奉神主回家。

②祖庙：供祀祖先的宫庙。后死：谓死在后。祔：在宗庙内将后死者
　神位附于先祖旁而祭祀。

【译文】

　　卒哭次日再次祭祀叫作"祔祭"，在供祀祖先的宫庙里把死在后面
的孙辈附于祖父神位旁。

　　27.71　期而小祥①，亦祭名也。孝子除首绖②，服练冠
也③。祥④，善也⑤，加小善之饰也⑥。

【注释】

　　①期（jī）：一整年，周年。小祥：父母丧后周年的祭名。祭后可稍微
　　改善生活及解除丧服的一部分。

　　②首绖（dié）：古丧服名。以麻制成，环形，戴于头上。

　　③服：穿着。练冠：厚缯或粗布之冠。古礼亲丧一周年祭礼时着练冠。

　　④祥：善，吉利。

　　⑤善：吉祥，美好。

　　⑥加：穿着，戴上。饰：服饰。

【译文】

　　父母丧后一周年举行"小祥"，也是祭祀的名称。居丧的子女除去丧
服，穿戴上厚缯或粗布的衣帽。祥，就是"善"，身着稍微华丽点的服饰。

　　27.72　又期而大祥①，亦祭名也。孝子除缞服②，服朝
服、缟冠③，加大善之饰也④。

【注释】

　　①大祥：古礼父母丧后两周年的祭礼。

②缞（cuī）服：丧服。居丧所穿的衣服。

③朝（cháo）服：君臣朝会时穿的礼服。举行隆重典礼时亦穿着。

　缟（gǎo）冠：白色生绢制的帽子。用于祥祭。缟，细白的生绢。

④加：原作"如"，据上条"加小善之饰品"及疏证本等改。

【译文】

　父母丧后两周年举行"大祥"，也是祭祀的名称。居丧的子女除去丧服，穿上朝会礼服，戴上白绢帽，身着更为华丽的服饰。

　　27.73　间月而"禫"①，亦祭名也。孝子之意澹然②，哀思益衰也③。

【注释】

①间（jiàn）月：间隔一月。禫（dàn）：除丧服的祭祀。

②孝子：指父母亡故后居丧者。意：内心，胸怀。澹然：淡然。安定貌，平安貌。

③哀思：悲哀的情思。益：逐渐。衰：衰退，减退。

【译文】

　大祥之后再间隔一个月举行"禫"，也是祭祀的名称。居丧子女的内心平淡了，悲哀的情思也逐渐衰退了。

　　27.74　冢①，肿也②，象山顶之高肿起也。

【注释】

①冢（zhǒng）：高大的坟墓。又有"山顶"的意思。

②肿：本指肌肉浮胀。引申指物体向外突出，高起。

【译文】

　冢，得名于"肿"，就像山顶高高肿起。

27.75　墓,慕也①,孝子思慕之处也②。

【注释】

①慕:思慕,向往。

②思慕:怀念,追慕。

【译文】

墓,得名于"慕",居丧的子女怀念追慕的地方。

27.76　丘①,象丘形也②。陵亦然也③。

【注释】

①丘:坟墓。

②丘:自然形成的小土山。

③陵:坟墓,墓地。又有大土山的意思。

【译文】

丘,因像小土山的形状而得名。陵的得名也是这样的道理。

27.77　假葬于道侧曰"殔"①。殔,瘗也②。

【注释】

①假葬:谓暂时浅埋以待改葬。殔(sì):假葬,暂厝。

②瘗(yì):遮蔽,隐藏,隐没。

【译文】

暂时浅埋在道路侧边叫作"殔"。殔,来源于"瘗"。

27.78　日月未满而葬曰"渴"①,言谓欲速葬无恩也。

【注释】

①日月:时令,时间。渴:即"渴葬"的省称。古礼称死者未及葬期
　　而提前埋葬。渴,急切。

【译文】

下葬的日期还没到就埋葬叫作"渴",说的是想要迅速埋葬而没有
恩情了。

27.79　过时而不葬曰"慢"①,谓慢傲不念②,早安神也③。

【注释】

①过时:超过一定的时限。慢:即"慢葬"的省称。不以礼葬。慢,
　　骄傲,怠慢。
②慢傲:轻慢骄傲。
③安神:心神安定。

【译文】

过了下葬的日期还不埋葬叫作"慢",说的是骄傲怠慢不再想念,早
早地心神安定了。

27.80　葬不如礼曰"埋"①。埋,痗也②,趋使腐朽而
已也③。

【注释】

①如礼:按礼俗规定来办。如,随顺,依照。
②痗:通"穤(měi)"。腐败。
③趋(cù):急促,迫切。腐朽:原作"葬腐",据疏证本、巾箱本等校
　　改。疏证本曰:"'腐朽',今本作'葬腐',据《初学记》引改。"

【译文】

不按礼俗规定下葬叫作"埋"。埋,来源于"痗",急切地使他腐烂干枯罢了。

27.81　不得埋之曰"弃"①,谓弃之于野也②。

【注释】

①不得:不能得到,得不到。弃:抛尸于野。

②野:旷野,荒野。

【译文】

得不到安葬叫作"弃",说的是抛弃到荒野里了。

27.82　不得停尸曰"捐"①,捐于地边者也②。

【注释】

①停尸:停放死尸。捐:死于外地。

②地边:犹"边地"。指边远的地区。

【译文】

不能在原地停放遗体叫作"捐",说的是捐弃到边远地区去了。

《释名》词语笔画索引

一、本索引以据明嘉靖三年（1524）储良材、程鸿刊翻宋本《释名》为底本校订的《释名》正文为准。

二、本索引包括《释名》原文中所有的被释词语一千七百多个。

三、本索引按笔画排列，同笔画按笔顺（横竖撇点折）排列，同形词语按篇条页码顺序排列。

四、本索引词语后数字表示其所在篇条及页码，如"乙1.44　023"表示词语"乙"在《释天》第44条，正文第23页。

八画

九画

十二画

中华经典名著
全本全注全译丛书
（已出书目）